부동산 시장의 패러다임이 변하고 있다

2014-2018
부동산 투자 로드맵

부동산 시장의 패러다임이 변하고 있다

2014-2018
부동산 투자 로드맵

김종수 지음

이레미디어

부동산 시장의 패러다임이
변화하고 있다

신정부가 출범한 지 1년이 지나가고 있다. 국민들은 신정부에 대한 많은 관심과 기대를 가지고 있었지만, 아직도 부동산 정책이 획기적으로 변화한 것은 없다. 공약 이행을 위한 목돈 안 드는 전세 제도, 행복주택에 대한 내용이 발표되었지만 부동산 시장에 미치는 영향은 미미하다. 이러한 시점에 있어 부동산 투자를 어떻게 하는 것이 좋은가에 대하여 전문성 있게 다양한 방법으로 접근해볼 필요가 있다.

과거 1970~1980년대처럼 급격한 도시개발로 부동산에 투자만 하면 돈이 되는 시대는 지나갔다. 인구 감소와 도시개발방식, 가치관, 세계경제 등의 급격한 변화는 산업과 도시공간구조의 변화를 가져왔으며, 투자의 핵심지역도 바뀌게 되었다. 즉 저출산, 고령화는 도시 외곽 중심 생활권에서 도심 생활권으로의 도심회귀 현상과 대형주택에서 소형주택으로 주택 시장을 변화시켰다. 제조업 중심의 산업구조에서 지식정보산업으로의 산업구조 변화는 대규모 베드타운 기능 중심의 주거형 신도시개발에서 도시재생을 통한 압축도시, 친환경도시, 산업과 주거 기능이 복합된 자족형 신도시개발 등으로 도시공간 구조의 변화를 가져오게 하였다.

또 주택에 대한 소유와 투자 개념을 중시하는 베이비붐 세대와 달리 편리함을 추구하는 신세대는 임대주택을 선호하는 것으로 주택에 대한 가치관의 변화를 가져왔다는 점에서 현대적 변화에 맞는 투자를 해야 부동산 투자에 성공할 수 있다. 부동산 투자는 지엽적인 부분만 보아서는 안 되며 정책과 산업구조의 변화, 인구구조, 가치관의 변화, 도시개발의 방향 등과 같은 사회 전반의 현상을 종합적으로 판단해서 투자를 해야 한다.

과거에 비하여 투자의 범위는 좁아졌지만 압축개발로 인한 핵심지역의 상승 가치는 오히려 증가할 수 있다. 이 책에서는 도시개발의 방향을 판단할 수 있도록 부동산 정책과 국토개발계획, 도시개발의 방향 등 부동산 정책과 국토개발에 관한 방향을 살펴보고 투자 방향을 설정하도록 하였다.

이 책은 총 4장으로 구성되어 있다.

제1장에서는 부동산 정책에 관한 부분으로 새로운 정부의 출범

과 더불어 부동산 정책의 방향과 선거에서 공약했던 지역을 중심으로 실현 가능하면서 투자 가치가 높은 곳을 중심으로 설명하여 투자지역 선정에 도움을 주고자 하였다. 대선공약이 전부 다 실현될 수는 없겠지만 그래도 부동산 투자에 있어 정부의 정책 방향은 투자지역 선정에 매우 중요하다. 대선공약을 5개 권역별로 나누어 지금까지 추진해온 권역별 개발계획에 따른 미래 예측과 새 정부의 대선공약을 종합적으로 판단하여 투자 유망지역을 분석하였다.

제2~3장에서는 최근 투자 유망지역으로 부각하고 있는 수도권, 강원권, 충청권, 제주특별자치도를 중심으로 부동산 정책과 도종합계획, 도시기본계획, 도로망계획 등을 종합적으로 분석하여 어디에 투자해야 하는지 막연하게 생각하고 있는 투자자들에게 투자지역 선정을 보다 효과적으로 할 수 있게 실질적 도움을 주고자 하였다.

제4장에서는 토지 투자에 관한 부분으로 토지 투자의 일반론과 역세권 투자에 대한 투자 방법, 임야와 농지 투자, 토지 투자 시 살펴봐야 할 공법적 요소 등을 구체적으로 서술하였다.

또 풍수를 부동산 투자에 접목시켜 성공적인 투자를 할 수 있는 도시풍수 투자이론을 체계적으로 정리하였다. 친환경도시로 개발이 진행되면서 도시풍수에 대한 중요성이 증가하였기에 도시풍수를 통하여 투자 명당을 찾는 방법을 설명하였다.

부록에서는 과열되고 있는 경매와 NPL 투자에 관한 부분을 설

명하였다. 많은 사람이 비교적 가격이 저렴한 경매 쪽에 관심이 집
중되면서 투자에 대한 성공보다는 오히려 손해를 보는 경우가 많이
발생하고 있다. 경매에 대한 개념과 경매 절치, 피해아 할 함정들,
권리분석 방법, 가치분석 방법, NPL 투자의 개념과 절차, 장점 등을
중심으로 경매에 대한 위험성과 장점에 대한 바른 접근성을 알려
투자 수익을 올릴 수 있도록 도움을 주고자 하였다.

본서를 집필하면서 보다 구체적이며 광범위하게 다루려고 했으
나 원고를 마치고 보니 아쉬움이 남는다. 부동산 투자자와 부동산
을 보유하고 있는 소유자, 공인중개사, 시행사 등 이 책을 읽는 독
자들이 부동산 투자의 맥을 잡고 보유한 부동산을 활용하여 보다
더 큰 수익을 창출할 수 있는 방법을 찾는 데 조금이 나마 도움이
되길 간절히 바라며, 이 책이 나오기까지 수고해주신 이레미디어에
감사의 말씀을 드린다.

-김종수

차례

Chapter 3 · 2014-2018 투자유망 지역은 어디인가?

차례

Chapter 4 2014-2018 토지 투자는 어떻게 해야 할까?

부록 Appendix
부동산 경매와 NPL 투자론

박근혜 정부 5년, 부동산 정책을 완전 해부한다

부동산 투자에 있어 가장 민감하게 살펴봐야 할 부분이 바로 정부의 부동산 정책이다. 부동산 경기가 장기간 침체된 원인으로 국제 경기, 글로벌 금융위기, 금리 등과 같은 시장상황의 변화에도 큰 영향을 받았다. 뿐만 아니라 과거 정부의 지나친 부동산 시장에 대한 정부의 개입과 균형발전 전략으로 인한 부동산 폭등, MB 정부의 보금자리주택으로 인한 주택시장의 교란, 수도권 중심 개발 전략으로 인한 부동산 정책의 실패에도 큰 영향을 미쳤다고 볼 수 있다.

이러한 부동산 경기 침체를 회복하기 위해서 박근혜 정부에서는 부동산 폭등이나 폭락이 아닌 안정된 부동산 경기회복과 가치 상승을 이루는 선순환의 부동산 정책 집행을 기대하면서 대선공약을 통한 박근혜 정부에서의 부동산 정책과 정책에 따른 투자 유망지역을 중심으로 살펴보기로 한다. 부동산 정책은 부동산 투자에 있어 종합적 판단과 시장의 흐름을 파악할 수 있는 중요한 요소로서 부동산 투자는 정부 정책의 방향 분석에서부터 출발해야 한다.

01
어디에
투자할 것인가?

박근혜 정부의 부동산 정책 공약으로는 도시재생을 통한 도시 정비 사업과 취득세 감면, 양도소득세 중과 폐지, 분양가 상한제 폐지 등 거래활성화 정책, 서민들을 위한 주택 공급 정책으로 MB 정부의 보금자리주택 정책을 대신할 임대형 주택 공급 정책인 행복주택 프로젝트의 추진, 하우스 푸어·렌트 푸어 문제해결을 위한 보유지분 매각제도, 목돈 안 드는 전세제도 등을 주요 정책으로 제시하고 있다. 이러한 부동산 정책이 향후 부동산 시장에 어떠한 영향을 미칠 것인가를 판단해보고 투자 방향을 설정하는 것이 필요하다.

박근혜 정부의 부동산 정책 공약

거래 활성화 정책	서민을 위한 주택공급 정책
도시재생을 통한 도시정비사업	행복주택 프로젝트(임대형 주택 공급 정책)
취득세 감면	보유지분 매각제도(하우스푸어, 렌트 푸어 문제해결)
양도소득세 중과 폐지	목돈 안 드는 전세제도
분양가 상한제 폐지	

부동산 투자는 미래의 트렌드, 미래의 도시개발 방향, 정부의 부동산 정책, 지역별 개발계획과 계획의 실행 가능성을 중심으로 살펴보아야 한다. 그리고 실무적으로 투자 목적, 투자지역, 투자 종목, 투자 자금, 투자 시기 등 자신의 투자계획과 부동산에 대한 이론적 바탕이 되는 부동산의 공법과 정보력 등을 결합해야 투자에 성공할 수 있다. 즉 부동산 투자에 있어 가장 먼저 살펴봐야 하는 것이 바로 부동산 정책과 새로운 정부의 국정 목표인 것이다.

박근혜 정부에서는 MB 정부에서 시행된 보금자리주택 공급을 줄이고 임대주택 중심의 주택 공급 정책으로 민간주택 시장의 교란을 방지하여 자유로운 시장 형성을 목표로 하고 있다. 임대주택 공급 프로젝트의 공급 지역은 보금자리주택과 같이 그린벨트 해제를 통하여 진행하는 것이 아니라, 도심의 철도 역세권의 유휴부지를 활용하는 것으로서 낙후된 역세권 지역의 상권 활성화가 기대된다. 따라서 박근혜 정부에서의 부동산 투자 방향은 도심지역과 역세권 투자에 중점을 두되 농지, 임야 투자에 있어서는 보다 세밀한 분석을 통하여 투자 방향을 설정하는 것이 좋을 것이다.

박근혜 정부의 부동산 정책 공약

박근혜 정부의 부동산 정책 공약과 주택 정책은 하우스 푸어, 렌트 푸어 문제해결과 서민들을 위한 행복주택 프로젝트, 목돈 안

Chapter1 박근혜 정부 5년, 부동산 정책을 완전 해부한다

드는 전세제도, 주택보유지분 매각제도 그리고 DTI 폐지 및 완화, 분양가 상한제 폐지, 양도세 감면 등 거래 활성화를 위한 부동산 규제 완화를 들 수 있다. 박근혜 정부의 8대 핵심 공약을 통하여 박근혜 정부의 국토관, 토지 이용관에 대한 개념을 살펴보면 투자지역과 투자 종목을 선택할 수 있다.

박근혜 정부의 8대 핵심 공약

- 동서통합지대 조성
- 스마트한 지방도시 재생사업
- 지방 거점도시(10+@)의 지역 중추 도시권 육성
- 평화지대 프로젝트
- 신공항 건설
- 사통팔달의 전국 교통망 구축
- 낙후지역 휴양, 관광벨트 구축
- 지역발전 정책 추진 체계 개편

박근혜 정부의 8대 공약에 따른 부동산 투자지역을 살펴보자.

- **동서통합지대 조성** 지역으로는 전남 광양과 경남 하동군을 연결하는 섬진강 일대로 남부 경제권 성장 거점 육성을 위하여 추진되고 있다. 섬진강 양안을 중심으로 핵심 거점 역할을 하고 있는 지역

을 중심으로 투자를 검토해볼 필요가 있다.

•스마트한 지방도시 재생사업이란 도심에 위치한 미군 공여지나 낙후된 도심지역의 산업단지, 재개발·재건축이 필요한 주거단지 등을 도시재생을 통하여 도심의 중심 생활권으로 개발한다는 계획을 말한다. 낙후된 산업단지를 최첨단 산업단지로 변화시키거나 경기북부지역 미군기지 이전에 따른 미군 공여지에 체계적인 개발을 통하여 도심의 핵으로서 역할을 할 수 있게 한다. 또한 이들 지역의 개발은 대중교통지향형(TOD, Transit Oriented Development : 개인 자동차 의존에서 벗어나 대중교통과 토지이용을 연계, 대중교통 이용에 역점을 둔 도시개발 방식) 방식에 따라 개발될 것으로 기대된다.

그럼으로 도심지역 투자는 가장 낙후된 지역을 중심으로 투자처를 확보하는 것이 필요하다고 할 수 있다. 미군 공여지의 대표적인 개발지역으로는 춘천의 캠프페이지 부지/동두천역 주변, 그리고 낙후된 산업단지 개발지역으로는 대구의 이현공단/서울의 성수역/평택 서정리역 주변 등이 있다.

•지방 거점도시 10+@의 지역 중추 도시권 육성 MB 정부에서 국토개발을 5+2(동남권, 수도권, 충청권, 대경권, 호남권+제주도, 강원도) 광역권역으로 나누어 국토개발을 진행하였다. 그러나 개발권의 범위가 너무 넓고 추상적이어서 박근혜 정부에서는 10개의 중추도시를 선정

하여 메가시티의 거점으로 삼아 주변도시와의 네트워크를 통한 메가리존을 구축하는 도시계획을 수립하고 있다.

메가리존과 메가시티

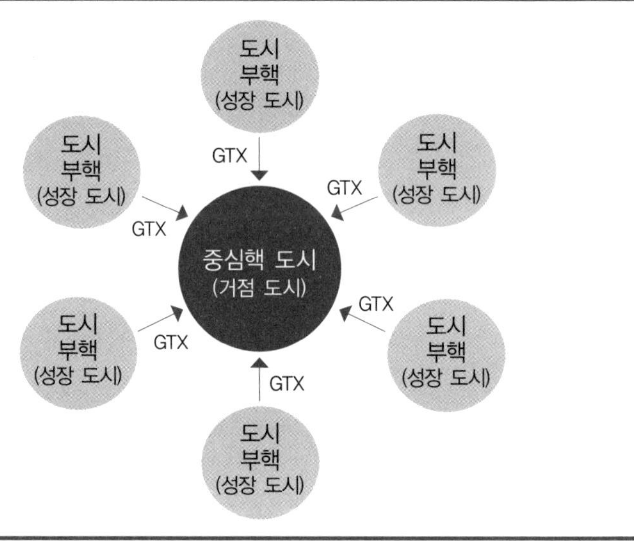

박근혜 정부에서의 투자 핵심도시는 노무현 정부에 있어 도시개발의 중추 역할을 했던 기업도시, 혁신도시, 행정도시지역과 마찬가지로 10개 중추 도시에 해당하는 지역을 중심으로 투자지역을 선정하고 있다. 10개의 중추 도시는 노무현 정부에서 추진했던 기업도시, 혁신도시의 지속성을 유지하기 위하여 광역도시와 기업, 혁신도시를 중심으로 10개 중추도시를 선정할 것으로 예상된다. +@ 도시로는 제주특별자치도가 선정될 것으로 예상된다.

•평화지대 프로젝트는 남북한 통일을 대비한 평화도시 조성을 위한 계획으로 파주~연천~철원으로 이어지는 접경지역과 파주, 철원을 중심으로 한 평화도시가 조성될 수 있는 지역을 중심으로 투자지역을 선정해볼 필요가 있다. 접경지역 투사는 징기적 안목에서 투자를 해야 하는데, 주로 군사보호구역으로 투자에 제한이 많기 때문이다. 군사보호구역 투자에 대한 내용은 후술하기로 한다.

수십 년간 남북이 냉전체제로 이어오고 있지만 2014년을 기점으로 북한 김정은 정권의 붕괴와 새로운 지도체제가 확립된다면 남북한 통일은 머지않아 이루어질 것으로 예상된다. 풍수적 측면에서는 8운으로서(2004~2023년) 통합과 화합의 운이 가장 강하며, 여성의 힘이 강력하다. 우리나라의 경우 중앙행정기관이 세종시로 이전이 완료되는 시점에 통일의 기운이 왕성하다고 보고 있다. 2014년부터 통일의 기점이 시작되며, 북한의 핵심 권력 내부의 균열과 개성공단이 그 출발점이 된다고 보고 있다.

•신공항 건설은 동남권 신공항 건설 공약이다. 동남권 신공항 건설은 이전 정부에서도 공약으로 제시되었지만 실현되지 못하였고, 검토 중 계획이 철회되기도 하였다. 동남권 신공항 건설의 입후보지로 김해공항의 확장, 가덕도, 밀양 등이 검토되었다. 그 결과 사업 타당성 분석에서 가덕도 지역이 다른 지역에 비하여 높은 점수를 받을 것으로 알려져 있다. 가덕도의 경우 입지와 부산 신항만 주변의 경제자유구역 등 주변 산업단지와의 연계성, 확장성, 풍수적 요

소도 다른 지역에 비하여 우수하다. 그렇기 때문에 동남권 신공항이 건설될 경우 가덕도가 선정될 가능성이 높다고 볼 수 있다.

신공항 건설은 동남권 신공항과 더불어 관광객의 폭발적 증가로 항공 수요가 포화상태에 있는 제주 신공항 건설이 보다 빠르게 진행될 것으로 예상된다. 제주신공항은 서귀포시, 영어교육도시와의 접근성이 좋은 대정읍 신도시가 유력하다고 보며, 이들 지역을 중심으로 투자에 관심을 가져보는 것이 좋을 것이다.

•**사통팔달의 전국교통망 구축**은 도로망 중심에서 철도망 중심으로 구축될 것으로 예상된다. 철도망의 경우 도로망에 비하여 사업비 등이 많이 들지만 대량수송, 환경오염을 줄일 수 있다는 장점 등으로 도로망 확장보다는 철도망 구축에 노력을 기울이고 있다. 우리나라는 선진국에 비하여 철도 수송 능력이 떨어지기 때문에 향후에는 철도망 구축을 통한 교통망 확장이 지속적으로 이루어질 것으로 예상된다. 이에 투자를 고려할 때는 신설 철도망을 중심으로 한 역세권 투자를 선택하는 것이 좋다.

•**낙후지역의 휴양, 관광벨트 구축**에 중점을 두고 있다. 우리나라의 산업구조는 농업→중화학공업→제조업→서비스 산업→NIBECS 산업으로 변화하고 있다. 미래의 핵심 산업은 고부가가치를 가진 굴뚝 없는 산업인 NIBECS산업으로 집중 육성될 것이다. 우리나라

의 경우 소득 수준의 향상과 주5일제 근무의 활성화, 삶의 질에 대한 가치관의 변화 등으로 관광·레저 수요가 폭발적으로 증가했다. 또한 동계올림픽 유치, 제주도의 세계 7대 사연경권 선정 등과 같이 해외에서 우리나라에 대한 인식과 인지도가 높아지고 있다. 일본의 지진, 원전사고로 인한 관광객들이 한국으로 전환하고 있고, 중국 경제력의 성장으로 우리나라에 대한 관광객이 증가함으로써 가장 핵심적인 미래산업으로 성장하고 있다.

그렇기 때문에 관광·레저산업의 메카가 될 수 있는 지역을 중심으로 투자지역을 선정하는 것이 좋다. 대표적인 관광단지로는 경기도 화성, 송산 그린시티, 춘천 중도섬의 레고랜드(춘천역), 제주특별자치도의 신화역사공원 등이 개발되고 있다.

02
농지, 임야에 대한 투자는 어떻게 할 것인가?

　부동산 투자, 특히 토지 투자의 경우 대지보다는 시세차익을 목적으로 농지와 임야에 투자하는 경우가 대부분이라고 할 수 있다. 먼저 농지와 임야에 대한 역대 정부의 정책 방향을 살펴보면 농지 및 임야 투자에 대한 방향을 설정할 수 있을 것이다.

　우선 역대 정부의 국토 정책을 살펴보면 김대중 정부에서 그린벨트를 해제하여 개발부지로 활용하자, 많은 사람이 그린벨트에 투자를 하였다. MB 정부에서는 농지의 보전보다 유휴농지 활용에 무게 중심을 두어 농지개발에 대한 규제를 완화하자, 농지가 투자 대상으로 선호되었다.

　현 정부에서는 불필요한 규제를 완화하고 그동안 강력하게 유지되어 오던 그린벨트에 대한 환경평가 재조사를 시작하면서 그린벨트에 대한 관심이 높아지고 있다. 하지만 김대중 정부에서의 그린벨트 해제에 따른 투자 가치와 현 정부에서 그린벨트 해제에 대한 가치는 크게 차이가 난다. 김대중 정부에서의 도시개발은 도시의 급격한 팽창으로 도심 외곽지역의 개발이 주도되어 그린벨트에 대한 투자 가치가 높았다. 하지만 현 정부의 그린벨드 해제는 불필요한 규제 완화와 공공의 필요에 의한 산업단지 조성에 필요한 부지 확보를 위한 해제로서, 일반 투자 시 그린벨트 해제에서 얻는 이익은 그리 크지 않을 것으로 생각된다. 또한 과거처럼 큰 시세차익을 목적으로 접근하는 것은 위험성이 있다고 본다.

그럼 박근혜 정부의 국토개발과 농지와 임야에 대한 정책을 살펴보기로 하자(그린벨트 투자는 후술).

첫째, 현 정부의 농지와 임야 정책은 보존에 중점을 두고 있다.

식량안보체제 구축을 위해 농지 보전에 중점을 두고 있기 때문에 농업진흥지역의 농지 중 경지 정리가 된 농지(절대농지)는 개발을 위한 용도 변경이 매우 어려울 것으로 예상된다. 그렇기 때문에 농지에 개발을 목적으로 투자하는 것보다는 농지 본래의 기능 중심으로 투자를 하는 것이 위험성을 줄일 수 있다.

임야에 해당하는 숲은 건강과 여가활동 증진을 위한 녹색 공간 또는 산림복지 공간화와 전국 숲에 청소년 수련장을 구축하여 숲 교육 확대를 통한 청소년 문제해결에 기여하는 목적으로 활용하려고 한다. 즉 임야를 보전 개념에서 건강과 여가활동 증진을 위한 녹색 공간과 수련장 구축을 통한 친환경개발의 개념으로 인식하고 있다. 이에 임야의 활용성이 보다 탄력적이어서 임야 투자에 관심을 가져볼 필요가 있다.

하지만 임야도 농지와 마찬가지로 경사도에 대한 행위 제한이 강화되면서 개발 목적 투자보다는 산야초 재배, 삼림욕장 등과 같은 임야 본래의 기능 중심 투자가 이루어져야 한다. 특히 대규모 아파트 단지의 녹지 공간 확보와 임야가 적은 서해안지역의 신도시 개발지역의 임야는 공원 등 녹지공간으로 활용될 가능성이 크므로, 임야에 투자를 할 때는 주의해야 한다.

둘째, 현 정부는 대규모 토지 이용 및 개발 시 통합 인·허가제를 도입한다.

과거 토지 이용 및 개발은 절차의 복잡성과 행정의 비효율성으로 수많은 인허가 절차를 거쳐야 했다. 그리고 대규모 토지개발을 할 경우 주민의 의사를 배제하고 지방자치단체와 공사가 일방적으로 사업을 진행시켰다. 이에 주민 갈등이 심화되어 제대로 개발이 진행되지 못하는 경우도 많이 발생하였다(뉴타운 지정 등). 또 지자체 단체장들이 지나친 업적과 전시행정으로 경제성과 효율성 등 사업의 타당성을 무시한 채 대규모 사업을 벌여 예산이 낭비되는 경우가 많았다.

이러한 문제점을 해결하기 위하여 대규모 토지 이용 및 개발의 경우 그동안 소외되었던 주민이 사전공람하게 하여 주민의 의견을 수렴하고 있다. 주민의견 수렴 여부를 인·허가서에 명시, 재공람하게 하여 인·허가 심사의 절차적 정당성이 이루어지도록 하는 '통합 인·허가제'를 도입하여 제도화하였다.

이전에는 대규모 사업에 실패했을 때 책임소재가 불분명하여 책임을 지울 수 없었다. 이에 대한 해결책으로 책임소재를 분명히 하여 정부나 지자체의 무분별한 난개발과 과잉개발을 차단하고, 지속 가능한 국토개발과 친환경개발을 위하여 사업 결정권자에 책임을 지게 하는 최고징책 당국자 실명제를 제도화하였다.

특히 일반산업단지와 농공산업단지의 무분별한 지정으로 제대로 진행되지 못한 경우가 대부분이었다. 일부 투자자들은 이러한 지방자치단체의 사업계획을 믿고 무리하게 투자하여 손해를 본 경우가 많이 발생하였다. 산업단지 조성 및 지정 지역의 투자는 반드시 산업단지의 종류와 개발 가능성 등을 판단하고 투자 결정을 해야 하며, 대기업의 첨단산업단지 중심으로 투자 포인트를 잡아야 한다. 농공산업단지 및 일반산업단지는 조성된다고 해도 주변 인프라가 조성되어 있지 않으면 입주업체를 찾기 힘들 뿐만 아니라 주변지가에 미치는 영향은 미미하다고 할 수 있어 큰 수익을 얻기는 힘들다.

셋째, 현 정부에서는 임대주택 리츠·펀드 세제 지원을 확대하여 임대주택사업의 활성화에 도움을 주려고 한다.

이러한 이유로 주택의 시세차익보다는 임대사업으로 수익을 창출하는 임대주택사업에 관심을 가지는 것도 좋을 것이다. 시세차익을 목적으로 한 주택 투자보다는 임대수익을 목적으로 한 투자가 바람직한데, 이는 매매가보다 전세가 상승이 지속적으로 나타날 수 있기 때문이다. 전세가격 상승의 원인으로는 여러 가지가 있을 수 있다. 그 중에서 대출을 통하여 주택을 매입한 주택 소유자가 주택 가격의 하락으로 재대출 및 상환이 어려워진 경우 전세가격을 상승시켜 부족한 대출상환금을 조달하려 함으로써 전세가격 상승으로 이어지고 있다.

부동산 시장에서 전세가격이 상승하면 매매가격의 상승으로 이어지는 것이 일반적이다. 하지만 주택에 대한 가격 상승이 어렵다는 생각으로 재테크 수요자들이 매매 수요로 전환되지 않고 있다. 이에 하우스 푸어들의 대출상환금 부담이 가중되면서 결국에는 경매로 주택을 처분하게 되는 상황이 발생하고 있다. 이런 하우스 푸어의 대상 가구수를 약 30~50만 가구로 예상하고 있다. 하우스 푸어 주택이 경매시장으로 나오게 된다면 주택가격은 더욱더 폭락할 수밖에 없다. 이는 경기침체에 또 다른 짐을 지우게 하기 때문에 이를 해결하기 위해 주택임대를 목적으로 하는 주택임대업자에게 보다 많은 혜택을 주어 주택에 대한 수요를 창출하려고 하고 있다. 일본에서도 주택임대업이 활성화되고 있음을 고려해볼 때 주택임대업을 위한 주택 매입을 고려해볼 만하다.

넷째, 정부의 재건축에 대한 정책을 살펴보면 재건축 연한을 채우지 못한 아파트의 경우에는 재건축을 할 수 있는 방법이 없었다.

그러나 재건축 연한이 도래하지 않았더라도 건축물에 기능적·구조적 결함이 있는 경우 주민의 10분의 1의 동의를 받아 안전진단을 통과하면 재건축을 시행할 수 있게 되어 보다 탄력적으로 재건축 사업을 추진할 수 있게 되었다.

특히 목동이나 상계동지역 대단지 아파트의 재건축사업이 활성화될 것으로 기대된다. 현재 아파트의 최대 3개 층까지 증축이 가능하고, 가구수를 최대한 15%까지 늘릴 수 있는 리모델링 수직 증축이 가능하게 되었다. 그동안 재건축 아파트의 경제성 부족 문제로 재건축 아파트 시장에 대한 관심이 멀어졌으나, 이를 계기로 재건축 아파트에 대한 관심이 늘어나게 될 것이다.

그러나 수직 증축이 허용된다고 하더라도 재건축 아파트에 대한 투자 수익성은 과거와 달리 크게 상승하지는 않을 것으로 예상된다. 리모델링을 통하여 공사비를 일정 부분 충당할 수 있다. 하지만 오래된 아파트의 경우 안전성을 보완해야 하는 문제가 있어 실제 공사비가 더 많이 소요될 수 있기 때문에 경제성에서는 다소 떨어진다고 보인다. 수직 증축의 대상이 되는 지역은 주거 기능 중심의 1기 신도시에 많이 분포하고 있어 반짝 상승은 기대할 수 있으나, 지속적으로 부동산 가격을 견인하는 동력으로 보기는 힘들다고 할 수 있다.

　박근혜 정부에서의 투자 방향은 지방도시 재생사업으로 대구 K2공항 이전에 따른 동구지역, 이현공단, 10+@의 경우는 중심거점 도시를 중심으로 투자지역을 선정해보는 것이 좋다. 또한 평화지대 프로젝트는 파주, 문산, 포천, 철원의 접경지역과 의정부, 춘천, 동두천 등 미군 공여지를 투자 대상지역으로, 신공항은 부산의 가덕도, 서귀포시의 대정읍 주변, 낙후지역의 관광벨트는 남해안과 서해안의 무의도, 장봉도, 영흥도, 과학벨트는 대전, 대덕지구를 중심으로 투자지역을 선정해볼 만하다. 하지만 대덕연구단지 주변은 지나친 가격 상승으로 가격이 저렴한 제2의 연구단지를 입지시킬 수 있는 곳을 찾고 있는 것으로 알려져 있어 투자지역 선정에 주의를 요해야 한다.

03
서민을 위한 부동산 정책,
어떻게 변화할 것인가?

노무현 정부의 과도한 부동산 규제 정책과 MB 정부의 보금자리주택 등 부동산 정책 실패는 부동산 가격의 하락과 경기침체의 원인이 되었으며, 대규모의 렌트 푸어와 하우스 푸어를 양산하게 되었다. 이러한 문제점을 최소화하고 서민들의 주거 문제를 해결하기 위한 대안으로 박근혜 정부에서는 임대 중심의 행복주택제도와 하우스 푸어, 렌트 푸어 해결을 위한 보유주택지분 매각제도, 목돈 안 드는 전세제도 등의 부동산 정책을 진행하고 있다.

행복주택제도

행복주택제도란 철도부지 상부에 인공대지를 조성하고 그곳에 기숙사, 아파트 등을 건설하여 저렴한 보증금 및 임대료로 주택을 공급하는 제도를 말한다. 기존의 임대주택 공급 정책은 신도시나 대규모 택지지구 등에 자금이 집중 소요되어 민간주택 시장에도 악영향을 미쳤다. 이와는 달리 행복주택제도는 소규모로 진행되고 도심권 내의 철도부지·유수지·폐선부지 등 유휴부지를 사용하고, 그린벨트 해제를 통한 새로운 택지를 개발하여 공급한 보금자리주택으로 주택 시장에 영향을 주지는 않을 것으로 예상된다.

행복주택제도로 도심권 내의 철도부지가 많은 낙후된 지역의 역세권을 활성화시키는 역할을 기대할 수도 있다. 하지만 기존 택지에 비하여 건축비가 많이 소요되는 단점과 주변지역과의 마찰 등으로 큰 기대를 얻기에는 부족한 점이 많다. 행복주택지구로 지정되는 곳은 환경적으로 그리 좋지 않은 지역이지만, 행복주택만 건설하는 것이 아니라 유통 및 상업지역도 같이 개발을 하기 때문에 낙후된 지역을 활성화시키는 역할은 할 것이라고 생각된다.

행복주택이 건설되는 지역은 개발행위 허가 제한지역이나 개발제한구역으로 지정되어 있는 경우가 많기 때문에 향후 규제가 풀릴 수 있는 가능성이 있는지 세심하게 검토한 후 투자해야 한다. 거리상으로는 역세권의 범위 내에 있는 500m~1km 내외, 시간상으로는 도보로 10~20분 정도의 전이나 임야 투자에 관심을 가져볼 만하다. 단 주의해야 할 점으로는 철도 유휴부지를 활용한 행복주택지역은 저소득층을 위한 1인 가구 등 임대주택 중심으로 개발되기 때문에 시장이 중복되는 소형 임대주택(도시형 생활주택) 투자는 세심한 검토가 필요하다.

낙후된 지역의 역세권으로서 고급형 소형주택에 대한 수요보다는 저렴한 가격의 임대 수요가 많으며, 가격 경쟁력에서 행복주택제도의 임대주택에 비하여 떨어진다. 행복주택은 도심지역에 있는 철도 유휴부지를 활용할 경우 지역주민의 반내와 공사비가 많이 들게 되어 진행 여부가 불투명할 수 있다.

행복주택시범지구(철도부지 4, 유수지 3)

지구명	위치	부지	규모(㎢)
오류동 지구	서울 구로구 오류동역 일원	철도 유휴부지	1,500
가좌 지구	서울 서대문구 남가좌동 가좌역 일원	철도 유휴부지	650
공릉동 지구	노원구 공릉동	폐선 부지	200
고잔 지구	안산시 단원구 고잔역 일원	철도 유휴부지	1,500
목동 지구	서울시 양천구 목동	목동 유수지	2,800
잠실 지구	서울시 송파구 잠실동	잠실 유수지	1,800
송파 지구	서울시 송파구 가락동	탄천 유수지	1,600
총 7개 지구 489,000m²			10,050

출처 | 국토교통부 보도자료

<u>목돈 안 드는 전세제도</u>

목돈 안 드는 전세제도란 전세가격 상승으로 전세금이 부족한 사람들을 위한 대책이다. 렌트 푸어라는 말은 전세 보증금이 상승하면 저소득자층은 전세 보증금 상승분만큼의 목돈을 마련하기가 어렵기 때문에 보증금 상승분만큼 대출을 받아서 충당함으로써 생기게 된 말이다.

전세 보증금은 하우스 푸어가 전세 대출금을 보충하기 위하여 전세가격을 지속적으로 상승시켜 매매가격의 70% 수준에 근접하고 있다. 하지만 전세입자는 전세가격 상승분만큼 새로운 전세자금을 보충해야 하지만, 주택 매수 능력이 부족하여 전세금 마련이 쉽지 않다.

예를 들면 1억 원 전세 보증금 세입자에게 임대인이 보증금 2,000만 원을 올려달라고 하면 세입자는 주로 전세대출을 이용하여 충당하였다. 그런데 목돈 안 드는 전세제도는 보증금 인상분만큼 임대인(집주인)이 집을 담보로 대출을 받고(대출서류는 집주인이 준비해야 함), 대출이자는 임차인(세입자)에게 부담하게 하는 제도를 말한다.

이러한 경우 세입자에게는 전세 보증금 인상에 대한 목돈 마련의 부담감이 줄어들고 전세 대출금 이자비율(보통 7~8% 내외)보다 주택담보대출(보통 4~5% 내외)의 이자비용이 저렴하여 이자부담비율이 줄어들게 되는 장점이 있다.

하지만 목돈 안 드는 전세제도의 경우 집주인(임대인) 명의로 대출을 받아야 하기 때문에 집주인(임대인)이 직접 주택담보대출 서류를 준비해야 하는 불편함이 있고, 임차인(전세입자)이 이자를 내지도 않고, 나가지도 않고 버티는 경우 명도소송을 진행해야 하는 문제 등 절차상의 복잡성으로 임대인(집주인)의 동의를 얻어 진행하기가 쉽지 않을 것으로 예상된다. 또한 임차인에게도 실질적인 이자비용 부담의 차이가 크지 않아(7%-4%=3% 정도) 큰 혜택이 없다는 점도 제도가 활성화되기 쉽지 않은 점이라 할 수 있다.

목돈 안 드는 전세제도는 하우스 푸어에게는 전세금을 올려 상환 대출금을 보충할 수 있게 한다는 장점이 있다. 즉 상환 대출금의 미상환에 따른 경매 물건을 줄여 주택 시장에 공급을 줄이는 효과와 전세입자에게 전세금 인상에 따른 목돈 마련 부담을 줄여주는 이중적 효과를 기대할 수 있다. 그러나 현실적으로 가능한지, 대중화될 수 있을지에 대해서는 미지수이다. 목돈 안 드는 전세제도에 따른 주택가격은 지역에 따라 단기간 상승 효과는 기대할 수 있을지 모르나, 지속적인 주택가격 상승을 견인하는 요소로서는 부족하다고 생각된다.

하우스 푸어를 위한 보유주택지분 매각제도

하우스 푸어를 위한 보유주택지분 매각제도란 주택 소유자가 주택의 일부 지분을 특수목적법인인 자산유동화회사(SPC, Special Purpose Company)에 매각하고, 그 매각 대금으로 주택 대출금 일부를 상환하게 함으로써 대출 상환금의 부담을 줄여주는 것이다. 또한 보유주택에 대한 소유권을 그대로 유지하게 하면서 매각지분만큼 대출 이자비용보다 저렴한 지분 사용료를 내고 계속 거주할 수 있게 하는 제도를 말한다.

이러한 보유주택지분 매각제도 정책의 대상은 하우스 푸어, 즉 부동산 경기가 활성화되어 부동산가격이 상승하는 시기에 무리한 대출을 받아 주택을 매입하여 부동산 경기침체와 경기침체로 소득수준이 감소하면서 대출이자와 원리금 상환이 어려워 경매로 소유권을 잃기 직전의 주택 소유자를 말하는데, 2011년 기준 약 32만 가구로 부채 규모는 약 38조로 예상하고 있다. 즉 하우스 푸어에 대한 신속한 대책이 마련되지 않으면 32만 가구의 주택이 공급되는 것과 같아 주택 시장 교란의 폭탄으로 작용할 수 있다. 더불어 하우스 푸어에게는 전셋값 상승의 원인이 되기도 한다.

주택경기의 침체로 부동산가격이 하락함으로써 대출 금액이 감소한 만큼 전세 보증금을 상승시켜 부족한 부분을 보충하고 있다. 결국 주택가격 하락에 따른 금융부담은 하우스 푸어(주택소유자)가 아닌 렌트 푸어(전세입자)에게 전세금 상승을 통하여 전가하는 결과를 초래하고 있다. 따라서 보유주택지분 매각제도는 하우스 푸어에 대한 상환부담을 줄여줌과 동시에 전세금 상승을 일정 부분 감소시키는 역할을 하여 하우스 푸어에 대한 단기적 대책으로 효과는 발생할 것으로 예상된다.

보유주택지분 매각제도

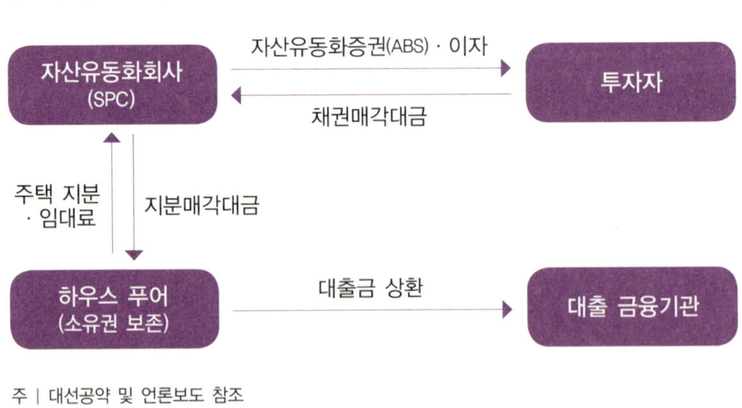

주 | 대선공약 및 언론보도 참조

04
국정 지표와 국정 과제로
투자 지역을 찾아라

박근혜 정부는 향후 5년간 진행할 국정 비전으로 일자리 중심의 창조 경제, 맞춤형 고용·복지, 창의 교육과 문화가 있는 삶, 안전과 통합의 사회, 행복한 통일시대의 기반구축의 5대 국정 목표와 21개의 국정 전략, 140개의 국정 과제를 선정·발표하였다(참고 : 대통령인수위원회 발표자료).

새로운 정부가 수립되면 부동산 투자를 할 때는 반드시 새로운 정부의 성향과 국정지표를 살펴보고 투자 방향을 설정해야 한다. 이는 새로운 정책 방향에 예산이 집중되며 개발 가능성이 높기 때문이다. 박근혜 정부의 국정 지표는 5대 국정 목표와 21개의 국정 전략 140개의 국정 과제를 설정하였다.

박근혜 정부의 5대 국정 목표

박근혜 정부의 5대 국정 목표는 다음과 같다.

첫째, 일자리 중심의 창조경제

일자리 중심의 창조경제는 창조경제 생태계를 조성하고 일자리 창출을 위한 성장 동력 강화, 중소기업의 창조경제 주역화, 창의와 혁신을 통한 과학기술 발전, 원칙이 선 시장경제 질서 확립, 성장을 뒷받침하는 경제 운영 등 6개의 국정 전략으로 세분하였다. 창조경제에 대한 개념이 모호하지만 창조산업이 중심 산업으로 성장할 것으로 예상된다.

창조산업이란 미래 산업의 하나로서 과학산업과 문화, 지식정보, 예술 관련 산업의 발전과 기업의 자율성을 보장할 수 있는 각종 규제 완화를 통한 시장경제 중심의 경제 정책을 의미한다.

둘째, 맞춤형 고용·복지의 국정 전략

생애주기별 맞춤형 복지 제공, 자립을 지원하는 복지체계 구축, 서민생활 및 고용안정 지원, 저출산 극복과 여성 경제활동의 확대 등으로 맞춤형 고용·복지의 국정 전략을 확정했다.

셋째, 창의교육과 문화가 있는 삶의 국정 전략

꿈과 끼를 키우는 교육, 전문 인재 양성 및 평생학습 체제 구축,

나를 찾는 문화, 모두가 누리는 문화를 구현하는 것으로 창의교육과 문화가 있는 삶의 국정 전략을 확정하였다.

넷째, 안전과 통합의 사회의 구성 전략

범죄로부터 안전한 사회 구현, 재난·재해 예방 및 체계적 관리, 쾌적하고 지속 가능한 환경 조성, 통합과 화합의 공동체 구현, 지역균형 발전과 지방분권 촉진 등이 국정 전략으로 확정되었다. 지역균형 발전과 지방분권 촉진을 강조하여 참여정부의 지역균형 발전 정책의 일환으로 진행된 기업도시, 혁신도시의 발전이 지속적으로 가능하게 되었다. 이에 기업도시, 혁신도시에 대한 투자 관심이 필요할 것으로 보인다.

지속 가능한 환경 조성을 강조하여 숲과 농지를 보전하고 도시의 주거환경도 친환경 에코도시로의 발전을 기하고 있다. 그럼으로써 임야와 농지 투자는 과거보다 개발에 대한 행위 제한이 강화될 것으로 예상되기 때문에 투자에 보다 세심한 주의가 필요하다.

다섯째, 행복한 통일시대의 기반구축의 국정 전략은 튼튼한 안보와 지속 가능한 평화 실현, 행복한 통일로 가는 새로운 한반도 구현, 국민과 함께 하는 신뢰 외교 전개 등으로 국정 전략을 확정했다(참고 : 인수위원회 발표자료).

남북한의 관계는 냉전과 화해로 급변하고 있지만, 우리나라의 궁극적인 목표는 통일에 있음으로 박근혜 정부에서도 통일에 대한 지속적인 노력을 진행할 것이다. 그럼으로 접경지역과 미군 공여지에 대한 투자 관심도 필요하다. 북한의 핵개발로 남북한 관계가 급격하게 냉전 상태에 있지만, 경제발전이라는 큰 이슈로 볼 때 냉전 상태는 종식되고 남북 화합이 이루어질 것이라고 예상된다. 세계적으로 냉전시대는 가고 세계가 하나 되는 글로벌 시대가 도래함으로써 자연스럽게 냉전시대는 무너질 수밖에 없다고 본다. 급격한 체제 붕괴와 통일에 대비한 접경지역의 평화도시와 DMZ의 잘 보전된 천혜의 환경을 관광자원화할 수 있는 지역에 장기적 투자처로 관심을 가져볼 만하다.

이러한 박근혜 정부의 국정지표와 국정 과제에 맞는 부동산 투자의 방향 설정은 우선 산업적인 측면에서는 창조산업 육성에 목표점이 맞춰 있다. 그러므로 애니메이션, 영화, 예술, 인터넷 게임 등 창조산업 발달을 가져올 수 있는 산업이 들어설 수 있는 입지 조건을 가진 지역을 투자 대상으로 검토해볼 수 있다.

또 농림축산업의 신성장 동력화를 통하여 농촌의 경쟁력과 소득 수준을 높일 수 있는 친환경 농업을 활성화하여 젊은 사람들과 은퇴자들의 귀농을 통해 농촌의 활성화를 기하려고 하고 있다. 광역도시와 접근성이 좋은 지역에 대한 농지 투자도 관심을 가져볼

만 하다.

　박근혜 정부의 주요 투자 대상 지역으로는 국가 신성장 동력의 거점으로 삼고 있는 국제과학비즈니스벨트가 조성되는 대전과학벨트지역, 스포츠 활성화로 건강한 삶 구현의 목표점인 동계올림픽 개최지인 평창, 강릉 그리고 관광산업의 경쟁력 강화로 국내 관광인구의 증가와 외국인의 관광인구가 증가함에 따라 다양한 관광단지 개발이 필요한 지역인 춘천의 중도섬과 제주특별자치도, 외국인의 관문인 영종도 주변의 섬 등이 투자 대상으로 고려할 만하다.

05
정부의 부동산 시장 개입은 독인가, 약인가?

부동산이라는 상품은 시장에서 자유롭게 거래되어 시장의 자율적 시장가격에 의해서 결정되는 일반 재화와 달리 주거복지, 주거 안정이라는 인간의 삶에 있어서 매우 중요한 요소의 상품으로 공공성이 매우 강하다. 또한 정부 개입이 많아 정부 정책에 따라 부동산 시장이 크게 변화한다. 부동산 시장에 대한 정부 개입은 정부의 특성에 따라 최대 개입과 최소 개입 정부로 나눌 수 있다. 부동산 시장에 대한 가장 많이 개입한 정부가 바로 노무현 정부라고 할 수 있는데, 부동산 시장에 정부 개입이 바로 부동산 시장을 안정시킨다는 생각은 오산이라고 생각한다. 역대 정부 중 노무현 정부는 부동산 시장에 가장 강력하게 시장 개입을 하였으나 지나친 부동산 규제 정책은 반대로 부동산의 폭등을 가져왔다.

부동산 폭등을 규제할 목적으로 제정된 부동산 규제는 법률로 제정되어 법 개정 없이는 부동산이 폭락하여도 정책 변경이 쉽지 않기 때문에 시장의 변화에 빠르게 대응할 수 없다. 이러한 이유로 자율적인 시장경쟁체제를 통한 부동산가격 안정을 원활하게 하지 못하는 원인이 되기도 하였다.

현재 부동산 시장의 침체는 2008년 글로벌 금융위기의 영향, 인구구조의 변화와 경기의 침체, 투자 가치관의 변화 등 다양한 원인이 있다. 하지만 노무현 정부와 MB 정부의 부동산 정책의 실패에도 그 영향이 있다고 본다. 특히 노무현 정부의 지나친 정부 개입과 MB 정부의 부동산 활성화 정책의 실패는 자유시장 경제체제의 근본인 보이지 않는 손의 기능이 마비되면서 부동산 가격의 침체, 즉 사회 전반적인 경기불황으로 이어졌다. 그리고 경제의 선순환 구조를 단절시켜 서민들의 삶을 더욱더 피폐하게 만들었다.

가장 좋은 부동산 정책은 시장경제의 자율성을 회복하여 시장 스스로 수요와 공급의 원칙에 의하여 균형가격이 이루어지도록 하는 것이다. 부동산가격의 하락은 서민들이 집을 살 수 있게 하는 것이 아니라, 오히려 주택 소유자의 대출에 대한 부담을 고스란히 서민들의 전세금으로 전가함으로써, 전세금의 상승을 초래해 서민들의 삶을 더욱더 힘들게 하는 역할을 하게 된다.

부동산은 공공재의 성격이 강하다. 그렇기 때문에 시장에서 부의 쏠림을 방지하고 국민들의 주거권을 보장하기 위하여 정부는 적극적으로 개입하여 시장의 균형을 맞추려고 한다. 시장 실패 시 정부가 개입하였을 때 어느 정도 조정이 가능하지만, 지나친 정부 개입으로 시장 실패가 발생하는 경우 그에 대한 책임은 고스란히 서민들에게 전가될 수밖에 없음을 알아야 한다.

분양가 상한제, 양도소득세 중과제도, 취득세 감면 등 부동산 규제가 철폐된다고 하더라도 주택 공급량이 풍부한 현 시장에서는 투기 목적의 수요가 발생하여 부동산가격이 폭등하지는 않을 것이라 생각된다. 오히려 부동산에 대한 각종 규제를 폐지함으로써 하우스 푸어, 렌트 푸어의 대출금 상환 부담을 줄여 경제의 선순환 구조를 유도하여 경기회복의 출발점으로 삼아야 하는 것이 타당할 것이다.

정부는 부동산 시장에서 다양한 수요와 공급을 위한 시장경제를 보장하면서 주거복지를 위하여 서민들을 위한 임대형 주택 공급, 도시개발과 산업발전을 위한 SOC사업에 투자를 함으로써 시장의 자율적 기능 회복과 건설경기를 통한 경기 회복에 초점을 두는 것이 보다 적절한 부동산 정책이라고 본다.

국민들이 경기에 대해 가장 민감하게 피부로 느끼는 것이 부동산에 대한 체감온도이다. 새로운 정부가 들어서면 지나치게 의욕적으로 부동산 시장에 개입하여 문제를 해결하려고 한다. 하지만 부동산 시장에서 정부의 규제 정책으로 문제를 해결하는 것은 마치 항생제를 투여하는 것처럼 단기간에는 일부 효과를 얻을 수 있을지는 모르나, 정책의 효과가 떨어지면 신체의 면역력이 떨어져 점점

더 강한 항생제를 투여해야 하는 것과 같이 보다 강력한 정부 정책을 펼칠 수밖에 없다.

그렇기 때문에 정부의 부동산 정책은 단기간의 효과를 목적으로 하는 정책이 아니라 신체의 면역력을 키워주는 기초 체력을 키워주는 것과 같은 부동산 정책으로 건전한 부동산 시장의 활성화를 위하여 노력해야 할 것이다. 부동산 경기의 침체는 결국 경기침체를 야기하여 저소득층들에 대한 일자리 감소, 전·월세의 상승 등 주거비용 증가로 이어진다. 지나친 부동산 과열도 좋지 않지만 부동산 가치의 하락도 저소득층에게는 큰 어려움으로 다가온다. 정부에서는 저소득층을 위해서라도 부동산 경기 활성화가 시급한 과제로 떠오르고 있으며, 부동산 경기 회복이 바로 경기 회복의 시발점이 될 수 있을 것이다.

2014-2018 부동산 투자, 어떻게 **할 것**인가?

부동신 투지는 미래 가치에 대한 투자라고 할 수 있다. 정확한 미래 예측이야말로 투자 성공의 지름길이라고 할 수 있다. 미래 예측은 단순한 감각만으로 하는 것이 아니라 도시개발의 세계적인 흐름, 산업의 발전 방향, 우리나라가 지향하는 산업의 방향과 지역의 특수성, 지역적 환경, 도시계획의 방향 등을 종합적으로 판단하여 국가에서 지향하는 방향과 핵심거점으로 성장시키려고 하는 지역이 어디인지 또 해당 도시 기본계획에서 어느 곳을 도시발전의 핵으로 삼고 있는지를 판단하고 투자 지역을 선정해야 한다.

과거 서울의 핵심지역은 강북 중심으로 개발이 되었고, 강남은 낙후되어 있었다. 하지만 강남을 서울의 핵심지역으로 성장시키기 위한 도시계획을 세우고 개발을 시작하면서 현재는 서울의 핵심지역으로 성장하였다. 과거 투자 감각이 뛰어나고 정확한 미래 예측을 한 투자자들은 강남에 투자하여 큰 수익을 올렸으나 현재의 상황만 보고 강북 중심으로 투자를 한 사람들은 큰 수익을 얻지 못하였다.

이처럼 미래 예측은 부동산 투자에 있어 사람의 운명을 바꿀 수 있는 중요한 요소라고 할 수 있다. 부동산 투자에 있어 국토의 미래 예측은 현재의 국토에 미래의 발전된 국토의 모습을 그려보면 정확한 투자지역을 선정할 수 있다. 부동산 투자를 위한 미래 예측에는 저출산, 고령화, 인구 감소, 도시계획의 방향, 산업 구조의 변화, 가치관의 변화, 투자 트렌드의 변화를 요소로 사회경제, 문화, 도시계획 등을 중심으로 다양하게 접근하여 국토 개발과 메가시티의 방향을 살펴봄으로써 투자 입지지역의 선정 기준으로 삼아야 한다.

01
미래 생활상의 변화에
주목하라

어느 지역에 투자를 할 것인가에 대한 질문의 답은 바로 변화하는 미래의 생활상과 부동산 시장의 새로운 패러다임을 정확히 알아야 정할 수 있다는 것이다. 그렇다면 향후 우리나라 미래의 생활상은 어떠하며 어떤 지역이 어떤 부동산이 가치가 있을까? 이를 알기 위해서는 다음과 같이 사회전반적인 변화를 살펴봐야 한다.

첫째, 도시개발의 방향을 살펴봐야 한다.

세계적으로 대두되고 있는 문제가 바로 환경이다. 급격한 산업 발전에 따른 도시화는 환경오염을 유발시키고 지구온난화로 인한 이상기후, 홍수, 폭설, 폭염과 같은 자연재해를 일으키고 있다. 이에 각국에서는 환경오염을 줄이기 위해 탄소 배출량이 많은 자동차의 이용을 줄이고, 친환경 교통망인 전철 역세권을 중심으로 압축도시로의 개발을 지향하고 있다.

둘째, 물에 관한 문제로서 세계적으로 맑은 물을 얻을 수 있는 수변공간을 따라서 도시개발이 이루어지고 있다.

부동산 투자는 수변공간을 확보할 수 있는 지역에 해야 한다. 지금까지 주거공간과 수변공간이 도로로 차단되어 접근이 쉽지 않았다. 하지만 수변공간이 상권, 건강, 여가, 레포츠, 주거의 중심 역할을 하면서 도시의 핵심 개발 축으로 기능이 다양화되고 활성화되면서 그 중요성이 부각되기 시작하였다. 향후 도시개발은 도심지의 인공호수, 강변, 하천 등에 휴게시설과 체육시설을 설치하여 쾌적한 주거환경 조성과 친수문화공간으로서의 역할을 증가시키고 있다. 새로운 도시 형성의 거점이 되는 신설되는 역세권과 도시개발도 강이나 하천을 중심으로 형성된다(울산 역세권은 태화강을 따라서 개발 축을 형성하고 있으며, 신도시는 대부분 도심지역에 인공적인 호수공원 및 자연적 호수공간을 확보하고 있다).

도심 외곽의 수변공간은 전원주택, 세컨드 하우스의 입지 조건으로 선호도가 높다. 또한 해안가는 요트 선착장과 해양 스포츠의 장으로서 활발하게 개발될 것으로 예상된다. 소득 수준이 3만 달러 이상이 되면 수상 스포츠에 대한 관심과 수요가 폭발적으로 증가하여 수변공간에 대한 가치는 더욱더 높아질 것으로 예상된다.

이처럼 수변공간은 미래에 새로운 개발 잠재력을 지닌 곳으로 도시개발의 핵심 역할을 할 것으로 기대된다(역사문화를 반영한 수변형 랜드마크의 청계천, 조망권이 우수한 한강변의 아파트 주거단지). 미래의 도시는 수변공간을 중심으로 도시공간구조가 변화할 것이다. 즉 수변공간은 도시문화나 하천을 중심으로 대형 빌딩가와 상가가 위치하여 기업인들과 수많은 관광객이 이곳을 찾아오게 하여 도시의 경쟁력을 높이게 할 것이다.

중국 상해는 황포강을 따라서 형성된 강가의 야경(외탄 야경)을 관광자원으로 활용하기도 한다. 대표적인 수변공간이 있는 한강변과 물의 도시 여주 대신 나들목, 이천, 춘천 중도섬 주변, 세종시, 양평(동양평 나들목), 충주 남한강의 에코폴리스 등 수변공간을 중심으로 도시의 핵심산업과 택지지구가 조성될 수 있는 지역을 투자처로 선정하는 것도 고려해볼 만하다.

셋째, 대도시의 경우 대규모의 지하공간 개발이 증대한다.

미래의 도시개발은 압축도시로 개발함에 따라 도시지역 내 개발부지의 부족과 높은 토지가격으로 지상보다는 접근성이 좋은 지역의 지하공간 개발이 증가할 것이다.

우리나라의 경우 광화문 지하보도 및 지하차도가 준공되면서 지하공간이 개발되기 시작하였다. 지하철이 없는 지방의 중·소도시에서는 지하공간을 활용하여 상권 활성화를 기하고 있다(춘천의 명동, 대구 동성로 지하상가 등). 지하공간의 위치는 지하철 역사를 기준으로 개발되는 것이 일반적이지만 지하철이 없는 중소도시의 경우 도시의 상징적인 공공건물(도청, 시청, 법원, 고속버스터미널)을 거점으로 형성된다.

　지하공간에는 도심의 상권 형성뿐만 아니라, 대학 캠퍼스, 은행, 사무실, 박물관 등 다양한 용도로 활용될 것으로 기대된다. 대표적인 지하도시로는 캐나다의 몬트리올시의 인도어시티가 있다. 이처럼 서울에서 지하공간이 대규모로 개발될 곳은 GTX의 더블 역세권이 형성되는 삼성역 주변이라고 할 수 있다.

　삼성역은 전철 역세권과 GTX 역세권 등이 신설되어 서울에서 접근성이 가장 우수한 지역으로 발전할 수 있는 지역이다. 하지만 교통망에 비하여 개발할 수 있는 지상의 공간이 부족하여 영동대로를 중심으로 지하공간의 개발이 필요한 지역이다. 삼성동 지하도시는 명동 지하상가와 더불어 서울의 핵심 지하상가로서의 역할을 할 수 있는 지역이다. 더불어 종로의 세운상가, 용산 지하상가, 마곡동, 문정동의 지하공간 개발도 예정되어 있다. 그러므로 삼성역 주변은 지속적인 발전이 가능한 지역으로 최고의 투자 지역으로 선정해도 과언이 아니다.

　넷째, 자연재해가 많이 발생한다.

　도시화와 산업화, 자동차 사용으로 인한 환경오염과 온실 효과 등으로 이상고온, 홍수, 가뭄, 해일, 지진, 화산폭발, 폭설 등 자연환경 파괴에 따른 기후이변이 나타나면서 자연재해가 증가하고 있다. 이러한 변화에서 우리나라도 예외가 될 수 없다. 해수면 상승과 태풍, 가뭄 등의 피해가 증가할 것으로 예상되며 국지적으로 물 부족 현상이 심각하게 나타날 수 있다(태백시).

따라서 도시개발도 물이 풍부한 지역을 위주로 개발이 이루어지게 된다. 자연재해와 환경오염의 심화는 건강과 필수적인 관련이 있는 생수산업(동해지역의 해양심층수, 빙하물), 즉 해양 심층수는 청정한 바닷물이 있는 강릉과 동해, 정동진에서 활발하게 발전하고 있다. 또한 공기산업(공기통조림)도 함께 발전하게 될 것이다. 맑은 물과 숲이 있는 수목원, 삼림욕장, 주말체험농장, 친환경 농작물 등의 인기가 높아질 것으로 기대된다.

이러한 이유들로 개발 목적이 아닌 임야의 본래 기능을 활용할 수 있는 지역의 임야도 투자 가치가 높다고 할 수 있다. 그러므로 저가의 임야를 매입하여 약초재배를 통한 약초마을 조성과 자연환경을 체험할 수 있는 체험공간을 조성하는 방법도 토지 투자의 좋은 방법이라고 할 수 있다. 이 경우 관리지역이 일부 포함된 임야를 선택하는 것이 활용도가 높다(정선의 약초마을 등).

다섯째, 농지와 산지의 환경적 가치와 식량안보의 중요성이 증대된다.

미래에는 수명연장과 더불어 건강하게 살고자 하는 욕구가 강해지고 친환경 농산물의 생산으로 농촌의 소득 수준이 높아짐에 따라 은퇴자, 실버 세대뿐만 아니라 젊은 세대의 귀농 인구가 증가할 것으로 기대된다. 이상기온으로 식량안보의 중요성이 커지게 된 현재 우리나라의 식량자급률은 2009년 기준으로 26.7%이고, 2020년에는 30%에 불과할 것으로 예상된다. 이상기후에 따른 식량의 무기화가 야기될 경우를 대비하기 위하여 농지와 산지에 대한 중요성이 증가하고 있다.

선진국에서는 도시농업이 발전하고 있다. '도시농업'이란 도시지역에 있는 토지, 건축물 또는 다양한 생활공간을 활용하여 여가시간을 활용한 취미나 학습 또는 체험 등을 위하여 농작물을 경작하거나 재배하는 것을 말한다. 즉 도시농업은 용도지역상 도시지역인 주거지역·상업지역·공업지역·녹지지역에서의 농업을 말한다.

도시농업은 영국의 얼랏먼트(Allotment, 할당채원지, 시민채원), 독일의 클라인가르텐(Kleingarten, 주말농장), 러시아의 다차(구 소련 지역에서 볼 수 있는 간이별장과 텃밭), 캐나다의 커뮤니티가든(Community Garden, 동네 텃밭) 등 다양한 형태의 도시농업이 존재하고 있는데, 우리나라에서도 도시농업 지원과 육성에 관한 법률이 제정되어 2012년부터 시행하고 있다.

도시농업은 도심의 건물 안에서 작물을 함께 키워 작물의 성장과정을 볼 수 있고, 아름다운 경관을 조성할 수 있는 장점이 있다. 또한 지역에 맞는 로컬작물을 유기농으로 재배해 먹거리의 안전을 보장할 수 있어 향후 빠르게 성장할 가능성이 크다(수경재배를 통한 유기농 미나리 재배 등). 현 시점에서 도시농업은 도심의 유휴지나 대형 건물을 사용하기에는 경제적 가치나 효율성이 떨어지는 단점이 있으나 지구환경과 도시의 열섬 현상, 인구 감소와 고령화 추세에 따른 농업 생산성 약화와 압축도시 개발은 도시농업의 성장을 빠르게 할 수 있다.

도시농업은 다음과 같은 유형이 있다.

1. **주택 활용형 도시농업** : 주택·공동주택 등 건축물의 내·외부, 난간, 옥상 등을 활용하거나 주택·공동주택 등 건축물에 인접한 토지를 활용한 도시농업을 말한다.

2. **근린생활권 도시농업** : 주택·공동주택 주변의 근린생활권에 위치한 토지 등을 활용한 도시농업을 말하며 농장형 주말 텃밭, 공공 목적형 주말 텃밭을 활용한 유형이 있다.

3. **도심형 도시농업** : 도심에 있는 고층 건물의 내·외부, 옥상 등을 활용하거나 도심에 있는 고층 건물에 인접한 토지를 활용한 도시농업을 말한다.

4. **농장형·공원형 도시농업** : 공영 도시농업 농장 텃밭, 민영 도시농업 농장 텃밭, 도시공원 텃밭을 활용한 유형을 말한다.

5. **학교 교육형 도시농업** : 학생들의 학습과 체험을 목적으로 학교의 토지나 건축물 등을 활용한 도시농업은 유치원의 텃밭 등

학교 텃밭을 활용한 농업을 말한다(도시농업의 육성 및 지원에 관한 법률 제8조 및 도시농업의 육성 및 지원에 관한 법률 시행규칙 제2조).

도시농업의 형태 중 고층건물을 활용한 노시농업은 아직 시기적으로 이르다고 판단되지만, 도시 근교의 도시농업은 비교적 빠른 시간에 활성화될 것으로 기대된다. 도시농업의 적정지역으로는 수도권에서 가까운 곳에 개발에 대한 제한이 많기 때문에 가격이 비교적 저렴한 하남, 고양, 남양주시 등 그린벨트지역과 양평, 여주의 상수원 관리구역을 중심으로 도시농업에 필요한 토지를 매입하는 것이 좋다.

도시농업의 경우 지주나 농지 임차인들이 주말농장을 운영할 경우 지자체의 많은 지원과 혜택을 받을 수 있다. 또한 대도시 주변의 주말농장이 도시농업으로 전환되어 도시민의 취미생활과 새로운 수입원으로 자리매김할 수 있을 것으로 기대된다.

이처럼 농지와 산지는 도시농업, 민박, 관광농원, 휴양단지, 체험마을 조성, 휴양림, 약초 재배는 물론, 은퇴자를 위한 전원주택단지 조성, 의료요양시설 조성 등으로 다양하게 활용할 수 있기 때문에 투자가치가 매우 높다고 할 수 있다. 미래 성장산업의 하나인 친환경 농작물 재배로 억대 연봉의 수익을 올리는 사람들이 많아지고 있어 귀농을 통한 새로운 삶을 살 수 있는 농지 투자에 관심을 기울여볼 만하다.

02
저출산·고령화 사회의 도래,
미래 주택 시장은 어떻게 될 것인가?

　부동산 투자에 있어 가장 민감하게 검토해야 할 사항이 바로 인구구조 변화에 따른 투자 방향 설정이다. 인구구조 변화에 따른 주택 시장의 변화를 살펴보면 우선 다(多)출산 시대에서 저(低)출산 시대로 전환되었다. 가치관의 변화와 경제·환경 등으로 결혼 연령기가 늦어질 뿐만 아니라 결혼 자체를 기피하는 현상도 일어나고 있다. 또한 결혼을 해도 자녀를 출산하지 않는 가정이 늘어나고 있다. 이러한 인구구조 변화는 결혼으로 인한 주택 수요를 감소시키고 있다. 또한 자녀 출산을 기피하는 현상은 다출산 시대의 대형주택 중심에서 소형주택 주거문화 중심으로 변화하게 되었다.

　저출산 현상은 미국, 일본, 유럽 등 선진국의 일반적인 현상으로 우리나라에서도 저출산으로 인한 인구 감소와 고령화에 따른 생산 능력의 감소는 사회 전반에 있어 다양한 변화를 가져오고 있다. 특히 부동산 시장에 있어서도 과거 재테크 중심의 주택 수요에서 실주거 중심의 수요로 전환되었다. 이에 주택에 대한 소유력이 감소되고 편리성 중심으로 전환되면서 매매 중심에서 편리성을 강조하는 임대 수요의 확상이 향후에도 시속적으로 증가할 것으로 생각된다. 따라서 향후 주택 시장에서는 우리나라의 독득한 임대제도인 전세제도가 점점 사라지고 월세 중심 임대 시장으로 변화를 가져오게 됨에 따라 임대사업에 대한 관심도 기울여볼 만하다.

저출산 고령화 사회에서는 주택 유형도 과거 아파트 중심 주택 구조에서 의료주택, 쉐어형 주택, 오피스텔 등과 같이 다양한 주거 형태가 일어날 것으로 생각된다. 부동산가격에 가장 큰 영향을 미치는 인구구조 변화는 저출산, 고령화라고 할 수 있는데, 이러한 인구구조 변화가 주택 시장에 어떤 변화를 가져오는지를 정확하게 예측하여 투자의 기준을 삼아야 한다.

인구의 고령화 추세는 고령자들의 건강에 대한 관심이 높아지면서 주거지역의 선호는 의료시설과 문화체육시설이 입지한 지역에 고령자 집중화 현상이 두드러지면서 도시에 고령자가 집중되고 있다. 저출산은 1인 가구 중심으로 가족관계가 재편성되어 주택 시장이 대형주택에서 소형주택 시장으로 전환되고 있다. 이러한 인구구조 변화는 대형주택 시장의 침체를 예정하고 있었으며, 발 빠른 투자자들은 이들 수요에 맞는 도시지역 내의 소형주택과 단독주택으로 투자 방향을 선회하였다. 하지만 이러한 미래의 주택 시장 트렌드와 주택 정책의 패러다임을 읽지 못한 일부 투자자들은 주택은 소유하고 있지만, 가난한 하우스 푸어가 되어 투자 실패의 쓴 맛을 보고 있다.

미래 주택 시장의 변화 양상

미래 예측을 통한 소비자들의 주택에 대한 수요를 살펴보면 재테크의 수단이 아닌 주거 목적의 실수요자 중심으로 주택 시장이 정착될 것으로 예상된다. 주택에 대한 소유의 개념보다는 편리성을 강조하는 가치관의 변화로 임차 수요 및 월세 주택비중이 증가함으로 주택임대사업이 활성화될 것으로 예상된다.

고령화 인구와 1~2가구의 증가로 소형주택과 단독주택 수요가 증가하고 주방을 함께 공유하여 사용하는 쉐어형 임대주택, 전원주택, 땅콩주택, 간편하게 지을 수 있는 조립식 주택 등 새로운 주택 유형과 거주환경에 대한 수요가 증가하고 있다. 이러한 주택입지 선호 변화 및 도심 내 소형주택 수요 증가, 고령자 전용주택 수요 증가 등 다양한 형태의 주거문화가 정립될 것으로 기대된다.

주택 시장을 지역별과 부문별로 살펴보면 기업도시, 혁신도시, 산업단지 등으로 지방에 많은 주택이 공급되어 지방의 미분양이 많이 남아 있다. 수도권은 각종 규제와 부동산 경기침체의 영향으로 공급량이 부족하여 초과 수요가 발생하고 있다. 주택의 면적으로 보면 그동안 부동산 투자의 대상이 되었던 중·대형에 대한 수요가 줄어들며 공급이 초과되었다. 또한 미혼, 1~2인 가구수의 증가로 소형주택에 대한 수요가 많이 발생하여 소형주택은 초과 수요 상태라 볼 수 있다. 하지만 주택시장은 지역별로 차이가 매우 커서 일률적으로 말하기는 어렵다.

이미 주택 시장은 호황기인 2000년 중반 일본의 주택시장과 유사하여 투자 대상으로서 대형주택은 가치기 떨어진다고 예상하였다. 그러나 이러한 현상을 예측하지 못하고 무분별하게 투자하여 어려움을 겪고 있는 사람들이 많다. 부동산 투자에서 정확한 미래 예측이 필요한 이유가 바로 여기에 있다고 할 수 있다.

향후 주택 시장은 중·소형이 대세를 이루며 임대주택 시장의 활성화가 예상된다. 주택 시장의 투자 매력은 예전보다 감소했지만 그래도 투자 대상으로 삼는다면 중·소형 주택을 중심으로 선택하는 것이 좋다고 본다. 그리고 아파트보다는 중·소형 단독주택과 도시형 생활주택을 중심으로 투자 포인트를 삼는 것이 좋다. 도시형 생활주택에 투자할 경우 주의해야 할 점은 지나치게 저렴한 소형 평수에 투자하는 것은 투자 가치가 떨어진다고 볼 수 있다.

소형주택을 이용하는 수요자들은 과거와 같이 저소득층이 아니라 고소득층이 증가할 것이기 때문에 소형주택 시장에 있어서도 고급화 전략이 향후 소형주택 시장을 주도할 것으로 예상된다. 또 소형 평수에 투자하려고 할 때는 다음을 고려해야 한다. 주거의 기능이 과거처럼 숙식만 하는 곳이 아니라 문화공간과 삶의 장소로서 집에 머무는 시간이 많아짐으로써 소형주택이라고 하더라도 규모가 있는 것이 좋다(1인 최저 평수 12㎡).

단 소형주택 위주로 투자 목적을 정할 때에도 중대형 주택에 대한 수요도 많이 발생될 수 있음을 염두에 두어야 한다. 특히 강남권(대치, 잠실, 삼성, 반포) 강북권(한남, 평창) 등 전통적으로 고소득층이 밀집된 지역은 여전히 중대형 주택에 대한 수요가 증가하여 투자가치가 있다고 볼 수 있다. 단 1기, 2기 주거 중심 신도시의 중·대형 주택에 대한 투자 가치는 급격하게 떨어진다고 볼 수 있어 빠른 시점에 매도를 하는 것이 좋다.

미래의 주택 시장은 주거 형태가 다양화된다

의료기술의 발달로 수명이 연장되면서 의료주택에 대한 수요와 건강하게 살 수 있는 친환경주택 그리고 퇴직 후에도 소득을 올릴 수 있는 주택에 대한 관심과 수요가 증가하였다.

그럼으로써 도심지역의 단독주택을 상가 겸용 주택으로 리모델링하여 임대수익을 확보하려는 수요가 발생하여 단독주택에 대한 가치가 증가하게 되었다. 이에 택지지구 내의 상가 겸용 단독주택의 인기와 가치는 지속적으로 상승할 것으로 기대됨으로 건물 투자는 단독주택과 상가 중심으로 투자로 하는 것이 좋다.

또 인기가 높아지고 있는 세컨드 하우스는 자연경관이 수려하고 풍부한 물이 있는 수변공간과 도시와의 접근성이 좋은 고속도로 나들목을 중심으로 형성되는데 전원주택, 펜션, 별장을 건축하거나 투자할 경우 반드시 패시브 하우스로 설계하는 것이 좋다.

미래의 주택시장은 단독주택이든 소형주택이든 고급화 전략이 필요하다.

세대와 특징 및 중심 산업구조

구분	특징	산업구조
단카이 세대 (일본)	· 다출산, 대가족, 중대형아파트 · 신도시, 국가 간 경쟁 · 주택의 선택기준= 주거+재테크 · 부동산 버블붕괴 후 임대주택시장 성장	제조, 중공업
베이비붐 세대 (한국)	· 다출산, 대가족, 중대형 아파트 · 신도시개발, 국가 간 경쟁 · 주택의 선택기준= 주거+재테크 · 부동산 경기의 침체; 하우스 푸어, 렌트 푸어 · 도시 스프롤 현상 발생	제조, 중공업
신세대 (X.Y.N)	· 저출산, 1~2인 가족, 소형주택 · 도심재생, 소규모 택지개발, 메가시티(도시 간 경쟁), 　글로벌화 · 주택의 선택기준=주거의 편리성 강조 · 주거형태의 다양화 : 단독주택, 전원주택, 임대주택 · 텔레스프롤 현상 발생	지식 정보, 문화창조

인구구조 변화에 따른 주택 유형의 변화

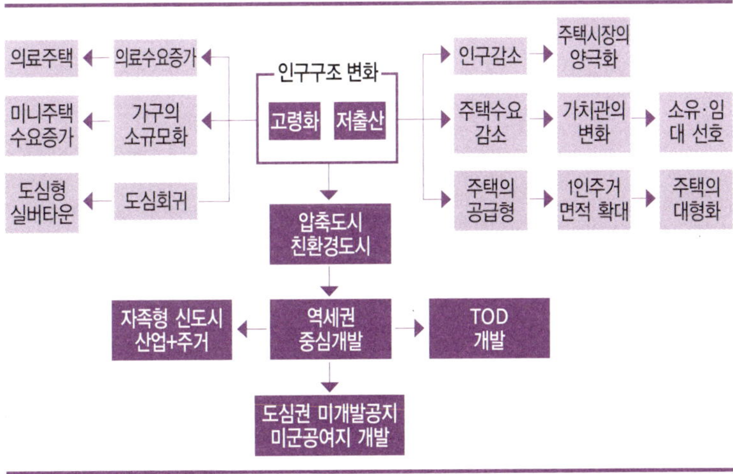

2014-2018 투자 유망지역은 어디인가?

투자 유망 지역 분석은 부동산 투자에 있어 매우 중요한 절차로서 부동산의 흐름과 지역의 개발계획 진행 과정, 도로망 계획, 지역산업단지 입지계획, 인구의 변동 유무 등을 종합적으로 분석하여 해당 지역의 부동산을 경매를 통하거나 직접 매수해야 한다. 특히 토지의 경우에는 미래 가치에 투자하는 것임으로 각종 정보를 통하여 유망도시와 지역을 선정한 후 해당 지역의 물건을 확보하는 데 주력하여야 한다. 투자 유망 지역의 분석은 해당지역에 대한 국토종합계획에서의 위치, 장기발전계획, 철도, 도로교통망계획 등을 중심으로 투자 도시를 선정하고 도시기본계획의 도시공간구조와 도시관리계획에서의 용도 지역 변경 가능성이 있는 곳, 지구단위 계획구역, 도시의 도로망 계획 등을 중심으로 투사 위치를 정하게 된다. 또 도시 계획과 도시풍수를 접목시켜 투자 명당을 확보하는 것도 필요하다. 경매를 통하든지, 일반매매를 통한 투자이든 권리분석은 약간의 이론적 지식이 있으면 가능하다. 하지만 투자 유망지역 분석(미래가치 분석)은 다양한 방법으로 접근해야 하기 때문에 투자의 성패는 실질적으로 미래 가치에 대한 투자 유망지역 분석을 누가 어떻게 하는가와 투자 분석에 따른 적절한 시기에 얼마나 과감하게 투자 결정을 하느냐에 달려 있다고 해도 과언이 아니다.

01
수도권(서울, 경기, 인천)의
추가 개발은 가능한가?

　국토개발은 선계획과 후개발을 원칙으로 삼고 있다. 과거 도시개발은 경제적 효율성만 강조하여 국토의 전반적인 계획이나 도시 전체의 체계적인 계획 없이 무분별하게 개발하였다. 그 결과 교통 혼잡, 환경오염 등 많은 문제점이 노출되자 국토의 보전과 체계적인 개발을 통한 효율성, 경제성 확보를 위하여 '선계획 후개발 원칙'을 확립하였다.

　그럼으로써 부동산 투자에 있어서도 미래에 대한 가치평가를 보다 국토계획에 근거하여 객관적으로 판단할 수 있게 되었다. 물론 모든 국토개발계획(국토종합계획, 도시기본계획, 산업단지 조성, 도로망 계획 등)대로 모두 다 진행되는 것은 아니지만, 부동산 투자에 있어 기본적으로 국토의 계획을 분석하는 것은 가장 기본적인 요소라고 할 수 있다. 개발되는 지역은 어느 날 갑자기 개발되는 것이 아니라 20년, 10년, 5년에 걸쳐 장기, 중기, 단기 계획의 결과물임을 알아야 한다.

단 부동산 투자에 있어 개발계획을 분석할 때는 개발계획을 무조건 신뢰해서 계획에 따라 개발이 진행된다고 생각해서는 안 된다. 각종 개발계획은 타당성 조사, 정책적 고려 등 객관적인 용역조사를 거쳐서 계획되고 확정된다. 하지만 사업 타당성의 하락, 정책의 변화, 예산 부족 등의 문제로 계획으로만 끝나는 경우도 많기 때문에 계획의 집행 가능성도 아울러 검토해봐야 한다.

예비 타당성 조사는 1999년부터 도입되어 SOC사업 등 대규모 공공사업에 있어 예산배정의 우선순위를 정하고 계획적인 진행을 위하여 제3기관에 의하여 정책적·경제적 상황을 중심으로 사전검토를 하는 것을 말한다. 사업 타당성은 B/C=1을 기준으로 삼는 것이 관행이었다. 집행 가능성이 높은 경우는 타당성 분석에서 비용편익(경제성)이 B/C>1 이기 때문에 정책적 고려보다는 비용편익을 우선 고려하여 판단하는 것이 좋다. 타당성 조사에서 비용편익 B/C<1이라고 하더라도 지역균형개발 등 정책적 고려에서 사업계획을 세워 진행하는 경우가 있다. 이러한 경우 정권의 교체 등이나 예산이 부족할 때 사업 규모가 축소되거나 아예 취소되는 경우가 많이 발생할 수 있다. 따라서 각종 국토개발계획을 분석할 때 가장 우선적으로 고려해야 하는 부분이 바로 타당성 조사의 비용편익(경제성)이다.

수도권의 미래 개발 예측

미래의 수도권은 낙후된 도심지를 중심으로 도시재생사업과 제 2외곽순환도로의 신설 나들목, GTX 역세권을 중심으로 신규 주택 공급이 활발하게 진행될 것으로 기대된다. 도시재생사업은 주로 4대문 안에서 활발하게 진행됨으로 재건축 재개발의 투자지역은 종로와 중구지역에 관심을 기울여볼 만하며, 재건축 아파트로는 잠실 주공5단지를 눈여겨볼 필요가 있다. 토지 투자는 제2외곽순환도로의 신설 나들목과 GTX 역세권을 중심으로 투자지역을 살펴보는 것이 좋다.

수도권의 주택 공급은 대규모 신도시개발을 통한 아파트 위주가 아니라 단독주택, 테라하우스, 타운하우스 등 다양하게 변화하는 수요층을 중심으로 주택 공급이 이루어진다. 이러한 신규 주택은 거점도시와 접근성을 확보할 수 있는 신설 도로망의 나들목에 집중적으로 공급될 것으로 예상되는데, 그 중심이 바로 제2외곽순환도로의 나들목지역이라 할 수 있다.

제2외곽순환도로의 결절점으로 영향을 받는 지역으로는 파주의 교하 신도시, 김포의 한강 신도시, 검단 신도시, 인천의 송도국제도시, 안산, 송산시티, 봉담, 오산, 이천(곤지암) 양평, 화도, 포천, 양주의 옥정신도시 등이 영향권에 있다고 볼 수 있다. 특히 송산시티, 양평, 봉담, 오산, 이천지역을 중심 투자지역으로 관심을 가져볼 만하다.

수도권의 주택 거주 형태는 수변공간의 활용성과 선호도가 높아짐에 따라 한강변의 가치는 더욱더 높아지며 수도권 주변의 전원주택도 가치가 높아지게 된다. 전원주택의 경우 귀농이나 별장용으로 활용하였으나, 미래에는 재택근무의 비율이 높아질 것으로 예상되기 때문에 따라 지능 있는 전원주택의 가치가 높아질 것이다. 전원주택의 입지는 거점도시와의 접근성과 편의성을 갖춘 지역을 선택하는 것이 좋다. 그러나 간혹 경관이 좋은 곳만을 찾아서 고립된 입지를 선택하는 경우가 있는데 전원주택도 특화된 단지를 중심으로 선택하는 것이 좋다(집성촌의 경우 보수성이 강하여 친화성이 떨어지기 때문에 비슷한 성향을 가진 사람들로 구성된 단지가 좋다).

수도권의 주요 입지지역으로는 남양주시의 수동면, 양평군의 서종면/양서면/개군면 일원, 경기도 광주시의 퇴촌면, 용인시의 양지면 화성시의 우정읍, 파주시의 탄현면, 가평군의 설악면이 서울과 접근성이 좋고 아름다운 경관과 풍부한 수량을 가진 수변공간이 있어 전원주택이 형성되고 있다.

수도권의 미래 투자는 종로, 중구 및 강남지역의 도시재생을 중심으로 한 재건축, 재개발 투자와 제2외곽순환도로의 결절점, GTX 역세권, 도시철도 역세권의 미니복합도시 입지지역과 물이 풍부한 한강변, 남한강, 북한강 주변의 전원주택 입지지역을 중심으로 투자지역을 선정해야 한다.

인천지역 : 대선공약에 따른 부동산 투자 전략

인천은 2014년 아시안게임 개최가 예정되어 있으며 인천공항, 인천항 등은 우리나라의 관문에 해당하여 물류, 유통의 중심지로 성장하고 있다. 이처럼 인천지역은 지속적인 발전이 기대되고 있는 지역으로서 수도권과의 접근성을 확보하기 위하여 경인고속도로 통행료 폐지 및 지하화, GTX 광역 철도망과 청라국제도시까지 지하철 7호선 연장을 추진하고 있다.

또 인천 도시철도 2호선 조기 개통으로 인천 서북부지역의 균형 발전과 아라뱃길 주변을 중심으로 수변공간의 개발과 활성화를 통하여 관광레저와 수변 물류 거점도시로 조성할 계획을 가지고 있다.

그럼으로 인천지역의 투자는 GTX 역세권과 인천도시철도 2호선의 신설 역세권과 국철 1호선, 인천 1호선의 환승역사, 7호선 연장선의 청라국제도시의 역세권, 영종·무의도 개발지역을 중심으로 투자지역을 선정해볼 만하다.

경기도 : 대선공약에 따른 부동산 투자 전략

서울·경기지역에 있어 가장 핵심이 되는 것은 메가시티 구축에 있다고 볼 수 있다. 세계의 경쟁체제가 도시 간의 경쟁체제로 변화함에 따라 우리나라도 세계와 경쟁하기 위한 메가시티 구축을 추진하고 있다. 메가시티 구축에 있어 가장 중요한 부분이 급행철도 교통망의 구축이라고 할 수 있다.

　　그럼으로 수도권 개발은 메가시티 구축의 핵심 교통망인 GTX(수도권 광역급행철도) 역세권을 중심으로 재편될 것으로 기대된다. 수도권 투자는 GTX 노선인 킨텍스~수서, 송도~청량리, 금정~의정부 간 3개 노선 GTX 역세권 중심으로 투자 대상을 삼아야 하며, 연장노선으로 검토되고 있는 지제역(신평택역)과 의정부 역세권에도 관심을 가져야 한다. 이와 더불어 월곶~광명~판교 간, 여주~원주 간, 인덕원~수원 간 복선전철 건설구간의 역세권 수도권 전철망에도 관심을 가져볼 만한다.

　　또 그동안 군사규제와 도로 등 기반시설 부족으로 개발의 황무지나 다름없었던 경기 북부지역도 남북한 관계개선과 미군기지의 이전 등으로 개발의 핵심지역으로 부각될 수 있다. 장기적인 투자 측면에서 접경지역과 미군 공여지를 중심으로 투자처를 확보하는 것도 좋다. 아울러 중국의 경제 성장과 외국 관광객의 증가로 관광 수요가 증가함에 따라 경기만 해양레저·관광기반 조성이 기대되는 강화도, 덕적도, 영흥도, 제부도 등 서해안지역의 섬 투자 전략도 세워볼 만하다.

　　서울, 경기를 포함한 수도권 투자는 산업, 경제, 문화의 중추적인 역할을 해오고 있는 지역으로서 향후에도 지속적인 발전이 기대되고 있어 부동산 투자의 핵심지역이라 할 수 있다. 하지만 다른 지역에 비하여 수도권 정비계획에 따른 규제와 제한 사항이 있음으로 이에 대한 이해가 필요하다.

수도권의 도로망 계획에 따른 투자 방향 분석

투자에 있어 첫 번째 분석 대상이 바로 도로망 계획이라고 할 수 있다. 도로망 계획은 격자형 중심으로 도로계획을 세웠으나 도시가 광역화되고 도심 중심으로의 접근성을 확보하기 위하여 방사형 도

경기도의 철도사업 추진계획

구분	사업구간	기간(년)	내용
GTX	3개 구간	2012~2020	계획
수인선	수원~인천	1995~2015	추진
신분당선 연장	정자~광교	2005~2016	추진
신분당선 연장	광교~호매실	2014~2019	계획
신안산선	여의도~안산~원시	2006~2018	계획
별내선	암사~별내	2006~2017	검토
진접선	지하철 4호선 연장	2011~2017	검토
하남선	지하철 5호선 연장	2009~2018	검토
의정부, 양주선	지하철 7호선 연장	2011~2016	구상
구리 남양주선	지하철 6호선 연장	2008~2020	구상
시흥~광명선	인천 지하철 2호선 연장	2011~2017	구상
경기도의 일반철도 건설계획			
여주선 복선	성남~여주	2002~2015	추진
인덕원~수원복선	인덕원~수원	2012~2019	검토
포승~평택선	포승~평택	2004~2019	추진
여주~문경선	여주~충주~문경	2005~2021	계획
경원선 연장	동두천~연천	2001~2016	계획
소사~원시	소사~원시	2003~2016	추진
대곡~소사	대곡~소사	2006~2016	계획
월곶~판교	월곶~판교	2011~2018	검토
평택~부발	평택~부발	추가 검토	검토
의정부~철원	의정부~철원	추가 검토	검토

출처 | 경기도 도종합계획

로망과 순환형 도로망을 혼합하는 도로망계획이 중심이 되었다.

신설되는 도로망의 역세권과 나들목 그리고 방사형 도로망과 순환형 도로망의 결절점을 중심으로 투자처를 선정해야 한다. 수도권의 대표적인 도로망 계획과 공사중인 도로는 68페이지 표와 같다.

장기적인 투자는 계획 및 초기 단계인 GTX 역세권, 서해선 복선전철, 여주~문경선의 충주 역세권, 금가 역세권을 살펴볼 필요가 있다. 또한 이미 지가가 많이 상승한 노선이기도 하지만 성남~여주 역세권의 부발, 이천 역세권 등을 주목할 필요가 있다.

서해선 복선전철 개발계획에 따른 투자 전략

서해선 복선전철은 서해안 지역의 낙후된 교통망을 해결하고 서해안지역의 산업, 관광사업을 발전시키기 위하여 홍성(화양)~안산(원시, 총 거리 89.2km), 홍성, 예산, 당진, 아산, 평택, 화성, 안산을 통과하는 구간으로 6개의 신설 역세권과 1개의 기존 역사를 활용하여 2019년 개통 예정으로 추진하고 있다.

서해선 복선전철구간은 충남도청이 입지한 홍성의 내포 신도시, 시화호 남측 송산그린시티 등을 비롯한 50여 개의 대규모 개발사업이 진행되는 구간을 관통함으로써 지역개발 및 획기적인 수도권 접근성을 확보하게 되었다. 서해선 복선전철의 예비 타당성 조사를 살펴보면 비용편익과 정책적 고려의 기준이 B/C 0.95, AHP

0.537로 타당성이 확보되어(AHP)0.5) 순조로운 개발이 진행될 것으로 기대된다.

서해선 복선전철의 주요 개발계획과 위치

구분	주요 개발계획 및 범위	위치	역세권 유형
홍성 역세권	충남도청 이전 내포 신도시	홍성읍 고암리	행정+택지
삽교 역세권(예산)	장래 신설 예정역	삽교읍 삽교리	관광레저
합덕 역세권 (당진)	송산 산업단지 합덕산업단지 당진테크노폴리스 대덕 수청택지개발지구	합덕읍 도리	산업+택지
인주 역세권 (아산)	아산테크노밸리 탕정 제2산업단지 둔포 전자정보집적화단지 아산배방택지개발	인주면 해암리	산업+택지
안중 역세권 (평택)	평택 고덕국제화도시 평택항 확장 평택청북, 소사벌 택지개발	안중읍 송담리	산업+택지
향남 역세권(화성)	향남택지지구 조성	화성시 향남읍 평리	택지
화성시청	행정타운, 남양택지지구	화성시 신남동	행정+택지
송산 (화성)	송산그린시티 화성, 향남, 장안첨단지방산업단지	화성시 남양동	관광+택지

서해선 복선전철 역세권의 특징을 살펴보면 홍성읍 고암리 일원에 입지하고 있는 홍성 역세권은 충남도청 이전지를 중심으로 개발되는 내포 신도시의 배후 역세권으로, 행정과 택지지구 중심의 역세권으로 장항선과 연결된다. 합덕읍 도리 일원에 조성되고 있는 합덕 역세권은 당진테크노폴리스, 송산산업단지 등 산업과 신설 산

업단지의 배후도시 역세권으로 개발될 예정이며, 대산과 연결될 예정이다.

화성시 남양동 일원 수도권 서해안 벨트 중심에 조성되고 있는 송산역 역세권의 송산그린시티는 인천공항, 철도, 고속도로 등과의 접근성이 좋으며 시화호 공룡알 화석지 등 관광자원이 풍부하여 관광·레저형 복합도시로 조성되고 있다. 또 송산역은 신안산선과 소사원시선과 연결되어 향후 접근성은 더욱 좋아질 것으로 기대된다. 송산그린시디 내 계획되고 있는 세계적인 테마파크인 유니버설스튜디오의 개발은 취소되었지만, 송산역의 투자 가치성은 여전히 크다고 볼 수 있다.

향남읍 평리 일원에 입지한 향남 역세권은 향남2택지지구를 중심으로 한 주거형 역세권으로 향남1택지지구와 향남2택지지구의 중심지에 위치하고 있으며, 향후 신분당선과 연결될 수 있다.

이처럼 서해선 복선전철 역세권은 역세권마다 풍부한 투자 가치성을 가지고 있으며, 기존 도심지역이 아닌 미개발 농림지역에 역사의 위치가 입지하고 있어 역세권 개발과 동시에 용도 변경으로 인한 지가 상승으로 큰 수익을 기대할 수 있는 지역이라고 할 수 있다.

역세권 투자는 현재의 용도지역이 중요한 것이 아니라 미래에 용도지역이 어떻게 변할 수 있는가를 예측하는 것이 중요하다. 뿐만 아니라 역세권과의 거리가 아니라 개발의 동선이 어디로 형성되는가를 판단하는 것이 투자 성공의 열쇠라고 할 수 있다. 개발 축을 벗어난 곳에 투자를 하면 비록 역사와의 거리가 가깝다고 하여도 수익을 올리기 힘들다.

서해선 복선전철 역세권 투자에 있어서 꼭 주의해야 할 것이 있는데 서해선 복선전철의 입지지역을 보면 대부분 농지에 입지해 있다는 것이다. 농지의 경우 임야에 입지한 역사와 달리 토목공사 등 건설비용을 절감하여 체계적인 개발이 가능한 장점이 있지만, 녹지공간 조성에는 불리한 부분이 있다. 그렇기 때문에 서해선 복선전철 주변의 임야는 개발의 필요성이 있는 중심개발 축이 아니면 피해야 한다. 대부분 임야는 공원 및 녹지공간으로 묶일 가능성이 농후하기 때문이다.

이처럼 서해선 복선전철에 대한 투자 가치가 높아짐에 따라 서해선 복선전철 역세권에 대한 활발한 투자가 이루어지고 있다. 그러나 개발 방향에서 벗어나 역세권의 개발의지가 상승의 영향을 받지 못하거나 개발이 불가능한 땅을 마치 큰 가격으로 상승할 것처럼 속여 매도하는 경우가 있다. 역세권이라 해도 반드시 큰 수익을 올릴 수 있는 것은 아니다. 투자 시에는 역세권의 개발 축과 역세권 투자 원칙을 알고 전문가의 조언을 받아서 신중한 투자를 해야 한다. 무분별한 투자는 오히려 손해를 볼 수 있다.

향남 역세권에 대한 투자 전략

서해선 복선전철 노선의 향남 역세권은 화성시 향남읍 평리에 위치하여 향남1택지지구와 새로 개발되는 향남2택지지구의 중심 도로망으로 역할을 하고 있다. 향남2택지지구의 규모는 96만 평, 1만 6,500세대로 개발되고 있다. 투자지역은 평리와 방축리 일원이다. 농업진흥구역으로 설정되어 있지만 개발 축에 있으면 용도지역 변경을 예정할 수 있어 투자를 검토해볼 만한 지역이라고 할 수 있다. 위험을 줄이는 방법으로는 농업진흥구역에 속하지 않고 도로에 접한 토지라면 보다 안정적으로 투자를 할 수 있다. 이곳 역시 임야보다는 농지를 중심으로 투자지역을 선정하는 것이 유리할 것으로 생각된다. 주변 녹지공간 확보를 위한 임야가 부족하기 때문에 임야 투자는 녹지보전 축이 아닌 곳을 대상으로 신중하게 접근하는 것이 좋다.

향남 역세권의 투자 가치로는 발안 및 향남1택지지구의 조정인구의 확보와 향남2택지지구의 새로운 인구가 유입됨으로 고정인구+유입인구의 배후 역세권이라는 데 큰 장점이 있다. 단 향남 역세권은 택지 중심 역세권으로 개발되고 있으며 주변에 화성 발안 일반산지가 있어 산업적 기능도 포함하지만 택지 조성 규모에 비하면 산업 기능이 부족하여 자족성이 떨어지는 단점이 있다.

향남 역세권은 향남~오산~동탄으로 이어지는 분당선 연장 등으로 향후 트리플 역세권을 형성하게 됨으로써, 현재 향남 역세권 주변의 토지시세는 100만 원에서 300만 원 정도를 형성하고 있다.

이러한 향남지역의 개발로 화성시는 현재 인구 92만 명에서

2020년 인구를 110만 명으로 약 18만 명의 증가를 목표로 하고 있다. 이러한 인구 변화에 따라 도시공간 구조를 기존 동탄, 남양을 2도심, 향남을 부동심 12개의 지역 중심으로 설정하였으나 부도심인 향남을 도심으로 설정하여 3도심 12지역 중심의 도시공간구조를 변경하였다. 향남은 동탄, 남양과 더불어 화성 최고의 도심으로 성장 동력을 가지고 있다고 볼 수 있다. 하지만 정확한 투자 동선에 투자하는 것이 중요하다. 향남 투자는 역세권 중심 투자가 되어야 하며, 택지 중심 투자는 큰 수익을 얻기 힘들다고 보여진다. 향남택지지구는 주거 중심형 도시로 개발되기 때문에 산업 기능이 부족하여 성장 동력이 떨어지는 단점이 있어 투자에 주의를 요한다.

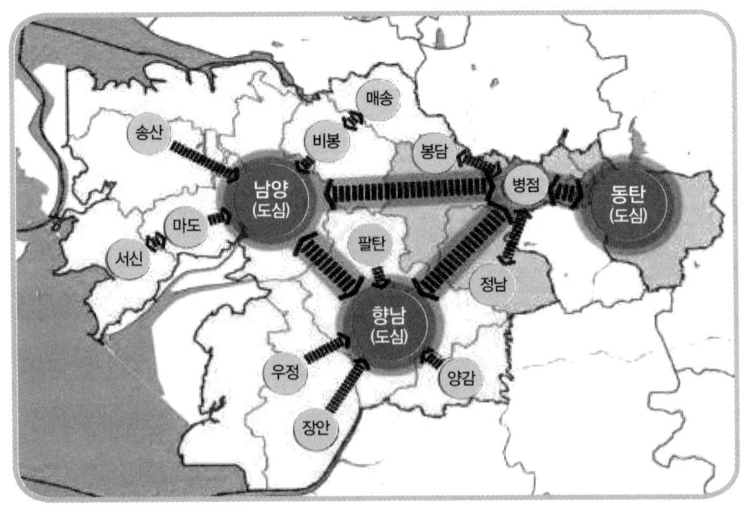

출처 | 화성시 도시기본계획(시안 원고 확인)

향남역세권 투자 포인트

1.향남 역세권 예정지
2.향남1택지지구와 향남2택지지구를 연결하는 개발 축에 있으며 두 지역의 접근성을 확보할 수 있어 향후 상권이 집중될 수 있는 지역이라 할 수 있다.
3.나들목과 향남 역세권을 연결하는 곳으로 향후 개발 축이 형성될 수 있는 지역이라 할 수 있으며, 농업진흥지역으로 도시 성장에 따른 장기 투자 대상이라 할 수 있다. 향남 역세권은 A, B 2개의 중심 내당수를 가지고 있다. 내당수 투자이론에 따라 투자지역을 선정하는 데 고려해야 한다.

수도권의 권역별 개발계획에 따른 투자 방향 분석

부동산 투자에 있어 도로망 분석과 더불어 권역별 개발계획 및 개발 축을 분석해볼 필요가 있다. 경기도는 경부권역, 서해안권역, 경의권역, 경원권역, 동부권역 등 5개 계획권역을 설정하여 해당 지역의 특성에 맞게 개발계획을 수립하여 추진하고 있다. 부동산 투자는 개발의 축을 따라서 투자 동선을 따져보아야 하며 개발 축의 핵심지역에 투자지역을 설정해야 한다.

수도권은 수도권 정비계획에 의하여 과밀억제권역, 성장관리권역, 자연보전권의 3개 권역으로 구분하여 공장의 설립, 대학교의 신설 등 권역별 제한이 존재한다.

경부권역은 수원 화성~용인민속촌, 에버랜드를 연결하는 역사문화관광벨트와 제2경부고속도로가 통과하는 성남 나들목, 용인나들목, 안성 나들목 주변 지역개발을 중심으로 투자지역을 선정한다.

서해안 권역은 시화~평택~화성지구 전략특구 개발지역, 안산, 시흥, 광명권의 광역권 개발과 거점도시 육성지역을 중심으로 투자지역을 선정한다.

경의선권역은 파주 문산 통일경제특구 개발지역, 경원권역은 동두천, 양주, 의정부로 이어지는 신발전거점이 되는 미군 반환 공여지 지역과 DMZ 평화생태벨트 조성지역, 동부권역은 경춘선, 중

경기도의 권역별 개발 축과 투자 관심도시

계획권역	해당도시	수도권 정비계획(권역)			투자 관심도시
		과밀억제	성장관리	자연보전	
경부권	수원, 성남, 용인, 과천, 안양, 군포, 의왕, 안성	수원, 성남	용인, 화성, 오산, 평택 안성일부	안성일부	평택, 화성, 안성, 오산
서해안권	안산, 부천, 광명, 시흥, 화성, 오산, 평택	광명, 시흥, 안양, 군포, 의왕, 과천	안산, 평택		안산
경의권	고양, 김포, 파주	부천, 고양	김포, 파주		파주
동부권	남양주, 광주, 이천, 구리, 하남, 양평, 여주, 가평	구리, 남양주, 하남		남양주 일부, 가평, 이천, 광주, 양평, 여주	광주, 이천, 양평, 여주
경원권	의정부, 양주, 동두천, 포천, 연천	의정부	동두천, 양주, 포천, 연천		포천

앙선, 성남~여주선의 역세권과 제2영동고속도로의 나들목을 중심 투자지로 선정해야 해야 한다.

경기도 시군별 투자 포인트

시, 군	주요계획	투자관심지역
평택시	· 120만 평 삼성산업단지 조성 LG 산업단지 확장 · 평택고덕국제도시 조성 · KTX 역 신설 GTX 연장노선 · 미군기지 이전, 포승국가산업단지 조성	서정리역 주변 지제역
안성	· 고삼저수지 개발, 안성맞춤랜드 조성 · 시화호 북측 간석지 개발사업 · 소사~원시선 석수골 역사 건설 및 역세권 개발 · 홀곶지구 마리나 항만 및 배후 주거지 조성 · 시화호, 대부도 해양레저관광 특구 조성	제2경부고속도로의 나들목 주변
화성시	· 화성 요트허브조성(전곡해양산업단지, 전곡항) · 매향리 평화생태공원 조성 · 경기 화성 바이오밸리 조성	송산그린시티 송산역
포천시	· 의료관광복합단지 · 가구 · 섬유산업 클러스터 조성 · 힐마루 관광레저 조성 · 신북면 덕둔리 관광개발	구리~포천고속도로의 나들목, 제2외곽순환도로의 결절점
이천시	· 중리 · 마장지구 택지개발 사업 · 산업단지 조성(하이닉스 주변 첨단산업단지 조성) · 성호 호수 관광자원화 사업	이천역, 부발역세권 성남~장호원 자동차도로의 나들목
여주시	· 성남~여주 간 복선전철 노선연장 · 이포보 주변 관광단지 조성 · 여주 · 능서 역세권 도시개발사업 · 일반 산업단지 신규조성	제2영동고속도로 나들목 여주, 능서 역세권
파주	· 남북경제협력단지 건설(파주 월롱면 일대) · 남북교류협력도시 건설(파주 문산읍) · 국지도 56호선(조리~법원 간) 확포장 공사 · 적성 일반산업단지 조성	운정역, 백마역, 백석역(고양), 삼송역 공릉천 주변
동두천	· 복합 화력발전소 건립 · 반환공여지 짐볼스 훈련장 개발 · 상패동 일원 지원도시 건설 · 그린관광 테마파크 조성 · 소요유원지 조성	동두천역, 보천역의 역세권개발지역

신설 및 계획 중인 투자 유망 역세권

구분	노선	내용
송산역	서해선 복선전철	송산그린시티
합덕역	서해선 복선전철	산업단지
향남역	서해선 복선전철	택지지구
인주역	서해선 복선전철	산업단지
이천역	성남~여주 복선전철	주거, 행정
부발역	성남~여주 복선전철	산업, 주거 더블역세권
평창역	원주~강릉 복선전철	동계올림픽, 신도심 형성, 서울대학교
양구역	춘천~속초 전철	양구
인제역	춘천~속초 전철	인제
옥계역		옥계항 산업단지
장호원	여주~충주선	장호원
금가역	여주~충주선	에코폴리스 경제자유지역
행복역	세종시	구상 중
대곡역		고양
신탄진역		신탄진
조치원역		조치원
반석역		대전
부강역		대전
지제역		평택
서정리역		평택

· 신설 및 계획 중인 역세권으로 역세권 투자 원칙에 맞게 투자 관심을 가져볼 만하다.

02
강원도의 미래 투자 가치가 높은 곳은 어디인가?

귀농 인구의 증가, 세컨드 하우스의 증가, 별장 등 휴양주택의 증가로 강원도의 횡성, 홍천, 춘천지역은 서울~춘천 간 고속도로 개통 및 춘천~양양 간 고속도로 공사 등으로 접근성이 강화되면서 전원주택의 메카로 등장하고 있다. 또 그동안 낙후되어 있던 동해안지역이 해양 심층수 개발, 옥계산업단지, 삼척항 개발로 투자유망지역으로 부각되고 있다. 특히 평창 동계올림픽과 4계절 관광레저단지의 거점으로 성장할 철원, 양구, 고성지역도 장기적인 측면에서 투자 유망 지역이라고 할 수 있다. 이들 지역은 접경지역 투자 원칙에 따라 투자해야 한다.

강원권의 투자 유망지역으로는 평창 동계올림픽지역의 복합관광중심지대 육성 지역과 접근성 확보를 위한 2015년 성남~여주 수도권 전철 및 2017년 원주~강릉 복선전철 개통 예정의 복선전철 역세권, 춘천~속초 동서고속화철도 조기 착공지역의 역세권, 철원/양구/고성의 접경지역, 춘천 캠프페이지 부지, 서울~양양 간 고속도로 나들목의 도로 중심 투자와 동해안권 경제자유구역지정지역인 강릉시 및 동해시 일원 4개 지구(북평의 ICI지구, 망상의 플로라시티, 옥계의 첨단소재 융합산업지구, 구정의 탄소제로시티)를 중심으로 투자지역을 선정해볼 만하다. 강원도 지역의 투자는 보다 장기적인 측면에서 접근해야 하며 임야와 농지를 활용한 주말체험농장, 유스텔, 펜션, 전원주택과 귀농 중심 투자가 유리하다고 본다.

강원도는 미래의 땅이다. 현재는 다른 지역에 비하여 낙후되어 있지만 발전 잠재력에 대한 미래 가치는 매우 큰 것을 의미하며 매력적인 토지 투자지역이기도 하다. 투자 중심 도시로는 원주, 춘천, 강릉, 평창과 북부지역의 철원, 인제, 양구, 동해안지역의 삼척, 동해시 그리고 옥계항과 동해항, 호산항의 항구 중심으로 투자처를 확보하는 것이 좋다.

강원도의 접근성과 교통망에 따른 투자 전략

강원도의 대표적인 교통망으로는 북극항로 개척과 북극항로의 개척과 '目'자형 전철망을 구축하고 있다. 제2영동고속도로, 원주~강릉 간 철도, 춘천~속초 전철, 춘천~양양 간 고속도로의 개통으로 인한 수도권과의 접근성 확보, 북방경제의 활성화를 위한 북극항로 개척의 거점, 등으로 개발에 활력을 띠고 있다.

강원도 투자는 목(目)자형 네트워크 도로망의 거점지역을 중심으로 투자 포인트를 삼아야 한다. 환동 경제권의 동해, 삼척, 접경 지역개발의 거점지역인 철원/고성/공항 중심의 양양 기업도시의 원주, 문화관광도시 춘천 등 노시마다 각 특징에 맞는 투자지역을 선택해야 한다.

동북아 관문네트워크 공간구상도(강원도 종합발전계획)

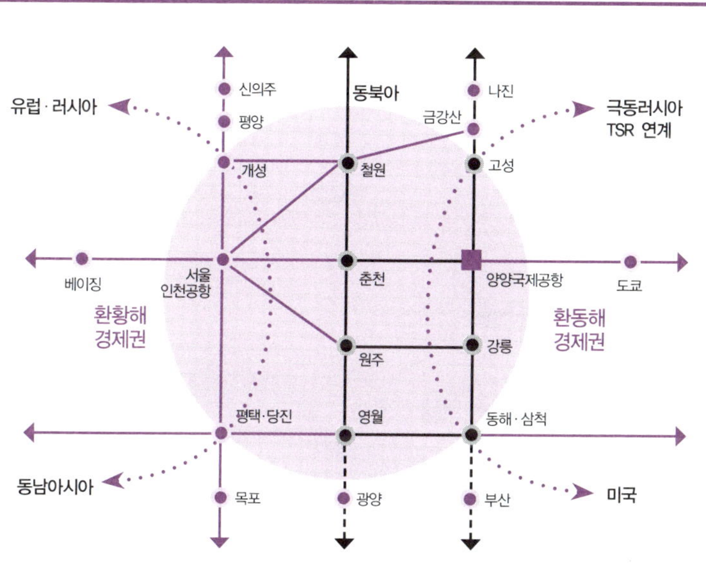

강원도의 투자 유망지역 분석 : 동해안권 경제자유구역

강원도의 경제자유구역은 동해안권 경제자유구역으로 강릉시와 동해시를 중심으로 북방자원과 북극항로를 기반으로 한 북방경제의 거점 역할을 할 수 있도록 지정하였다. 동해안권 경제자유구역은 첨단녹색산업, 첨단소재산업 등과 함께 2024년까지 4개 지구에 걸쳐 산업, 업무, 주거, 관광시설 투자가 추진될 예정임으로, 옥계항을 중심으로 투자지역을 선정해볼 만하다고 할 수 있다.

옥계첨단소재융합산업지구 투자 방향

	지구명	위치	도입기능
동해	북평국제복합산업지구	송정동	환동해권 물류, 비지니스 거점 및 수출입기능, 첨단부품
	망상 플로라시티	망상동	해양관광레저휴양지구
강릉	옥계 첨단소재융합산업지구	옥계면	첨단소재 제련시설 및 용존리튬 실증화 시설
	구정 탄소제로시티	구정면	주거, 교육, 문화기능

옥계역 중심 투자 포인트

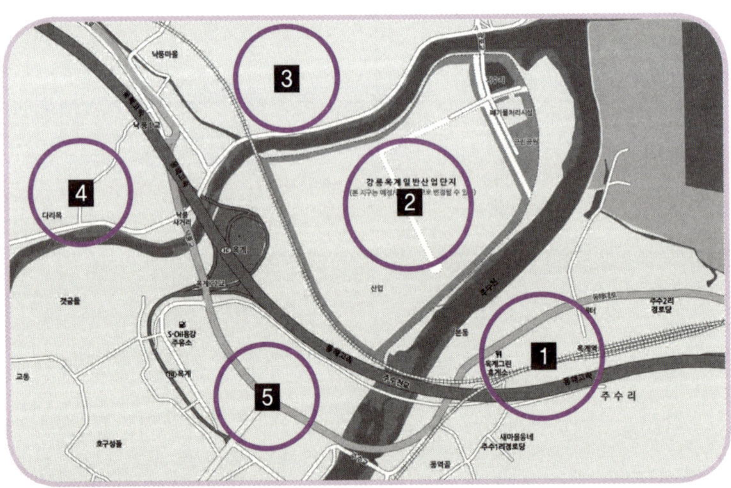

1.옥계역 역세권 형성지역 2.옥계산업단지 3.4산업단지 확장지역 5.미니복합도시 형성 가능 지역

첨단소재융합산업지구가 조성되고 있는 옥계항 산업단지의 투자 포인트와 풍수적 입지를 살펴보면 옥계 서수시에서 내려오는 내당수인 낙풍천과 또 다른 내당수인 주수천이 만나서 거대한 외당수인 바다와 만나는 수구지역에 위치하고 있다. 특히 수구가 좁게 형성되어 있어 재물이 들어오는 풍수명당이라고 할 수 있다. 또 닭이 목을 놓이 우는 형국인 '금계보효형국'으로 지속적인 발전이 기대되는 풍수적 명당지역이라 할 수 있다. 중심 내당수는 주수천을 따라서 주거상업지역이 발달하며 낙풍천을 따라서 산업단지가 확장될 것으로 기대된다.

강원도 도시지역 투자 포인트

구분	주요교통망	주요 개발계획
춘천	·경춘선 복선전철 개통 ·서울~춘천 간 고속도로 개통 ·춘천~속초 간 철도 ·동홍천~양양 간 고속도로	·레고랜드 조성~춘천역세권 ·서면의 애니메이션~금산리 ·우두택지지구~우두동 ·후평공단~도시재생 ·미군 공여지 주변(캠프페이지)
원주	·제2영동고속도로 ·원주~강릉 간 전철 ·중앙선(서원주~제천)	·기업도시, 혁신도시~문막 ·역세권~서원주 역세권 ·무실동 개발
강릉	·원주~강릉 간 전철	·동계올림픽~강릉 역세권 투자
평창	·원주~강릉 간 전철	·동계올림픽/서울바이오생명공학

03
제주특별자치도의 투자 방향은
어떻게 잡아야 할까?

　　제주도를 비롯한 섬 투자는 지정학적인 특성상 협소성, 육지와 단절되어 접근성의 어려움, 상하수도와 전기시설의 어려움 등으로 투자의 사각지역으로 남아 있었다. 이러한 단점은 오히려 잘 보전된 자연경관과 섬 고유의 문화에 대한 환상 등 섬에 대한 동경의 대상이 되어 왔다.

　　소득 수준의 향상과 관광·레저의 인구 증가는 관광산업이 국가의 주요 전략 산업으로 부각됨에 따라 섬이 가지고 있는 고유한 생태문화유산을 바탕으로 관광개발 압력이 높아지고 있다. 그러나 섬은 내륙과 달리 섬이 가지고 있는 고유한 생태문화자산을 보전하면서 지속 가능한 관광이 가능하도록 개발해야 보전과 개발이라는 두 마리 토끼를 잡을 수 있다. 그렇기 때문에 섬 투자는 각종 규제 사항을 철저히 알아야 성공 투자를 할 수 있다.

　　우리나라에는 서해안과 남해안 등 많은 유인도와 무인도를 가지고 있다. 개인이 섬개발을 한 대표적인 사례가 거제도의 외도가 있다. 그 중에서 제주도는 우리나라에서 가장 큰 섬이자 관광의 메카로서 발전해오고 있다.

많은 사람이 제주도 투자에 관심을 가지고 투자처를 찾아다니고 있다. 그렇다면 제주도의 투자에 있어 어떠한 점을 주의해야 하며 투자 유망지역은 어디인지를 살펴보기로 한다.

제주도의 투자 방향 분석

제주특별자치도는 제주시를 중심으로 애월읍, 조천읍의 북부권, 구좌읍, 성산읍, 표선면의 동부권, 서귀포시와 남원읍의 남부권, 한림읍, 한경면, 안덕면, 대정읍의 서부권 그리고 한라산을 중심으로 한 중앙권으로 5개 권역으로 나눌 수 있다.

동부권에는 우도, 비자림, 만장굴, 드라마 올인의 촬영지로 유명한 섭지코지, 제주도의 대표적인 민속마을인 성읍민속마을, 성산일출봉 등 제주도의 대표적인 관광지가 포진되어 있다. 또한 영어교육도시를 비롯한 신화역사공원 등 관광, 영어교육도시는 서부권에 집중되어 있다. 동부권은 관광단지가 집중되어 있어 개발이 미진하였지만 향후 펜션단지 등을 중심으로 발전 가능성이 있다. 제주도의 특성상 관광단지 주변이나 관광단지를 통과하는 핵심 동선에 위치하고 있지 않으면 개발과 사업성이 떨어진다고 본다.

제주특별자치도의 개발계획

제주특별자치도는 국제자유도시로 선정되어 외국인 투자와 관광객의 접근성을 자유롭게 하고 있다. 국제자유도시는 홍콩과 싱가포르와 같이 특정한 일부 국가를 제외하고 비자와 관세를 면제해주고 투자도 국내 기업과 같은 환경에서 할 수 있도록 하여 관광객 및 투자자 유치에 활력을 불어넣어주고 있다.

제주특별자치도의 대표적인 사업계획으로는 영어교육도시 조성, 신화역사공원, 세계7대자연경관 선정, 관광미항 및 제주신공항 건설, 헬스케어타운, 예래형휴양주거단지 등이 조성되고 있다. 신화역사공원은 서귀포시 안덕면 서광리 일대 영상테마파크 신화역사테마파크, 식음문화테마파크, 항공우주박물관 등을 주제로 2015년을 목표로 조성되고 있다.

예래휴양형 주거단지는 서귀포시 예래동에 말레이시아 버자야 그룹에서 호텔, 리조트 등 복합형 휴양단지 조성을 위해 2016년을 목표로 진행하고 있다. 헬스케어타운은 서귀포시 동홍동, 토평동 일대에 2015년을 목표로 메디컬파크, R&D 파크, 등을 조성하고 있다. 영어교육도시는 서귀포시 대정읍 구억리, 보성리, 신평리 일대에 2015년을 목표로 교육기관, 주거, 상업 문화시설 등을 조성하고 있다. 제주신공항은 늘어나는 관광객 및 항공 수요에 대비하여 조기 건설의 필요성이 대두되고 있다.

제주도 투자의 핵심사항

제주도는 많은 사람이 꼭 한 번쯤 살아보고 싶은 꿈의 섬으로 환상을 가지고 투자를 하였다. 하지만 제주도는 자연경관의 보전과 개발이라는 두 가지의 목표를 달성해야 하기 때문에 개발에 내한 제한이 다른 지역에 비하여 매우 심하다고 할 수 있다. 내륙과 떨어져 있어 제주도에 대한 부동산의 가격과 규제사항을 잘 모르는 상황에서 자연경관만 보고 계약을 하는 경우가 많이 있었다. 그러나 제주도 투자는 다음 몇 가지를 중점적으로 검토하여 투자결정을 하는 것이 바람직하다고 할 수 있다.

제주도의 개발 방향과 도로망 계획, 투자시점을 중심으로 살펴봐야 한다. 제주도는 한라산을 섬 중심에 두고 제주공항을 중심으로 도시개발 예정지역인 제주시와 중문단지 등 관광시설을 중심으로 한 서귀포시가 개발의 축을 이루고 있었다. 향후에는 동부권과 서부권을 중심으로 투자지역을 선정하는 것이 좋다.

동부권은 대표적인 관광단지가 포진되어 그동안 개발의 사각지역으로 남아 있었다. 하지만 지속적인 관광객과 체류형 관광객의 증가와 제주도의 대표적 관광지와의 접근성이 좋아지면서 펜션 등 숙박시설에 대한 수요가 많이 발생하게 되었다. 이에 신설 도로망 개설로 교통환경이 개선되어 향후 발전이 기대되는 지역으로서 투자에 관심을 가져볼 만한 지역이라고 할 수 있다.

서부권은 영어교육도시, 신화역사공원 등을 비롯한 관광시설 및 새로운 도심건설이 예정된 곳으로 제주특별자치도의 최고의 투자처라고 할 수 있다. 특히 제주 신공항 건설이 서부권에 입지할 경우 그 파급 효과는 매우 클 것으로 기대되는 곳이다. 이곳은 이미 부동산가격이 많이 상승하였지만 향후에도 지속적으로 가격 상승 여력이 남아 있다. 대부분의 관광시설단지의 사업목표시점이 2015~2018년 사이에 맞춰 있는데, 투자의 마지막 시점은 바로 2014년이라 할 수 있다.

제주 신공항 건설에 따른 투자 방향 분석

제주특별자치도의 제주 신공항에 대한 필요성이 대두되기 시작하고 있다. 특히 제주공항 수요는 특별자치도 지정과 영어교육도시 조성 등 공항 수요가 폭발적으로 늘어남에 따라 제주공항을 일부 확장하더라도 2019년에는 포화상태에 이를 것으로 내다보고 있다. 이에 대한 대안으로 기존 공항의 확장과 조속한 신공항 건설에 대한 검토가 이루어지고 있다. 제주특별자치도에 신공항이 건설된다면 기존 제주공항과는 반대편에 있는 서귀포지역을 중심으로 건설될 것으로 예상되며, 신공항 건설 입지 후보지도 서귀포시 주변지역을 검토 대상지역으로 삼고 있다.

제주 신공항 입지 후보지 결정은 공항 건설의 장애물, 도시의 확장성, 지형성, 사업비 등 여러 여건을 고려하고 있다. 제주도지역은 특히 자연환경을 보전해야 할 부분이 많기 때문에 자연환경 파괴를 최소화할 수 있는 장점이 있는 지역을 중심으로 살펴봐야 한다.

제주특별자치도의 도로망 신설 및 확장계획

주요교통망	구간	개설시기	총사업비 (백만원)	기투자 (~2010)	향후 사업비
제주시 국도대체우회도로	아라~회천	2011~2020년	87,400	−	87,400
	회천~신촌	2011~2020년	79,100	−	79,100
서귀포시 국도대체우회도로	중문~회수	2016~2020년	43,500	−	43,500
서귀포시 국도대체우회도로	하례~위미	2014~2020년	145,600	−	145,600
제1산록도로 확장	곽지~어음	2016~2020년	5,200	−	5,200
남조로 4차로 확장	의귀~조천	2012~2020년	139,790	−	139,790
서성로 신설	가시~성읍	2016~2020년	10,910	−	10,910
서성로 4차로 확장	성읍~수산	2016~2020년	50,191	−	50,191
2차로 재포장	대서~예초	2016~2020년	23,600	−	23,600
한창로 4차로 확장	한림~동광	2016~2020년	47,510	−	47,510
제안로 2차로 신설	광령~노형	2016~2020년	20,589	−	20,589
제안로 신설	금악~서광	~2020년	19,424	−	19,424
제성로 신설	선흘~상도	2016~2020년	70,190	−	70,190
서귀포시 도시계획도로	대로2-1-1~중로2-1-78	~2020년	32,017	−	32,017
제주시 도시계획도로	중로1-1-14~대로1-1-8	~2020년	7,269	−	7,269
제주시 도시계획도로	중로1-1-8~대로1-1-7	~2020년	17,170	−	17,170
제주시 도시계획도로	대로1-1-7~대로3-1-12	~2020년	7,209	−	7,209
제주시 도시계획도로	중로1-1-11~용감동	~2020년	28,743	−	28,743
제주시 도시계획도로	중로2-1-11~삼양1동	~2020년	7,708	−	7,708
제주시 도시계획도로	대로3-1-12~대로1-1-1	~2020년	2,965	−	2,965
서귀포시 도시계획도로	삼성여고~중로2-1-46	~2020년	1,423	−	1,423
서귀포시 도시계획도로	일조도로~중로2-1-5	~2020년	6,640	−	6,640
미집행 도시계획도로		~2021년	165,550	−	165,550
소계		−	1,019,698	−	1,019,698

　제주 신공항이 건설 입지 후보지로 검토되고 있는 곳으로는 구
좌읍 김녕과 대정읍 신도, 성산읍 신산, 남원읍 위미 앞바다 등 4
곳으로 알려져 있다. 또한 접근성과 확장성이 뛰어난 대정읍 신도
와 성산읍 신산이 보다 유력하다고 알려져 있다. 대정읍 신도지역
은 신공항 건설비용, 신화역사공원, 영어교육도시와의 접근성, 서귀
포시와의 접근성, 지형성 등에 있어 다른 지역에 비하여 유력한 지역
이라 할 수 있다. 특히 지명, 지형 등 풍수입지적으로도 공항 입지에
좋은 곳이라 할 수 있다.

제주도 도로망 계획

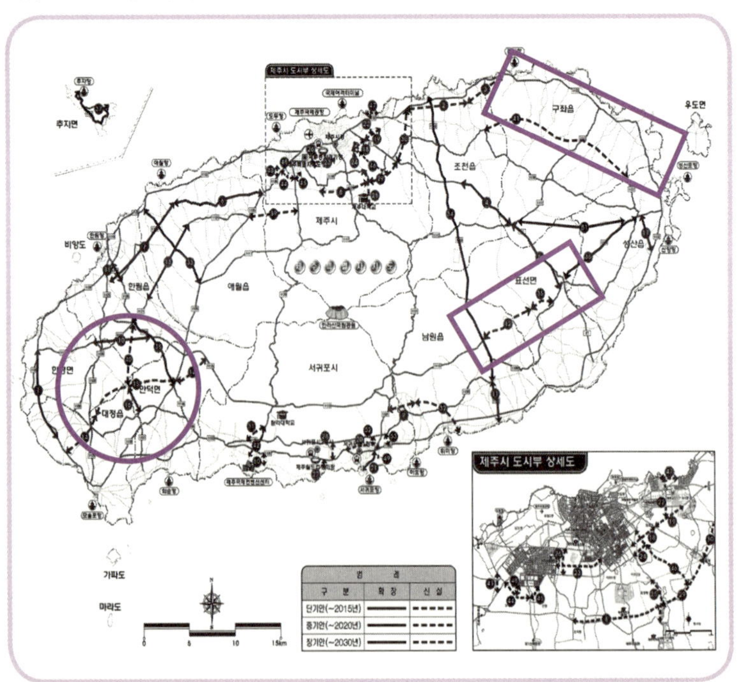

제주특별자치도의 투자지역의 위치는 개발이 진행되고 있는 지역 중 신설되는 도로망을 중심으로 투자지역을 선정해야 한다. 제주특별자치도의 신설이나 확장이 계획되어 있는 도로중 개발 동선이 형성될 수 있는 도로에는 제성로 신설도로 구간이 있다.

또 제주특별자치도는 펜션, 별장, 관광시설 등 관광산업을 목적으로 하는 투자가 많아 환경보전과 환경 가치를 증대시키고자 '제주특별자치도 설치 및 국제자유도시 조성을 위한 특별법'에 의한 질대보전지역·상대보존지역 지정, 관리보전지역(수자원, 생태계, 경관 보전지구)의 지정, 국가기준보다 강화된 환경영향평가제도 도입을 추진해오고 있어 다른 지역보다 제한사항이 많다.

그렇기 때문에 제주도는 다른 지역과 달리 수자원, 생태계, 경

지목	임야		면적	232,618㎡
개별공시지가 (m2당)	5,780원(2013년 1월)			
지역지구 등 지정 여부	「국토의 계획 및 이용에 관한 법률에 따른 지역·지구 등	보전관리지역, 중로 1류 (폭 20~25m, 저촉)		
	다른 법령 등에 따른 지역·지구 등	기타 생산임지 〈산림법〉, 경관보전지구 3등급 〈제주특별자치도 설치 및 국제 자유도시 조성을 위한 특별법〉, 생태계 보전지구 2등급(저촉) 〈제주특별자치도 설치 및 국제 자유도시 조성을 위한 특별법〉, 생태계 보전 4-1등급(저촉) 〈제주특별자치도 설치 및 국제 자유도시 조성을 위한 특별법〉, 지하수자원 보전 3등급 (조촉) 〈제주특별자치도 설치 및 국제 자유도시 조성을 위한 특별법〉, 지하수자원 보전 4등급(저촉) 〈제주특별자치도 설치 및 국제 자유도시 조성을 위한 특별법〉, 문화재 보존 영향 검토 대상 구역 〈제주특별자치도 문화재 보호조례〉		
「토지이용 규제 기본법 시행령」 제9조 제4항 각호에 해당되는 사항				

제주도지역 투자 포인트

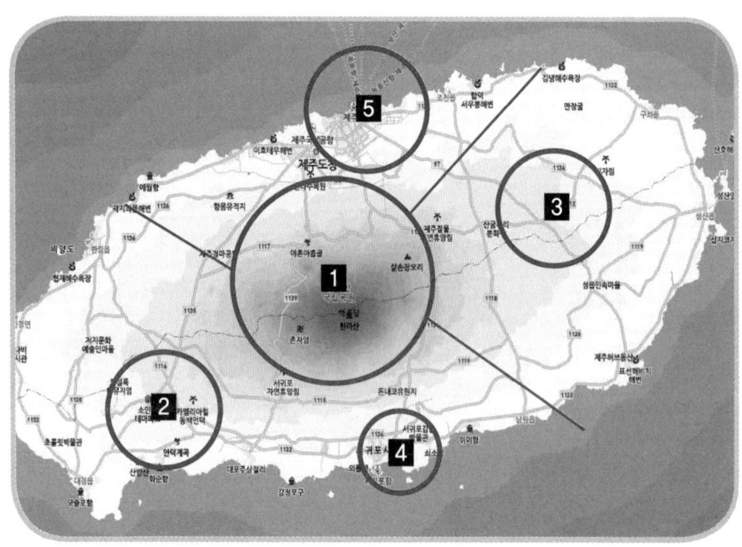

1.개발 불가능 지역 | 한라산을 중심으로 자연환경보전지역에 해당 2.투자 유망지역 |
신화역사공원, 영어교육도시 조성 등 제주특별자치도의 각종 개발이 집중된 곳으로
투자 유망지역이라 할 수 있다. 3.동부권 | 성산일출봉 등 관광지 분포지역 4.서귀포시
5.제주시

관지구에 대한 규제가 심하다. 따라서 경관지구의 등급을 유심히
살펴봐야 한다. 제주도는 200~600m의 중산간지역과 해안도로로부
터 30m 이내는 개발 허가가 어려울 뿐만 아니라 강한 해풍과 습기
로 좋지 못하다.

　수자원, 생태계, 경관지구의 1~2등급은 경관보전의 의미가 강
하여 개발이 불가능한 경우가 대부분으로 최소 3등급 이상을 선택
하는 것이 좋다.

　예를 들어 토지는 보전관리지역이지만 경관보전 3등급, 생태

계보전지구 2등급, 지하수보전3등급, 문화재보존 영향 검토 대상 구역이라면 개발을 통한 수익 창출은 힘들다. 이처럼 제주도 투자는 용도 시역뿐만 아니라 경관, 생태게, 지하수보전지구의 등급이 매우 중요하다.

또 경매를 통하여 임야를 낙찰 받는 경우에 주의해야 할 점은 지목은 임야이지만 실질적으로 과수원이나 밭으로 이용(농지)하는 경우가 많기 때문에 농지취득자격증명을 제출해야 한다. 농지취득 자격증명을 제출하지 못하면 낙찰은 취소되며 보증금은 몰수된다.

제주도의 토지 투자는 펜션, 별장, 전원주택 용도가 대부분인데 전기와 식수문제를 꼼꼼하게 점검해봐야 한다. 섬의 특성상 상수도와 지하수개발이 타 지역에 비하여 절차가 까다롭고 비용이 많이 소요된다.

04
충청권과 호남권의
유망 투자지역은 어디인가?

충청권 : 대선공약에 따른 투자 방향 분석

충청권은 2012년 세종시 출범, 2014년 청주청원 통합으로 세종시를 중심으로 대전광역시, 통합청주시, 천안, 아산시 등 30분 거리 내 공간에 400~500만 명의 신수도권으로 성장될 것으로 예상된다. 그렇기 때문에 세종시를 중심으로 한 대중교통망의 계획에 따라 투자지역을 선정하는 것이 매우 중요하다고 할 수 있다.

충청권은 우리나라의 중추 핵심적인 위치로 부상하고 있다. 고속철도망은 글로벌 수도권과의 연계로 충청권을 수도권으로 편입하는 현상을 가져왔다. 또 세종시, 국제과학비즈니스벨트 첨단의료보합단지, 진천, 음성 혁신도시 등 대형 국책사업의 추진은 소득 수준이 높은 인구가 유입되면서 신규 주택, 오피스텔, 소형주택 수요가 증가하고 있다.

충북지역의 대선공약에 따른 부동산 투자 전략

충북지역의 대선공약으로는 과학비즈니스벨트와 첨단산업을 집중 육성하고, 교통망 확충으로 지역 간 소통이 원활한 충북과 청정한 산림·휴양자원의 활용과 바이오(Bio)사업의 융합으로 충북을 생명과학산업의 메카로 육성할 것을 목표로 하고 있다. 국제과학비즈니스벨트 기능지구 활성화 추진, 청주·청원 통합도시에 대한 행정·재정적 지원으로 중부권의 새로운 성장 거점 조성을 필요로 하고 있다. 충북의 대표적인 산업단지 도시로는 오송, 오창, 청원, 충주가 있으며, 이들 도시를 중심으로 산업단지 주변 투자와 충주호 주변의 전원주택단지를 중심으로 투자지역을 선정해볼 만하다.

충남의 대선공약에 따른 부동산 투자 전략

충남은 제2의 산업 물류, 유통의 관문이자 대중국 수출 전진기지인 당진과 서산, 새로운 행정 중심과 성장 거점의 행정도시인 홍성신도시, 제2서해안고속도로의 나들목을 중심으로 투자지역을 선정해야 한다. 도로망계획으로는 동서 5축(보령~울진) 고속도로건설 추진, 중부내륙선 철도의 복선·고속화 추진을 계획하고 있다.

대전광역시의 대선공약에 따른 투자 전략

대전은 행정도시인 세종시와 더불어 국제과학비즈니스벨트 거점으로 성장시켜 대전시를 명실상부한 과학기술 비즈니스의 메카로 육성하려고 한다. 그럼으로 대전광역시의 경우 과학벨트산업단지를 중심으로 투자지역을 선정해야 한다.

또 대전은 도시철도 2호선 조기 착공 및 연장선 타당성 검토 추진하고 있음으로 도시철도의 역세권과 충남도청 이전부지 개발지역, 회덕 IC 건설지역에도 관심을 가져야 한다.

충남권의 권역별 발전 방향에 따른 투자 전략

충남권은 북부권, 서해안권, 내륙권, 금강권 4개 권역으로 나누어 개발계획을 수립하고 있다. 북부권은 천안, 아산, 서산, 당진시를 중심으로 환황해 경제권의 생산·교역 거점, 광역도시권의 성장관리 지역으로 집중개발하고 있다. 또 서해안권은 태안, 보령, 서천(서산, 홍성) 환황해권 교역 전진기지, 해양휴양 관광의 메카로 개발하고 있다. 내륙권은 공주/계룡/연기/홍성/예산/청양을 국가·지방 중추행정 연계축이자 지역균형발전 촉진지대로, 금강권은 금산/논산/부여(청양,공주,서천)를 역사·문화관광, 생명·정보산업, 도농복합생활공간 형성지대로 발전 방향을 설정하여 개발계획을 수립하고 있다.

충남권의 투자 유망도시로는 지속적인 인구 증가 도시인 천안시와 아산시, 서산시(대산), 계룡시, 당진시, 공주시, 홍성 내포 신도시를 중심으로 투자 대상지를 선택하는 것이 좋다.

충청남도 도로망 및 철도망계획

충남권의 교통망은 지역적 중심, 행정의 중심지역으로 부각되고 있다. 경부, 호남고속철도가 통과하며, 서울~세종고속도로(세2경부고속도로), 부여~평택고속도로, 서해안 고속도로, 충청선(보령~세종), 서해선 복선전철이 계획되어 교통망의 발전과 더불어 성장 잠재력이 매우 큰 지역으로 투자의 적정지역이라고 할 수 있다.

충청남도 도로망 및 철도망 계획

구분	내 용	비고
남북축	서해안고속도로, 평택~부여고속도로, 서울~세종고속도로	고속도로
동서축	당진~천안 간 고속도로(태안연장, 보령~공주 간 고속도로, 공주~청원 간 고속도로	고속도로
X축	당진~대전 간 고속도로 대산 연장	고속도로
고속철도	경부고속철도(천안아산역), 호남고속철도(공주역)	고속철도
남북축	경부선, 호남선, 장항선, 서해선	철도
동서축(장기 검토)	충청선, 서해산업선, 천안–문경선, 당진~대산항	철도
경전철	금강관광 경전철, 공주역~공주 간 기타 경전철(천안~청주공항, 대전~금산 계룡 간, 세종시–조치원(청주)	전철
수도권 전철	아산~내포시, 천안~청주공항 연장	전철

충남권의 개발계획과 개발 축 및 중심 거점지역

구분	개발 축	개발계획	중심거점지역	중심도시
북부축	태안~천안 태안~서산~ 당진~아산~천안	서해안개발의 거점 내륙 및 임해형 첨단신산업 복합지대	성환, 성거, 인주	천안, 아산
중부축	세종시~보령 (세종시~공주~ 청양~보령)	해양과 내륙의 물류, 산업행정연계 서해안과 중부내륙 연계문화관광 물류지대	대산, 합덕 안면	서산, 당진, 태안
남부축	서천~대전 서천~부여~논산	역사문화관광 농산업 중심지대	웅천, 장항	보령, 부여, 서천
서해안축	서산~서천 서산~홍성~보령~서천	국제 교역, 교류 거점, 해양관광 해양산업지	광천, 삽교	홍성, 청양, 예산
중부내륙축	당진~부여 당진~예산~청양~부여	역사문화, 관광, 농산업 중심지대	유구	공주, 연기
동부내륙축	천안~금산 천안~세종시~ 대전~금산	중추행 정, 국제 과학비즈니스 거점 복합첨단산업, 내륙 교통물류지대	강경, 연무, 추부	논산, 계룡, 금산

호남권의 도시개발에 따른 투자 전략

호남권은 대표적인 곡창지대로 산업의 발전이 미비하여 인구가 지속적으로 감소하고 있다. 하지만 기후 변화 등 식량안보에 대한 중요성이 커지면서 호남지역에 대한 투자 가치가 높아지고 있다. 광주와 전주는 낙후된 도심 지역의 재생사업을 통하여 도시개발이 이루어지며, 군산의 새만금과 혁신도시를 중심으로 대규모의 국책 사업이 진행되고 있음으로 투자 대상지역도 이들 지역에 집중할 필요가 있다.

또 호남권은 관광레저산업의 발전과 더불어 천혜의 관광자원을 가진 남해안 섬 개발과 지리, 덕유산지역을 활용한 관광산업의 개발을 추진하고 있으며, 새만금~군산~익산~전주를 연결하는 해안~내륙 연결형 대도시권을 형성하여 개발을 진행하고 있다. 투자는 새만금, 익산(고속철도역), 광주(광산지구)를 중심으로 투자 대상을 고려해볼 필요가 있다.

광주지역 부동산 정책에 따른 투자 전략

광주지역은 부산~순천 간 철도 고속화와 송정~순천 간 철도 개량사업 등 남해안 철도고속화사업의 단계적 추진을 계획하고 있다. 송정역 역세권 지역과 그동안 상무대 등 군부대 주둔으로 개발이 제한되어 오던 광산지구 어등산 주변 투자에 관심을 가져볼 만하다.

전북의 대선공약에 따른 부동산 투자 전략

'새만금 사업'의 지속적·안정적 추진 적극 지원, 익산 르네상스'를 위한 관련 사업 지원, 국도 77호선 연결 부창대교(부안~고창 간) 건설 추진, 동부내륙권(새만금~정읍~남원) 국도건설, 새만금 연담권을 동북아 경제 중심지역으로, 동부연담권을 세계적인 관광휴양지역으로 육성하고 있다. 또한 전북의 특·장점을 살린 식품 클러스터 조성과 바이오융·복합산업, 광역 도로망 구축사업도 계획하고 있다.

전남의 대선공약에 따른 부동산 투자 전략

호남 KTX(오송~익산~광주 송정~무안공항~목포)를 적극 추진하고 전남~경남 간 한려대교 건설 적극 검토, 전남 여수와 경남 남해군을 연결하는 동서 교류 연륙교(가칭 한려대교) 사업 추진 적극 검토, 광양만권 미래형 소재산업 육성, 여수 미래소재산업단지 조성, 고흥우주산업과 연계 추진, 광주~완도 간 고속도로 건설 추진, 서·남해안의 수려한 해양관광자원 등 이러한 지역 여건과 잠재력을 바탕으로 전남이 동북아 물류·관광·미래 산업의 중심지역으로 성장할 수 있도록 지원할 것을 공약으로 내세우고 있다.

전남지역의 투자는 여수와 광양만, 한려대교 건설의 후광 효과를 받을 수 있는 지역을 중심으로 투자지역을 선정해야 한다. 남해안 투자의 경우 청정한 바다를 보호하기 위하여 여러 가지 개발 제한 사항으로 규제를 하고 있기 때문에 투자 시 경관만 보고 결정할 것이 아니라 보다 신중하게 개발에 관한 법률적 규제 사항을 세밀하게 검토해야 한다.

05
영남권의 미래 가치 예측을 통해 투자 방향을 잡아라

대경권 : 미래 가치 예측을 통한 투자 방향 분석

대경권은 대구, 경북지역으로 1980년대 이후 지속적으로 인구가 감소하고 있음으로 주택 수요도 감소할 것으로 예상된다. 대구지역은 인구가 감소되고 있음에도 많은 주택이 공급되어 초과 공급 상태에 있다. 대구지역의 투자는 신규 아파트보다는 도심권 중심의 도시재생에 포인트를 두고 투자처를 찾는 것이 좋다. 도심권 접근성이 좋은 남구와 중구지역의 단독주택을 중심으로 투자를 해볼 만하다. 산업단지로서는 동대구역, 현풍산업단지, 경북 북부지역의 활성화의 거점이 되는 안동, 예천의 경북도청 신도시지역이 가장 큰 변화가 예상되는 지역이라고 할 수 있다.

대구지역의 대선공약에 따른 투자 전략

대구지역의 주요 투자 포인트는 K2 공항 이전 추진에 따른 공항 이전 부지 개발과 대구시 동구 신서동 첨단의료복합단지 및 연구개발특구(의료 R&D지구), 대구권 광역교통망 구축을 추진 중인 경산~구미~김천 혁신 도시축에 관심을 가져볼 만하다.

대구는 대경권의 거점 도시로서 섬유, 봉제, 염색, 의류산업의 메카로 발전하였다. 그러나 이들 산업이 쇠퇴하면서 새로운 성장동력을 갖추지 못하여 광역도시로서의 경쟁력이 약화되고 있다. 지역적으로는 내륙도시라는 한계점으로 인해 글로벌 접근성이 낮고, 신성장산업의 기반이 매우 취약하여 경쟁력 있는 첨단산업의 유치와 개발이 필요한 지역이라고 볼 수 있다. 박근혜 정부에서는 첨단의료복합단지와 에너지산업을 집중 육성하여 대구를 그린 에너지와 첨단의료의 허브로 구축하고, 대한민국의 글로벌 신성장 동력을 창출할 수 있도록 대구권의 광역 교통망 인프라를 구축함은 물론, 경북도청 이전 터(북부 신격동)를 테마파크로 조성하여 산업도시·거점도시로서 대구의 위상을 다시 회복시키려고 노력하고 있다.

대구도심개발의 최대 적은 미군부대인 캠프헨리, 캠프워크이다. K2 공항이 도심에 위치하고 있어 주요 도시 중 미군기지의 비율이 가장 높아 도시개발의 최대 장애물로 작용하고 있다. 남북통일과 첨단무기의 발전으로 군사기지의 외곽 이전이 이루어지고 있는데, 이 지역에서는 신속한 이전이 필요하며, 이들 지역을 중심으로 도심재생이 이루어져야한다. 도심재생지역으로는 동구, 염색공단이 집중되어 있는 비산동과 동대구 역세권 신산업단지로는 봉무동, 현풍

국가산업단지에 관심을 기울여볼 만한 지역이다.

경북지역의 대선공약에 따른 투자 전략

경북지역은 산업 축의 김전, 구미/포항의 신산업벨트 축과 안동/문경의 경북도청 신도시가 개발되는 지역을 중심으로 투자지역으로 도시가 고려해볼 만하다. 동해안권에는 첨단과학·그린에너지 비즈니스 거점 도시가 조성되는 홍해, 동해안 고속도로망(삼척~포항), 동서5축 고속도로 건설 추진되는 곳의 나들목과 역세권 중심 투자를 고려해볼 수 있다.

동남권 : 미래 가치 예측을 통한 투자 방향 분석

동남권은 부울권이라고 하며 부산, 울산, 경남지역을 말한다. 주요 특징으로는 도심재생과 산업관광 중심으로 개발될 것으로 예상된다. 주거지역으로는 부산의 해운대 중심의 센텀시티와 같은 고밀도 도심재생 지역과 기장, 밀양, 거제의 도시 외곽지역 중심으로 전원주택 수요가 증가하고 있다. 남해안을 중심으로 지진 등 기후변화에 불안을 느낀 일본인과 중국인들을 중심으로 외국인 거주지역이 많이 나타나 다문화 중심 거주지역으로 발전할 것으로 기대된다.

동남권은 울산, 부산, 창원, 거제를 연결하는 남해안의 관광산업과 더불어 산업 물류 기능을 강화하여 남해안 축의 산업발전을 선도함으로써 대선공약을 중심으로 투자지역을 선정해볼 만하다.

동남권의 부동산 정책에 따른 투자 전략

동남권은 부산과 울산, 경남을 말하며 신정부의 부동산 정책으로 부산지역은 "해양수산부 부활 및 동북아 해양수도건설, 국제영상콘텐츠밸리 조성, 부산 금융 중심지 육성, 남해안 철도고속화 사업의 단계적 추진, 방사선 의·과학 산업벨트 구축 추진, 부산 신발산업의 세계적 명품화, 도시재생사업 시행 및 스마트밸리를 조성하고 있다.

울산광역시는 동북아오일 허브 구축 및 석유화학 신르네상스 사업으로 재도약, 공공병원 건립, 국립산업기술박물관 유치 추진, 그린 전기자동차 핵심기술개발 및 실용화 추진 지원, 신재생에너지 융합기술 촉진지구 조성, 남구 무거동/중구 다운동 일원에서 울산과기대, 테크노파크, 혁신도시, 울산대학교 등으로 벤처기업 육성 촉진기구를 확대·추가 지정 및 산학연 집적화를 통해 벤처기업 육성, 반구대 암각화 세계문화유산 등재 추진" 등의 공약을 내세웠다 (새누리당 대선공약집).

따라서 부산지역의 투자 방향은 도시재생단지의 상가 중심으로 투자지역을 고려해볼 필요가 있다. 도시재생사업 중 주택에 대한 재건축, 재개발에 대한 투자 가치는 부산지역에 주택은 충분하게 공급량이 확보되어 있음으로 투자 가치는 그리 크지 않을 것으로 예상된다.

　상가의 경우에는 사상공업지역을 중심으로 상가 투자 전략을 세우는 것이 좋으며, 남해안 철도고속화 사업을 단계적으로 추진계획을 세우고 있는데 장기적인 관점에서 역세권을 중심으로 투자처를 찾아볼 필요가 있다. 남해안 지역의 관광레저산업의 발전과 더불어 남해안의 산업단지개발이 더욱더 필요성이 증가하였다.

　부산지역 장기 투자는 신공항 건설이 유력한 가덕도와 북항개빌 지역, 부전역, 해운대 등을 투자지역으로 고려해볼 만하다. 특히 제2의 금융중심지로 부상하고 있는 문현지구는 2008년 여의도와 함께 국제금융지구로 지정되어 개발되어 오고 있는 곳으로 신정부에서도 지속적 발전이 기대되는 부산 지역의 구도심권 도시재생사업의 핵심적인 지역이라 할 수 있다. 이곳은 경성대를 비롯한 대학과 문전시장, 자유시장과 같은 재래시장, 현대화된 대형 백화점 등의 상권이 형성되어 있다. 지하철, 버스노선 등 교통 접근성이 좋은 지역으로서 향후 부산 금융상권의 중심지로서 지속적인 발전이 기대되는 곳이라고 할 수 있다. 문현지구는 동천을 내당수로 가지고 있어 풍수적으로도 재물이 풍부하게 모어드는 곳이라 할 수 있으며, 부산 지하철 2호선 문전역을 중심으로 문현지구와 기존 도시재생지역을 중심으로 투자를 고려해볼 만하다.

　부산지역에서 신정부 최고의 투자 유망지역으로는 동남권 신공항 건설이 될 수 있는 가덕도를 중심으로 투자지역을 선정해 볼 만하다. 가덕도는 필자의 개인적인 의견으로는 신공항 건설의 최적지라고 할 수 있지만, 국책사업의 경우 경제적 타당성과 효율성 그리고 정책적 고려 등 여러 가지 평가기준에 따라 결정됨으로써 신공항 건설의 확정을 예정하여 신공항 건설으로 후광 효과를 기대하고 투자하는 것은 위험성이 있다. 하지만 가덕도의 경우 신공항건설과 별도로 거가대교와 항만건설 등 개발에 대한 압력이 높은 지역이어서 장기적 투자 고려의 대상이 될 수 있는 지역이다.

울산은 대한민국을 견인하는 산업도시로서 과거와 현재뿐 아니라 미래에도 대한민국의 산업화와 성장의 중심이 될 것이다. 더불어 이제 울산은 석유물류 중심지로서의 우수한 입지 여건을 적극 활용하여 동북아 석유물류 거점으로 도약하여 대한민국 신성장 동력의 핵심 도시로 성장할 수 있는 여건이 조성되어 있다. 울산지역의 대표적인 투자 유망지역으로는 남구 무거동, 중구 다운동 일원과 KTX 울산역을 중심으로 한 역세권 개발지역이라고 할 수 있다.

울산지역의 신성장 동력의 산업과 새로운 부도심을 형성하는 KTX 울산 역세권은 향후 울산지역의 핵심 상권으로 발전할 수 있는 지역으로서 개발이 진행되고 있으며, 역세권 주변에 적정한 가격으로 개인이 투자할 수 있는 토지들이 다수 있음으로 투자 유망지역으로 적극 고려해볼 만하다.

경남지역의 대선공약과 투자지역 선정은 우선 경제자유구역 활성화와 자유무역지대 확대 및 첨단복합국가산업 발전을 추진하고 있는 마산과 창원지역에 주목할 필요가 있다. 산업과 남해안 관광 벨트사업의 거점이 되는 거제와 광양 그리고 경남 서부지역과 전남 동부지역을 연결하는 섬진상권, 지리산권 신문회관광 실크로드의 거점지역을 중심으로 투자지역을 선정해볼 만하다.

2014-2018 토지 투자는 어떻게 해야 할까?

부동산 시장에서 토지는 많은 부를 안겨주는 황금알이었다. 그러나 토지는 주택이나 건물처럼 투자자가 직접 보고 투자 가치를 판단할 수 있는 것이 아니라 미래 가치에 대한 판난을 해야 하기 때문에 일반 투자자들이 접근하기에 쉽지 않은 투자 종목이었다.

초보 투자들이 보기에는 쓸모없는 땅으로 생각되었지만, 큰 폭의 상승을 가져오는가 하면, 좋은 땅이라고 생각했던 땅들이 각종 규제에 묶여 개발이 불가하여 가치가 떨어지거나 매매조차 힘든 어려움을 겪기도 한다. 토지는 자금에 있어서도 주택이나 건물에 비하여 토지에 대한 대출이 작아 대규모의 현금 자산이 투입되는 단점이 있다. 또 환금성이 다른 부동산에 비하여 부족하여 잘못된 투자는 장기간 어려움을 주기도 한다. 따라서 토지 투자의 특성을 알고 투자 원칙에 따라 투자해야 한다.

01
토지 투자,
이것이 기본이다

그동안 아파트, 주택을 통하여 재테크를 해오던 부동산 투자자들은 주택가격의 하락으로 토지 시장으로 눈을 돌리고 있다. 하지만 막상 토지 투자를 하려고 하면 어떻게 해야 할지 막연하기만 하다. 지인이나 공인중개사 등을 통하여 투자 물건을 추천받아도 쉽게 결정을 내리지 못한다.

부동산 전문가라고 하는 사람들도 동일한 토지에 대해서는 가치 판단을 다르게 하기 때문이다. 이처럼 같은 토지라고 하더라도 다르게 평가하는 이유는 미래의 가치라는 미래 예측을 해야 하기 때문이다.

토지 투자를 할 때는 미래 가치를 판단하는 기준은 무엇인지를 살펴보고 투자 원칙을 정해야 한다. 토지의 미래 가치를 판단하는 핵심적인 요소인 다음 7가지는 반드시 검토하고 투자하는 습관을 길러야 한다.

1. 인구 변화
2. 산업구조의 변화
3. 두로망과 개발의 축
4. 보행 동선
5. 도시공간구조 분석
6. 교육환경
7. 도시풍수

토지 투자에 있어 가장 먼저 결정해야 할 일은 바로 투자지역 선정이다. 어떤 도시, 어떤 지역을 선택하느냐에 따라 1차적인 투자의 성패가 결정된다. 투자지역을 선정할 때 고려해야 할 요소들은 다음과 같다.

첫째, 인구 변화에 대한 분석이다.

토지 투자에 있어 인구 변화에 대한 분석은 인구의 유입 규모, 소득 수준, 소비성향, 직업 등을 중심으로 살펴봐야 한다. 예를 들어 저출산으로 인한 인구 감소에도 불구하고 투자 검토 도시나 지역에 인구 증가가 예정되어 있다면 투자를 적극적으로 검토해도 된다. 인구수, 인구의 질적 수준과 소비성향은 토지가격에 결정적인 영향을 미치게 된다. 인구 증가가 예상되는 대표적인 도시로는 삼성산업단지와 고덕국제화도시가 조성되는 평택시, 충남도청 이전과 내포 신도시가 조성되는 홍성, 대규모 산업단지가 개발되고 있는 당진시, 경북도청 이전 예정지인 안동, 레고랜드 등 관광단지 및 교통망의 확충이 되고 있는 춘천시, 동계올림픽의 평창군, 원주시/공주시/세종시/서귀포시/천안/아산, 제2동탄 신도시의 화성/향남 택지지구 등이 대표적인 인구 유입이 예상되는 도시라 할 수 있다.

토지 투자뿐만 아니라 부동산가격을 결정짓는 가장 중요한 요소가 바로 사람이라는 것을 명심해야 한다. 지금 보유하고 있는 토지나 상가에 향후 얼마나 많은 사람이 올 수 있을 것인가? 소득 수준이 높은 사람인가, 낮은 사람인가를 판단해보면 보유해야 할 것인지 매도해야 할 것인지를 판단할 수 있다.

둘째, 산업구조의 변화를 살펴봐야 한다.

도시인구가 증가한다는 것은 먹고살 수 있는 산업이 있다는 것을 의미한다. 그렇기 때문에 새로운 산업단지가 조성되는 도시를 중심으로 투자처를 선정해야 한다. 과거 제조업과 환경오염을 배출하는 산업이 중심이던 시기에는 도시와 산업단지를 분리하여 개발하였다. 하지만 산업구조가 지식정보, 문화창조산업 등으로 변화함에 따라 산업단지와 주거 지역을 복합적으로 개발하는 자족형 복합도시로 개발되고 있다. 그럼으로 첨단산업단지와 주거지의 중간지점, 즉 접근성이 좋은 지역이 핵심 상권으로 발전할 가능성이 있기 때문에 산업단지의 종류를 살펴보고 도시개발의 축을 설정하여 투자 위치를 정해야 한다.

단 산업단지가 계획되고 있는 지역이라고 하더라도 제조업 중심의 일반산업단지, 농공단지는 그 파급 효과가 미미할 뿐만 아니라 지방자치단체장의 전시성 단지 지성을 하는 경우가 있어 투자 시 주의를 요한다.

투자는 반드시 산업단지와 함께 개발되는 신도시 중심으로 투자 지역을 선정해야 한다. 단순한 주거 목적의 신도시개발은 진행되지 않으며 산업 기능이 없는 신도시는 성장하지 못하고 쇠퇴하기 때문에 투자 검토 도시에서 제외하는 것이 좋다.

셋째, 도로망을 살펴봐야 한다.

인구가 증가하고 새로운 산업단지가 조성되기 위해서는 반드시 필요한 것이 새로운 도로망이다. 도로망은 신설되는 KTX, GTX, 전철의 역세권을 중심으로 투자지역을 선정해야 한다. 왜냐하면 새로운 도시개발의 거점은 나들목과 역세권을 중심으로 개발되기 때문이다. 대표적인 도로망으로 송산~홍성을 연결하는 서해선 복선전철, 여주~충주~문경을 연결하는 중부내륙철도, 여주~원주~강릉 간 철도, GTX 구간의 역세권과 제2영동고속도로, 제2외곽순환도로의 신설구간, 제2경부고속(서울~세종)도로, 구리~포천 간 고속도로, 홍천~양양을 연결하는 동서고속도로구간의 나들목이 최대의 투자 유망지역이라고 할 수 있다.

넷째, 보행 동선이 형성될 수 있느냐에 대한 분석이 필요하다.

투자 대상 도시에 많은 인구가 유입되고 산업단지가 조성된다고 하더라도 개발의 가치가 투자하려고 하는 토지에 얼마나 많은 영향을 미칠 수 있는가를 판단해야 한다. 보행 동선은 개발의 효과가 직접적으로 미치는 동선에 투자 목적 토지가 있는 것을 말한다.

보행 동선은 거점(역세권이나 나들목, 산업단지)과 목표점(백화점, 공공청사, 공원, 대형마트)을 연결하는 도로에 형성된다. 토지 투자, 특히 역세권 투자에 있어 역세권과 거리가 얼마나 떨어져 있느냐가 중요한 것이 아니라 보행 동선이 형성되는 곳이냐, 보행 동선에서 벗어난 곳인가가 투자 결정의 열쇠가 되어야 한다. 보행 동선을 예측하는 것은 토지 투자에 있어 가장 중요한 요소이다. 신도시가 개발되는 지역에는 중심 개발 축과 보행 동선을 찾는 것이 투자의 성패를 좌우하게 된다.

도시 개발 축과 보행 동선

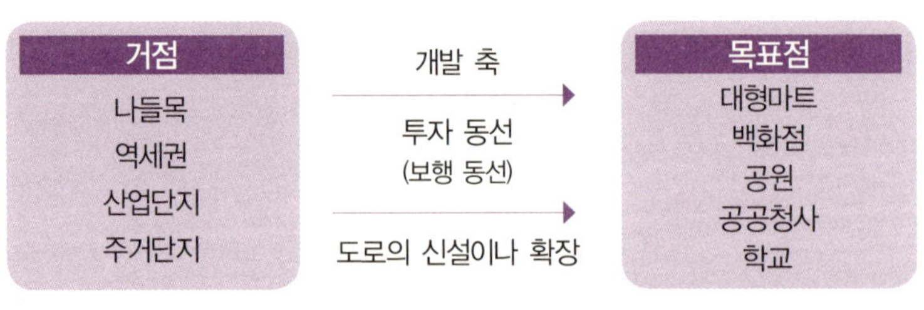

다섯째, 도시공간구조 분석을 통하여 도시개발의 핵심지역을 판단할 수 있다.

도시공간구조는 해당 도시를 어떻게 개발할 것인가에 대한 미래상을 알 수 있다. 도시공간구조는 하나의 도심을 중심으로 접근성에 따라 상업·주거지역 등이 입지하는 단핵 도심공간구조에서 다수의 주요 교차점을 중심으로 주거, 업무, 상업기능을 포함하는 부도심을 설정하는 다핵 도시공간구조로 변화하고 있다. 도시공간구조는 핵과 부핵, 중심지역, 성장지역 등으로 구분하여 공간 설정에 맞는 산업의 배치 및 인구의 배분을 하게 된다. 그러므로 도시공간구조 분석은 투자 대상 도시의 집중적 개발 대상지역을 판단할 수 있기 때문에 토지 투자에 있어 매우 중요하다.

여섯째, 교육환경에 대한 분석이다.

부동산가격에 영향을 미치는 요소로서 교육·환경적 요소는 교육열이 강한 우리나라에서는 그 영향력이 매우 크다고 할 수 있다. 교육환경은 명문 초등, 중학교, 고등학교, 대학교에 이르기까지 다양하지만 가장 영향력인 큰 것은 고등학교와 대학교이다. 외국어고등학교, 자율고등학교 등이 있는 곳은 일반고등학교가 있는 곳보다 부동산가격이 높게 나타나고 있다. 대표적인 곳으로는 서울의 목동/대치동/중계동/대구의 수성구 등이 있으며, 지방으로 이전되는 명문대학의 분교가 예정된 곳에도 관심을 가져볼 만하다.

일곱째, 도시풍수적 요소이다.

도시풍수란 전통적인 풍수이론을 도시에 접목시켜 투자 유망 지역을 살펴보는 것을 말한다. 1960~1970년대의 도시개발은 경제적 효율성을 중심으로 개발되어 자연 파괴가 심했다. 그러나 자연을 파괴가 심하게 되었으나 현대의 도시개발은 경제적 효율성보다 삶의 질적 수준을 높이기 위하여 녹지공간 확보와 자연과 조화를 통한 친환경도시개발(에코도시)에 중점을 두고 있다. 풍수지리는 자연과 조화로운 도시개발의 이론적 배경을 제공해준다. 그렇기 때문에 풍수지리를 알면 현대 도시개발의 방향을 알 수 있고, 도시개발의 핵심지역을 판단할 수 있다.

도시풍수에서는 부동산 명당이 형성되는 조건을 재물을 상징하는 물에 관한 이론을 중심으로 설명한다.

토지 투자의 실전 원칙

토지 투자자가 토지 투자의 기본 원칙에 대한 검토를 마쳤다면 이제 실전 투자를 하게 된다. 실전 투자를 위해서는 부동산의 법률적인 측면과 경제적인 측면 그리고 개발 가능성과 잠재력을 중심으로 해당 토지 투자에 대한 최종적인 확인을 하게 된다.

먼저 투자 토지에 대한 우선적 검토해야 할 항목들을 살펴보도록 하자.

첫째, 법률적 측면

법률적 측면에서는 용도 지역, 지목, 건폐율과 용적률 등 부동산 공법적 요소와 토지이용확인서, 등기부등본 확인하는 법 등 관련서류를 통하여 미래 가치를 판단하는 방법이 있다. 또 입지와 도로, 공시지가와 토지보상 산정 방법, 현재시세, 미래 가치를 판단할 수 있는 국토계획, 도시기본계획을 분석하는 방법을 중심으로 살펴봐야 한다.

부동산 공법으로 살펴봐야 하는 법으로는 수많은 관련 법률이 있지만 모두 다 알기 어렵고 알 필요도 없다. 그러나 토지 투자자라면 기본적으로 국토의 계획 및 이용에 관한 법률, 건축법, 농지법, 산지관리법에서 토지 투자와 관련이 있는 부분은 필수적으로 이해하고 있어야 한다. 아무리 좋은 입지에 좋은 가격의 땅이라 하더라도 개발 제한이 있다면 가치가 높지 않기 때문이다. 똑같은 땅이라고 하더라도 부동산 공법에 따라 개발의 용도, 건축물의 종류 등이 정해져 있다. 또 내 땅이라고 하더라도 공법의 테두리를 벗어나 자유롭게 개발할 수 없기 때문이다. 초보 투자자들은 이러한 공법적 검토를 소홀히 하여 손해를 보는 경우가 많다.

둘째, 경제적인 측면

법률적인 측면에서 분석이 이루어지면 경제성을 판단해야 하는데, 법률적 하자가 없다고 하더라도 경제성이 없으면 투자 가치가 없어지게 된다. 경제적인 측면은 현재의 가격과 개발의 가치, 시세 차익의 가치 등을 종합적으로 판단하여 결정한다. 또 도시기본계획을 통하여 미래 가치에 대한 판단도 종합적으로 해야 한다. 토지 투자는 현재의 가치가 아니라 미래의 상승 가치를 보고 투자 결정을 해야 되는데, 도시개발의 방향을 설정한 도시기본계획을 살펴보면 투자 목적 토지의 미래 가치를 판단할 수 있게 된다. 도시기본계획에서는 도시공간구조의 설정과 교통망 구축계획, 생활권의 설정, 산업단지의 분포, 인구의 유입과 소득 수준 등 해당 토지를 중심으로 발전 가능성을 판단해야 한다.

셋째, 해당 토지의 서류를 검토해보고 현장답사를 통하여 주변 환경을 분석

토지 투자에서 법률적인 측면과 경제적인 측면을 판단하기 위해서는 해당 토지의 토지이용확인서, 토지(임야)대장, 지적도(임야도), 등기부등본 등을 통하여 소유관계와 토지의 잠재적 가치를 살펴보아야 한다. 그리고 서류상으로 잘 나타나지 않는 주변 환경은 현장답사를 통하여 확인해야 한다. 현장답사는 해당 토지의 서류와 현장 토지의 동일성을 우선적으로 판단하고 토지의 형태와 토질, 경사도, 입목의 상태, 주변건물의 종류 등을 중심으로 투자 가치를 판단해야 한다. 토지 투자 경험이 적은 초보 투자자가 현장답사를 할 때 토지의 형태만 보는 경우가 많은데, 반드시 서류와 함께 검토해야 투자 가치를 판단할 수 있다. 토지의 미래 가치는 해당 토지의 서류에 있다고 볼 수 있기 때문이다.

넷째, 정책과 입지, 도시개발의 방향에 따라 지역을 선정

부동산 투자는 정부정책을 보고 투자 지역을 선정해야 하는데 새정부가 들어설 때마다 정부의 특징이 정책에 반영되기 때문에 새정부의 정책 방향을 보고 투자지역을 선정할 필요가 있다. 개발의 거점이 되는 역세권, 나들목, 교통의 결절점(간선도로망의 결절점)을 중심으로 투자 원칙에 맞게 투자 결정을 해야 한다. 노무현 정부에서는 기업도시, 혁신도시로 지정된 도시를 중심으로 투자 지역을 선정하였다면 현 정부에서는 10+@로 지정될 수 있는 도시를 투자 포인트로 삼아야 한다. 또 도심 외곽보다는 지속 가능한 도시개발이 필요한 도심재생사업지역을 중심으로 도심 내의 재건축, 재개발지역의 개발 현황을 살펴보고 투자지역을 선정해야 한다. 또 낙후된 건물을 리모델링하여 주변 환경에 맞는 적절한 용도변경으로 건물의 가치를 높이는 방법과 낙후된 모텔이나 고시원 건물 등을 도시형 생활주택으로 리모델링하는 방법으로 투자 방향을 정할 수 있다. 관광레저산업의 발달, 남북한의 화해모드 등에 영향을 받는 섬 투자, 접경지역, 미군 공여지 등 특정 지역에 대한 투자를 통하여 큰 수익을 올릴 수 있음으로 이들 지역에 대한 투자 검토도 필요하다.

이처럼 토지 투자는 기본 원칙과 실전 원칙을 철저하게 지키기만 하면 큰 수익을 올릴 수 있는 투자 종목이다.

부동산 투자이론과 전문가 활용 그리고 현장답사

토지 투자자가 부동산에 관한 이론을 모두 알고 난 후에 투자처를 찾으려고 한다면 토지 투자는 하기 어렵다. 투자자는 투자의 습관, 즉 부동산 전문가를 활용하는 방법과 현장을 보는 방법, 투자의 일반 원칙 정도는 알고 투자하는 습관을 길러야 한다. 부동산 투자는 부동산 공법과 투자의 일반 원칙과 해당 지역에 대한 정보를 가진 부동산 전문가 그리고 현장이라는 삼박자가 통합되어야 성공할 수 있다.

부동산 시장은 고정되어 있는 것이 아니라 살아 있는 생물과 같이 매우 역동적이다. 그러나 실무 경험이 없는 투자자는 지나치게 이론적으로 부동산을 판단하려는 경향이 많다. 부동산 투자에 있어 지나치게 이론적으로 접근하는 것은 현재 가치에 대한 판단은 가능할지 모르나 투자의 성공 여부를 결정하는 미래 가치를 판단하지는 못한다. 투자는 항상 위험을 내포하고 있기 때문에 그 위험을 최대한 줄이는 방법을 선택해야 한다. 부동산 공법적 요소(토지이용확인서 검토)가 중요하다고 하지만 이론과 더불어 현장을 살피는 것도 부동산 공법적 요소 못지않게 중요하다.

현장은 이론적으로 해결하지 못하는 문제를 해결할 수 있는 답을 준다. 예를 들면 지적도상에 도로가 없어 맹지로서 활용 가치가 떨어진다고 하더라도 현황도로가 있거나 토지와 연결할 수 있는 구거가 있다면 진입도로를 확보할 수 있는 답을 찾을 수 있고, 토지의 형태나 토질 등을 파악할 수 있다. 그럼으로 토지 투자는 부동산의 공법적 지식(이론)과 함께 현장답사를 통하여 투자 결정을 해야 한다. 지나치게 이론 중심으로 판단하거나 이론을 무시한 현장 중심의 투자 결정은 투자 실패를 가져올 수 있다. 각종 서류를 통한 가치 판단 후 현장답사를 진행하는 것이 현장답사에서 토지의 투자 가치를 판단하는 데 도움이 된다.

선녀와 나무꾼 이야기

옛날 옛적에 사냥꾼에 쫓긴 사슴을 나무꾼이 구해주었다. 사슴은 은혜를 갚기 위해 장가를 못 간 나무꾼에게 선녀들이 목욕하는 곳을 알려주었다. 나무꾼은 사슴이 알려준 대로 선녀들이 목욕하는 곳에 가서 몰래 날개옷을 훔쳤고, 결국에는 날개옷이 없어 하늘로 돌아가지 못한 선녀를 아내로 맞이하였다. 이 이야기는 우리가 잘 알고 있는 '선녀와 나무꾼'의 줄거리이다.

선녀가 하늘로 올라가지 못하게 선녀의 옷을 훔친 나무꾼의 법적 책임은 무엇일까? 이 질문에 일반인들은 대부분 절도죄라고 답한다. 간혹 무죄라고 하는 사람도 있다. 사랑이 무슨 죄냐며.

하지만 법을 전공한 사람들에게 질문을 하면 일반적으로 감금죄라고 답한다. 간혹 무죄라고도 한다. 무죄라고 하는 사람은 선녀는 사람이 아니기 때문에, 개인적 법익에 관한 죄의 상대방은 사람이어야 함으로 선녀는 신이지 사람이 아님을 이유로 든다. 죄가 성립하지 않는다고 한다.

하지만 절도죄라고 답하는 사람은 거의 없다. 왜냐하면 선녀의 옷을 훔친 목적이 재산상 이득을 취할 목적이 아니라 선녀의 행동을 제한하기(옷을 입고 하늘로 올라가지 못하게) 위한 목적임으로 절도죄가 성립하는 것이 아니라 감금죄가 성립한다고 보는 것이다. 이처럼 똑같은 문제라 하더라도 전문가와 일반인의 견해 차이는 명백하게 난다고 볼 수 있다. 부동산 투자는 일반적 시각에서 판단하는 것이 아니라 전문가의 시각에 판단해서 투자해야 성공할 수 있다.

부동산 투자를 할 때 부동산 투자이론을 모두 알고 투자할 수는 없다. 부동산 투자에 성공하는 방법은 투자자 자신이 모든 것을 알고 투자를 결정하기보다는 자신만의 멘토를 확보하는 것이 중요하다. 꼭 부동산 전문가뿐만 아니라 경제 전문가, 도시계획 전문가, 시행건설 전문가, 공무원 등 각계각층의 인적관계를 맺는 것이 부동산 투자의 지름길이라고 할 수 있다. 하지만 기본적으로 투자자도 투자의 일반적인 이론과 실무 경험을 쌓고 많은 노력과 비용을 들여서 부동산에 대한 공부를 하여야 함은 두말할 필요가 없다.

결단 그리고 결단! 맹수처럼 과감히 결정하라

많은 재테크 수단 중에 부동산 투자를 결정하고 물건지 선정을 결정하게 되는 마지막 단계에 들어서면 누구든지 쉽게 결정을 내릴 수가 없게 된다. 혹시나 잘못된 판단으로 손해를 보지 않을까 하는 두려움에 결정을 미루는 경우가 대다수이다.

세상을 살다 보면 모든 일에 결정을 내려야 한다. 결과가 좋든 나쁘든 모든 것을 선택할 수는 없다. 부동산 투자도 여러 물건 중에서 하나를 선택해야 하는 시기가 오면 어느 것을 결정해야 할지 망설이게 되고, 때로는 결정을 미루는 바람에 기회를 놓치는 경우가 많다.

돈만 있으면 언제든지 좋은 물건을 확보할 수 있다는 생각을 하는 경우가 많은데, 이러한 부동산 투자는 가치가 없다고 해야 한다. 좋은 물건을 만나면 과감한 결단을 내리는 것도 성공 투자의 열쇠라 할 수 있다.

어느 날 부동산 투자를 위해서 투자 설명회가 열리면 꼭 참석하는 부부가 필자를 찾아와 투자 상담을 한 적이 있다. 그 부부는 아파트, 상가건물에 대한 투자를 하여 큰 수익을 올려 재산을 불렸다. 하지만 더 이상 주택은 투자 가치가 없다고 생각하여 토지 쪽으로 투자방향을 전환하고 싶은데 토지 투자는 도저히 감을 잡지 못하겠다고 하였다.

유명한 강사가 개최하는 투자 설명회와 부동산 강좌도 많이 다녀봤지만 실질적인 도움은 별로 되지 않았고, 막상 투자 결정을 하려고 하니 너무나 불안하다는 것이었다. 또 현장답사가 중요하다는 말을 듣고 매주 부부가 등산복을 입고 인터넷, 신문, 지인들이 투자 가치가 있다고 하는 곳은 거의 다 다녀왔다. 땅이 마음에 들면 가격이 너무 비싸고, 가격에 맞추면 땅이 마음에 들지 않았다. 결국 1년 정도를 다녔지만 너무 신중하게 판단을 하려고 하는 바람에 결정을 못 내리고 투자를 하지 못하였다. 또 1년이 지난 후 그전에 투자를 하려고 했던 지역을 가보면 토지가격이 많이 올라 손해 보는 느낌이 들어 투자를 하지 못하였던 것이다(30만 원 하던 토지가 50만 원으로 올라 있어 손해를 보는 느낌이라 결정을 하지 못함).

그러던 어느 날 문득 찾아와 좋은 땅을 저렴하게 매입했는데 향후 발전 가치에 대한 분석을 요청했다. 살펴보니 주변 산업단지와 주거지역이 개발 예정되어 있는 곳으로 전체적인 개발에 대한 잠재 가치는 매우 큰 곳이었다. 하지만 개발 동선에서 벗어나 있고 지형적으로 보아 향후 공원 등과 같은 녹지공간으로 활용될 수 있는 녹지개발 축에 포함되어 있는 곳이어서 즉시 매도할 것을 권했다. 그러나 그 부부는 결국 매도하지 못하고 녹지공간으로 묶여 오히려 손해를 보게 되었다. 바둑 속담에 '장고 끝에 악수'라는 말이 있다. 이처럼 지나치게 신중하게 접근하다보면 적절한 기회를 살리지 못하고 오히려 잘못된 투자로 손해를 입을 수도 있다. 투자 원칙을 철저하게 지키고 자신의 시각으로만 보지 말고 전문가의 시각으로 투자의 가치를 판단하는 연습을 하여 투자 기회가 오면 과감한 결단을 내리는 것이 좋다. 투자는 항상 위험을 내포하고 있음을 알아야 한다. 지나치게 소극적이면 토지 투자는 기회를 놓치는 경우가 많다.

02
최고의 투자지역,
역세권과 나들목에 주목하라

역세권 투자 방향 분석

인구 증가와 환경오염은 기존 도로망 중심의 교통망과 효율성과 경제성을 강조하는 도시개발에서 탄소 배출량이 적은 철도망 중심의 교통망 확충과 많은 녹지공간을 확보하여 삶의 질을 높일 수 있는 공간을 중심으로 한 친환경 도시개발로 전환하고 있다.

새로운 철도망의 확충은 새로운 도심개발로 이어지며, 개발의 핵심지역이 바로 역세권이다. 철도망 확충이 늘어남에 따라 역세권이 투자의 최적지로 선호되고 있다. 그렇기 때문에 역세권에 대한 기본 개념, 기능, 개발방식, 보행 동선 형성 과정 등 역세권에 대한 이해가 선행되어야 한다.

2013년 철도망 구축사업은 48개를 추진하며 경부, 호남, 수도권 고속철도망 완공을 위한 고속철도 투자를 대폭 확대할 계획이다. 삼랑진~진주복선전철, 오리~수원복선전철, 제천~쌍용복선전철 등 일반, 광역철도 3개 구간과 지하철 9호선 2단계 사업의 완공계획을 추진하고 있다.

또 평창 동계올림픽을 대비하여 원주~강릉 간 철도 등에 집중 투자할 계획을 가지고 있음으로 투자자들은 유심히 살펴볼 필요가 있다.

역세권의 개념과 범위

부동산 최고의 투자 유망지역을 말하라고 한다면 누구나 주저없이 역세권이라고 말할 것이다. 이처럼 역세권은 부동산 최고의 투자처로서 각광받고 있음에도 초보 투자자들이나 일반 투자자들이 접근하기가 쉽지 않다. 그 이유는 역세권 투자는 전철이 개통하기 전 짧게는 2~3년에서 보통 5년 전에 이미 발 빠른 정보를 가진 투자 전문가들이 미래 가치를 보고 투자를 하기 때문에 개통에 임박해서 투자처를 찾는 사람들에게는 좋은 토지를 확보하기 힘들다.

또 역세권의 정보를 확보하였다고 하더라도 현장답사를 통해 아무것도 없는 역사 예정지를 보면 어느 지역이 어떻게 개발될 것인지에 대한 확신이 갖지 못하는 경우가 많다. 그리고 투자를 한다고 하더라도 역세권의 영향을 받을 수 없는 지역에 투자를 하는 경우를 종종 볼 수가 있다. 그렇기 때문에 역세권에 대한 개념과 역세권 개발의 범위, 역세권개발의 방법을 살펴봄으로써 정확한 개발 동선을 볼 수 있는 안목을 길러 투자를 결정해야 한다.

우선 이론적으로 역세권의 개념을 살펴보면 "역세권이란 일반적으로 역의 지배력이 미치는 지리적 장소로서 그 역을 출근 등과 같이 일상생활에서 역 주변시설물이나 교통수단으로서 철도를 이용하는 인구가 거주하는 지역으로 역 주변 시설물을 이용하는 이용객 때문에 형성된 공간 영역, 상업 및 각종 업무활동으로 형성된 공간 영역, 역이 입주함으로써 지가나 주택가격 등 부동산 가치의 변화에 크게 영향을 받는 공간영역"으로 정의하고 있다.

우리나라에서는 역세권의 개념을 여러 법령상에서 정의하고 있는데 도시계획법에서는 철도역을 중심으로 반경 500m 이내의 지역(지구상세계획 지침, 시행령), 도시철도법에서는 시·도지사로부터 역세권개발사업계획의 승인을 얻은 지역으로 규정하고 있다.

1990년 '서울도시기본계획'에서는 역세권의 범위를 반경 500m 내외를 1차 역세권, 반경 1000m 내외 지역을 2차 역세권으로 설정하였다. 1997년 '서울도시기본계획'에서는 상업용 용도지역의 변경과 관련한 역세권의 범위를 250m 내외로 하며 역세권 주변지역의 상세계획의 설정 범위는 역세권의 500m 이내로 설정하고 있다.

외국의 역세권 범위를 살펴보면 미국 LA는 도심지역과 비도심지역으로 나누어 비도심지역은 530m, 도심지역은 800m 이내로 설정하고 있다. 일본 오사카 같은 경우에는 역사를 등급별로 구분하여 360m, 540m, 720m로 구분하기도 한다. 이와 같이 역세권 개념과 범위를 살펴보면 나라마다 차이가 있다. 우리나라의 경우에도 역사의 규모와 기능이 다르기 때문에 거리를 기준으로 역세권의 범위를 일률적으로 설정하는 것은 어렵다.

일반석으로 수도권과 광역도시 전철의 1차 역세권의 범위를 500m 내외, 중소지방도시는 300m 내외가 직접적인 영향을 미치는 역세권이라 보면 될 것이다. KTX 역세권과 GTX 역세권의 범위는 비교적 넓어 2차 역세권의 범위가 3~4km까지 영향력을 미친다고 볼 수 있다. 일반적으로 역세권의 투자 핵심 범위는 거리상으로 상업지역이 형성되는 250m 내외가 좋다. 역세권 투자는 수용개발방식이 아닌 환지개발방식으로 역세권 지역은 역사와의 거리가 가까운 것이 좋다. 하지만 그보다 중요하는 것은 개발 축과 보행 동선을 확보할 수 있는 위치여야 한다.

개발과 투자 대상으로서의 역세권을 판단할 경우에는 역세권의 범위를 거리상으로 분류하기보다는 주거 중심 기능의 역세권, 상업·업무 중심의 역세권, 상업·업무·주거 중심 기능의 역세권 등 기능적으로 분류하여 투자 가치성을 고려하는 것이 보다 타당하다. 이러한 요소를 고려해서 볼 때 역세권과 거리가 가깝다고 해서 무조건 좋은 것이라고 할 수는 없다.

역세권의 유형과 투자 유망 역세권

역세권의 유형	기존 역세권	투자 유망 역세권
주거 중심 역세권	길동역, 명일역, 마천역, 중계역, 장승배기역	향남역, 안중역
상업, 업무 중심 역세권	서초역, 선릉역, 삼성역, 광화문역	GTX 역세권
주거 ,상업, 업무 중심 역세권	군자, 문정역, 강남역 등	KTX 역세권, 경기 GTX 역세권 이천역, 춘천역, 홍성역
상업, 산업단지 중심 역세권	구로디지털단지	부발역, 합덕역, 경기 GTX 역세권, KTX 역세권, 남원주역

압축도시개발과 대중교통지향형 개발에 따른 유망지역 분석

급격한 도시화로 인한 환경오염 문제는 지구온난화, 오존층의 파괴 등으로 지구환경에 심각한 문제를 초래하게 되자 도시개발의 방향이 경제적 효율성에서 환경 중심의 에코도시개발로 전환하게 되었다. 압축도시는 쾌적한 주거환경과 삶의 질을 누릴 수 있는 지속 가능한 도시공간 형태를 말하는데, 특히 유럽의 도시개발은 지속 가능한 도시개발을 지향하고 있다.

그렇다면 압축도시란 무엇인가? 높은 인구밀도, 집중도시활동, 토지 및 공간이용의 고도화 등으로 정의(L.Thomas and W. cosins 1996)하지만 이러한 요소들이 밀도만 높다고 압축도시라고 할 수는 없다.

압축도시의 출발점은 주거지역과 산업지역의 통합에서 시작되었다. 환경오염을 발생시키는 산업구조에서는 도시(주거지역)와 산업단지가 분리하여 개발되었기 때문에 많은 사람들이 자동차와 대중

교통을 이용하여 산업단지로 출근함으로써 환경오염을 일으키는 원인이 되었다. 중화학공업과 제조업 중심 산업이 주류를 이루던 시기에는 주거 중심 신도시개발이 대부분이었다.

현대에서는 산업구조가 지식정보 첨단산업으로 변화함에 따라 주거와 산업단지의 분리 없이 복합적으로 도시를 개발할 수 있게 되었다. 즉 먼 거리를 이동할 필요가 없게 되어 주거와 상업, 산업단지를 복합 개발하여 환경오염을 줄이고 지속 가능한 도시개발이 가능하게 되었다.

이런 이유로 압축도시개발은 반드시 자립성을 가지고 있어야 하며 환경오염을 발생시키지 않는 NIBECS산업이 입지한 자족형 신도시와 노후된 산업단지를 첨단산업단지로 전환시킬 수 있는 지역에 적합한 도시개발 형태라 할 수 있다.

이처럼 도시의 지속 가능한 개발의 방법으로 압축도시개발은 도시생활의 범위(주거, 상업, 산업)를 역세권 범위 내(보행거리 내)로 한정하여 자동차 이동에 따른 연료 소비와 배출가스 감소, 개발로 인해 파괴되는 환경침해를 방지할 수 있고, 도시시설을 효율적으로 이용할 수 있다는 장점을 가지게 되었다.

이러한 형태의 압축도시는 현재 유럽의 대부분 국가들의 도시개발모델이다. 일본, 미국 그리고 우리나라에서도 한국에 맞는 한국형 압축도시개발을 설정하고 4차 국토종합계획에서 명시하여 추진하고 있다. 현대 도시개발의 주류인 압축도시개발의 모델을 잘 살펴보면 개발의 방향을 알 수 있게 된다. 압축도시개발의 모델을 중심으로 도시개발의 핵심지역을 판단하여 부동산의 투자 포인트를 찾는 작업을 해야 한다. 압축도시개발은 역세권이나 나들목 등 대중교통지향형개발을 중심으로 개발됨으로써 역세권과 나들목, 교통의 결절점이 도시의 핵심지역으로 발전하며, 투자는 이들 지역에 집중하는 것이 좋다.

역세권 개발방식과 범위

역세권 투자에 있어서 주의해야 할 것은 투자 시기와 개발방식에 대한 정보이다. 역세권 개발방식은 개발주체(지방자치단체와 공공기관)가 토지 보상을 통하여 일괄적으로 수용하여 개발하는 수용방식과 개발주체가 일괄적으로 개발하고 개발비용을 토지로 받는 환지방식 그리고 민간인이 직접 개발하는 민간개발방식으로 나눌 수 있다.

역세권 개발방식은 주로 역사 주변 100m 내외는 역사부지, 주차장, 광장 등을 조성해야 함으로 수용개발방식을 택하는 것이 일반적이다. 그리고 200m 내외는 민관의 3섹터 방식, 500m 내외는 민간개발방식으로 이루어지지만 역사의 특징과 개발 방향에 따라 일정하지 않다.

아무리 좋은 위치의 토지라 하더라도 수용개발방식이면 현재 거래되는 가격에 못 미치게 보상가가 결정되는 경우가 많음으로 개발방식을 잘 살펴보고 투자 결정을 해야 한다. 만약 보상을 목적으로 투자를 할 경우에는 개발계획 단계에 미리 선점하여 투자를 하면 계획의 확정 및 보상 확정기간까지의 기간의 이익(시세차익)을 볼 수 있는데, 이때 투자 시점은 매우 빨라야 한다.

역세권 투자에서 또 하나 살펴봐야 할 것은 역세권의 입지에 따른 개발 형태라 할 수 있는데 주로 역사중심개발, 복합개발, 주변연계통합개발 3가지로 구분하고 있다.

역사중심개발은 기존 역사나 부지를 활용하여 역사를 수직으로 확장, 복합센터로 개발하는 방식으로 별도의 토지 매입이 필요 없다. 이는 주로 도심지역의 철도역에 적용하는 개발방식으로 역세권개발의 범위와 영향이 가장 적다고 할 수 있다.

복합개발은 철도역사부지와 연접지역의 토지를 일부 매입하여 수직과 수평으로 확장하여 도시 성장의 거점 역할을 목적으로 하는 개발 형태라고 할 수 있다. 주로 도시 역세권 중 공공부지나 나대지, 공장부지, 미군 공여지 등과 같은 부지가 연접하여 있는 역세권에 주로 적용되며, 도심의 거점 역할을 함으로써 역세권개발의 영향이 비교적 크다고 볼 수 있다.

주변연계통합개발은 철도역사 및 연접지역, 인접지역개발로 범위가 가장 넓으면서 역세권개발의 영향이 가장 큰 개발 형태라고 할 수 있다. 이때 역사의 위치는 신시가지를 개발할 수 있는 공간과 기존 시가지의 중간지점에 위치하는데, 기존 시가지는 도시재생사업을 추진하고 미개발 공간은 택지개발, 도시개발사업과 연계하여 신시가지를 조성한다. 주변연계통합개발은 주로 KTX 역세권, 경기권 GTX 역세권과 수도권전철역세권 개발에 적용하고 있다.

대표적인 곳으로는 서정리역을 중심으로 한 평택고덕국제화도시지역과 서해선복선전철 노선의 향남역, 합덕역, 울산 KTX 역세권 등을 들 수 있다. 역세권개발방식에 의한 투자는 주변연계통합개발→복합개발→역사중심개발 순서로 검토해야 한다.

세계의 메가시티 전략과 고속철도망 투자

인터넷의 발달과 교통수단의 발전으로 세계가 하나로 통합되었다. 과거 국경을 중심으로 한 국가 간 경쟁체제는 국가를 대신할 고유한 특징을 가진 대도시 간의 경쟁체제로 전환되었다. 즉 한국과 일본의 경쟁관계가 아니라 서울과 동경과의 경쟁관계로 전환됨에 따라 미래의 국가 경쟁력은 경쟁력을 가진 거대 도시인 메가시티 구축에 있다고 할 수 있다.

메가시티 구축은 대도시권을 연결할 수 있는 교통망이 필수인데, 프랑스의 TGV, 일본의 신칸센과 같은 초고속 교통망이 필요하게 되었다. 우리나라에서는 전국을 하나로 묶는 KTX와 수도권을 하나로 연결하는 GTX가 향후 경쟁력을 강화시키는 핵심 교통망의 역할을 할 수 있을 것이다. 이를 통해 역세권 투자의 1순위는 바로 GTX와 KTX 역세권, 즉 신시가지개발 중심 역세권이 투자의 대상이라 할 수 있다.

KTX 역세권 개발

구분	내용
투자 관심 역세권	울산역, 부전역, 김천역, 익산역, 송정역
기존 도심지역 개발방식	대전, 동대구, 부산, 광주
신시가지 개발방식	광명, 오송, 김천, 울산, 경주

GTX 역세권 투자 유망지역

경기도와 국토교통부, 서울특별시, 인천광역시가 추진하고 있는 수도권 광역 급행철도인 GTX는 경기도와 서울 전 지역을 1시간 이내 생활권으로 묶어 자동차 이동에 따른 환경오염을 줄이고, 빠른 이동성으로 국제 경쟁력을 높여 세계와 경쟁할 수 있는 메가시티 조성의 핵심적인 교통망이라 할 수 있다.

경기도가 제안한 GTX 노선의 범위를 살펴보면 서울을 기점으로 반경 20~50km에 노선을 설정하여 첨단산업과 인구를 배치하고 GTX 역세권을 중심으로 '허브 앤 스포크(Hub &Spoke, 허브는 자전거의 바퀴 축을 말하며 스포크는 바퀴 살을 의미하는 물류 네트워크 시스템)' 공간 구조를 가질 수 있도록 고밀도 압축도시개발을 지향하고 있다. 그럼으로 향후 수도권(서울, 인천, 경기)의 도시개발은 GTX 역세권을 중심으로 집중될 것으로 예상된다.

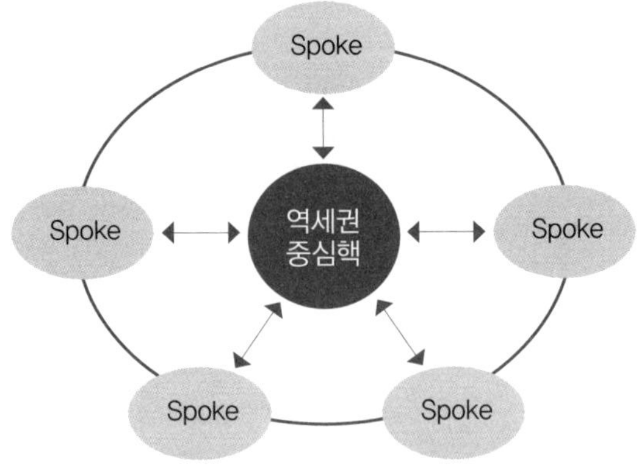

　이러한 GTX 노선과 투자 유망 역세권을 살펴보면 GTX 노선은 A, B, C 3개 노선으로 제안하고 있다. A노선은 고양 킨텍스에서 동탄에 이르는 노선으로 킨텍스~대곡~연신내~서울역~삼성역~수서역~성남(판교)역~죽전(기흥)~동탄역의 역사가 예정되어 있다. A노선에서 관심을 가질 역세권은 동탄에서 평택으로 연장되는 신평택역(지제역)이라 할 수 있다.

　B노선은 청량리에서 인천 송도에 이르는 노선으로 청량리~서울역~용산~여의도~신도~당아래~부평~인천시청~송도역사가 예정되어 있다. 그리고 C노선은 의정부에서 군포 금정에 이르는 노선으로 의정부~창동(상계)~청량리~강남~양재~과천~금정역으로 예정되어 있다.

그렇다면 GTX 역세권 어디에서 투자를 하는 것이 좋을까?

GTX 노선의 특징과 역세권의 개발방식을 살펴보고 투자 역세권을 결정해야 한다. 우선 GTX 역세권개발은 서울권과 경기권으로 나누어볼 수 있다. 서울의 GTX 역세권은 기존 역사와 연계하여 역세권 도시재생, 지하공간개발형, 역세권 복합공간개발형태로 이루어지는데, 역세권개발의 범위가 역세권을 중심으로 한정되어 개발되기 때문에 주변의 재개발, 재건축과 도시형 생활주택, 오피스텔 중심 투자가 이루어지면 좋다.

대표적인 서울의 GTX 역세권으로는 환승역인 청량리역, 삼성역, 서울역이 있다. 개발의 탄력성이 좋은 곳은 청량리역이라 할 수 있으며 GTX 개통 시 가장 큰 파급 효과가 미칠 곳은 GTX의 더블역세권이 형성되는 삼성역이라 할 수 있다.

경기권의 GTX 역세권 개발은 GTX 개통으로 빨대 효과, 즉 큰 도시로의 상권쏠림 현상이 나타날 수 있음으로 산업단지, 비즈니스파크, 미래형 주거단지 등을 집중 조성하여 단순한 베드타운의 교통중심지가 아니라 주변도시와 연계가 가능한 광역도시 생활권을 형성하는 자족 개념으로 역세권개발의 목표를 세우고 있다.

대표적인 곳으로 화성 동탄역과 평택 지제역이 있다. 특히 교통접근성이 중시되는 녹색기술산업, 첨단융합산업 및 고부가서비스산업을 육성하기 위하여 GTX 역세권 및 주변지역에 국가 전략형 지식산업들을 배치하여 'GTX 전략산업벨트' 조성을 계획하고 있다.

그렇기 때문에 GTX 역세권지역은 수도권 최대의 투자 유망지역이라 할 수 있다.

GTX 역세권의 범위를 살펴보면 1차 역세권 500m, 2차 역세권 1km, 3차 역세권 4km 내외로 설정하고 있다. 그럼으로 GTX 역세권의 개발 범위가 전철 역세권에 비하여 파급 효과가 크다고 할 수 있다.

GTX 역세권 범위

구분	거리	주요 공간구조 및 토지이용
1차 역세권	500m (도보 5분)	복합환승센터/고밀도복합개발, 상업, 업무, 교류, 컨벤션센터
2차 역세권	1km (도보 15분)	중고밀 복합개발, 도시형 주거 기능 중심
직접 영향권	3~4km (대중교통 15분)	중저밀 주거 중심, 신산업 기능 중심, 신주거지

그럼 GTX 역세권별 투자 유망지역을 살펴보자.

수서역은 평택~수서 간의 KTX역과 GTX A노선 분당선, 지하철 3호선의 환승역으로서 보금자리주택인 서울 강남지구, 세곡지구와 위례 신도시, 문정 법조타운 등 주변지역에 택지개발사업이 활발하게 진행되고 있음으로 GTX 개통의 파급 효과가 매우 큰 곳이라 할 수 있다.

삼성역은 지하철 9호선, 2호선, GTX A·C노선 더블 역세권이 형성되어 개발 압력이 크지만 주변에 개발할 토지가 부족하여 영동대로 지하공간을 중심으로 역세권이 개발될 것으로 예상된다.

금정역은 도시형 생활주택과 중저가형 도시형 비즈니스호텔 등 개발이 예상되는 지역으로 군포, 안양, 의왕에도 개통의 효과가 미칠 것으로 예상된다. 특히 군포 산본동의 노후화된 공업지역 정비사업을 통하여 역세권복합용도로 개발이 예정되어 있으며, 금정동 미래형 ECO 산업단지사업이 탄력을 받을 것으로 기대된다.

또 각 노선의 종착역인 일산 킨텍스, 금정, 인천 송도, 의정부, 신평택역(지제역)과 개발 가능지가 많은 킨텍스, 대곡, 동탄, 금정, 의정부역과 추가 연장이 예상되는 지제역(신평택역)은 120만 평의 삼성 산업단지와 고덕국제화신도시가 추진되고 있어 관심을 가져볼 만하다.

이처럼 GTX 역사의 입지지역은 도심을 통과하는 지역과 미개발지가 풍부한 지역을 통과하고 있다. GTX의 개통은 역세권을 중심으로 부진한 뉴타운사업과 재개발·재건축사업의 활성화를 촉진시킬 수 있다. 또한 미개발지는 역사를 중심으로 새로운 산업단지의 조성과 신 주거지역의 조성으로 신시가지가 개발됨으로써 미개발지가 풍부한 지역을 찾아서 투자 역세권을 정해야 한다.

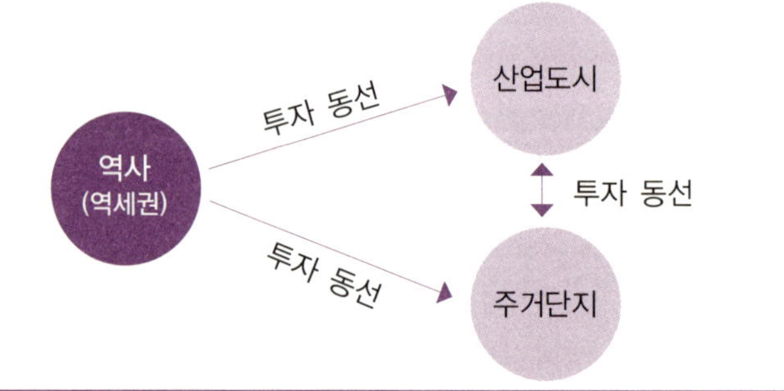

나들목 투자 전략

2013년 도로망 구축사업은 고속도로 19개, 국도 256개 등 총 370개 사업완공에 집중 투자할 계획을 추진하고 있다. 특히 중부내륙고속도로 여주~양평 구간, 제2서해안고속도로의 평택~시흥 구간과 국도 42호선 평창~정선, 국도 4호선 고군산군도 구간 등 82개 사업이 2013년 완공계획으로 있다. 평창동계올림픽을 대비하여 국도 6호선 둔내~무이~장평 구간에 집중 투자할 예정이다.

나들목 투자의 일반 원칙

부동산 투자는 도로가 생명이라고 할 수 있다. 도로 중에서 도로의 결절점(교차점)이나 나들목이 투자의 대상이라고 할 수 있는데, 투자대상으로 고속도로의 나들목과 광역도시 외곽순환도로의 나들목이 최고의 투자처라 할 수 있다.

교통의 결절점을 중심으로 개발된 사례를 살펴보면 우선 서울의 경우 제1외곽순환도로와 경부고속도로의 결절점에 판교 신도시가 개발되었다. 제2외곽순환도로와 경부고속도로의 결절점에는 동탄 1 기 신도시와 2기 신도시, 용인 서울 간 고속도로와 영동고속도로의 결절점에는 광교신도시가 개발이 진행되고 있다. 또 경부고속도로와 평택에서 충주를 거쳐 삼척으로 연결되는 동서고속도로의 결절점에는 삼성산업단지와 평택국제고덕신도시가 개발되고 있다. 이처럼 도로의 결절점에는 도로의 규모에 따라 개발의 규모가 정해진다.

고속도로와 고속도로의 결절점에는 신도시와 대규모의 산업단지가 입지하고 고속도로와 국도와의 결절점에는 행정타운이나 택지지구, 미니복합도시 등이 개발되어 신주거지 및 산업단지로서 개발된다.

나들목을 중심으로 개발되는 범위를 살펴보면 나들목을 통과한 후 약 500m 지점부터 개발이 진행되며 반경 3~4km 이내를 개발의 범위라 보면 된다. 나들목 투자 역시 중요한 것은 개발 축과 보행 동선을 찾는 것이 투자의 핵심요소이다. 나들목의 개발 축과 보행 동선은 역세권의 개발 축과 보행 동선과 유사하다고 볼 수 있다.

나들목 중심의 개발 범위

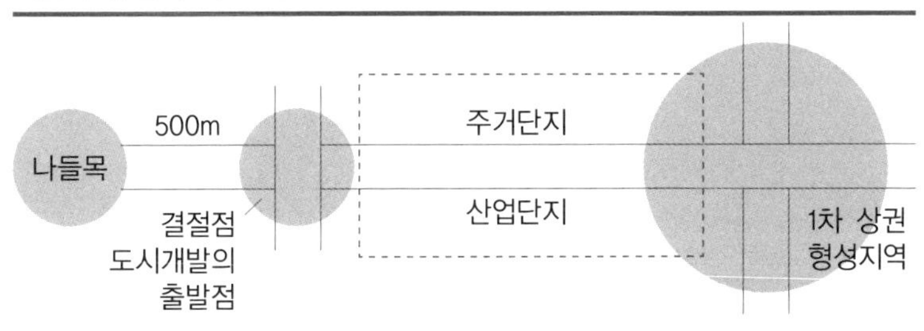

도시개발 방향에 따른 투자 전략

기존의 신도시가 수도권의 인구 분산을 위한 주거 중심으로 격자형 도로망 개발되었다면 현대 도시개발은 교통체증을 완화할 수 있는 방사형 도로 구조망으로 개발되고 있다. 또 주거 중심에서 산업단지와 주거단지가 복합된 자족도시로 개발되고 있다.

기존 신도시는 핵심 상권이 형성되는 지역을 도심 한 곳에 설정하여 개발하는 단핵도시공간구조를 가지고 있었으나, 현대 도시개발은 핵심 상권이 형성되는 지역을 도심 한 곳으로 설정하지 않고 도시순환 도로망과 방사형 도로망의 결절점을 중심으로 여러 곳을 배치하는 다핵도시공간구조를 가지고 있다. 그럼으로 산업과 주거가 복합된 자족형 신도시가 개발되는 지역의 투자는 반드시 중심순환 도로망(개발 축)을 따라서 투자해야 한다.

현재 개발되고 있는 신도시의 도로망 구조는 대부분 방사환상형 도로망 구조로 동탄 1기 신도시와 같은 형태로 개발되고 있다.

주거형 신도시의 격자형 도로망 : 단핵도시공간구조

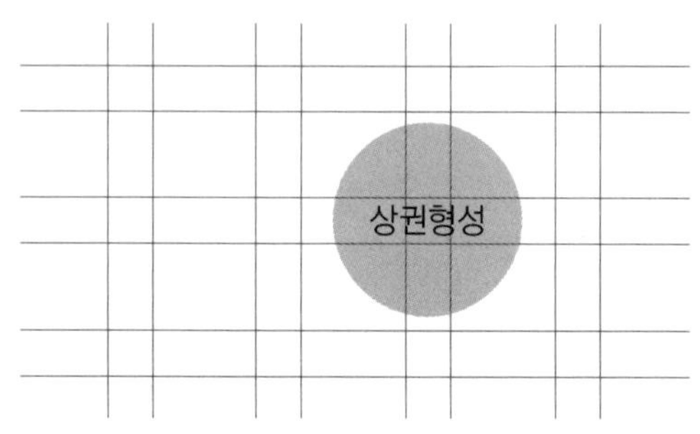

산업, 행정, 주거 기능이 복합된 자족도시의 방사환산형 도로망 구조

• 격자형 도로망 구조의 신도시

도시화에 따른 베드타운 개념의 동탄 1기 신도시의 경우를 살펴보면 도로망 구조가 격자형으로 구축되어 있으며, 도시의 핵심적인 상권은 도시의 중앙에 위치해 있다. 이러한 격자형 도로망은 교통체증을 초래하여 도심 접근성을 떨어뜨리는 결과를 가져왔다. 평촌, 일산 등 1기 주거 중심 신도시는 대부분 격자형 도로망 구조를 가지고 있으며, 핵심 투자지역은 도심 중앙이라 할 수 있다.

격자형 도시구조(주거 중심형 신도시)

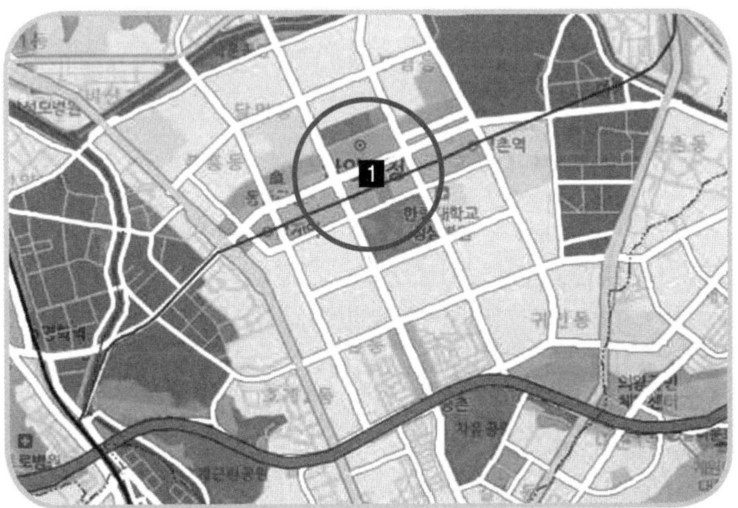

1. 격자형 도로망 구조의 핵 | 단핵도시공간구조

• 방사순환형 도로망 구조

방사순환형 도로망 구조의 대표적인 신도시개발지역을 살펴보면 동탄 1기 신도시와 개발이 진행되고 있는 평택고덕국제화도시, 홍성내포 신도시가 있다. 먼저 개발이 완성된 동탄 1기 신도시의 개발축을 살펴보고 평택고덕국제화도시 및 홍성 내포 신도시의 개발 축을 따라 투자지역을 선정해볼 필요가 있다. 동탄 1기 신도시의 개발축을 살펴보면 기흥 동탄 나들목을 중심으로 오른쪽에는 삼성전자가 중심이 된 화성 지방산업단지가 배치가 되어 있고 왼쪽에는 주거단지가 배치되어 있다. 또 기흥 나들목에서 약 500m 정도 떨어진 곳에서 개발이 시작되며 순환도로는 3개로 배치되어 있다. 이들 3개의 순환도로 중 나들목과 연결되어 있는 순환 도로망이 개발 축을 형성하며 방사형 도로와 순환형 도로가 만나는 결절점 지역에 핵심 상권이 형성되어 있다. 따라서 동탄 1기 신도시에 투자를 한다면 핵심 개발 축이 형성되는 1번 순환도로를 따라서 투자를 하는 것이 좋다.

방사환상형 도로망 구조 : 다핵도시공간구조

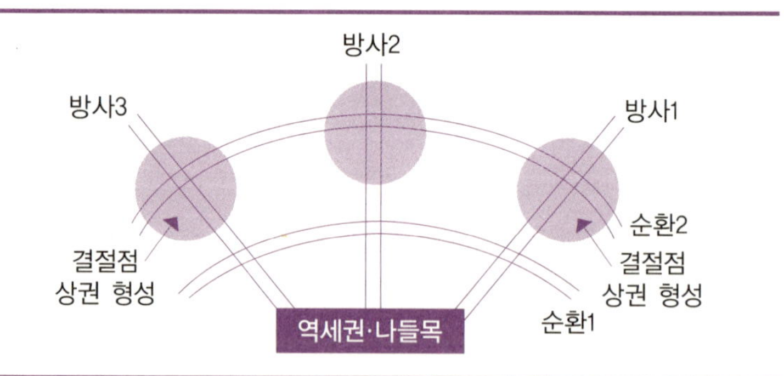

방사순환형 도로망 구조의 동탄 1기 신도시

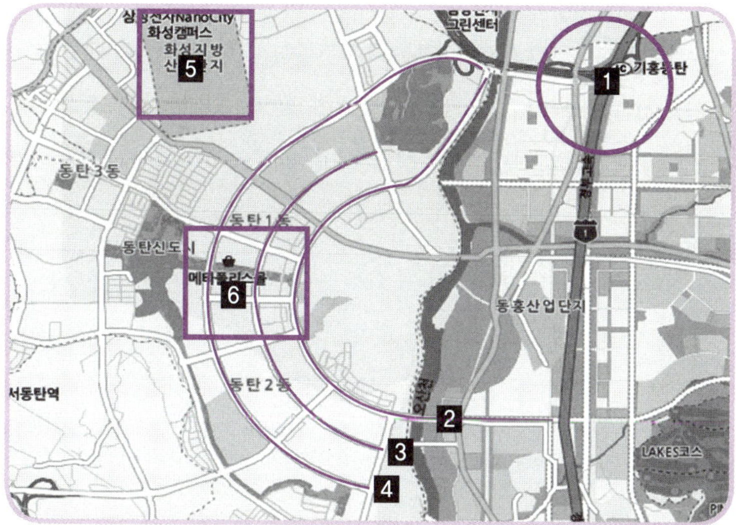

1.기흥동탄 나들목 2.순환선(1), 3.순환선(2) 4.순환선(3) 5.삼성산업단지 6.상업지역

충남도청 이전지 홍성 내포 신도시의 방사환상형 도로망 구조

1.금마천(외당수) 2.순환선 3.산업단지, 대학 4.주거지역 5.상업지역 6.내당수

충남도청 이전지 홍성 내포 신도시는 행정 기능과 주거 기능이 복합된 행정주거형 자족도시로서 충남도청 이전에 따른 행정중심 도시로서 발전되는 투자 유망지역이라 할 수 있다. 내포 신도시의 토지이용계획을 살펴보면 우선 충남도청을 중심으로 방사형 도로망과 3개의 순환도로망을 가진 전형적인 방사환상형 도로망 구조를 가지고 있다. 도시풍수적 요소로는 두 개의 내당수가 도청을 기준으로 양쪽으로 흘러 외당수인 금마천으로 흘러들어가는 풍수명당에 위치하고 있다. 또 도청을 기준으로 전면(주작)에는 상업지역을 배치하여 상권을 활성화하고, 왼쪽(청룡)에는 주거지역을, 오른쪽(백호)에는 산업과 대학 등을 배치하여 풍수지리에서 사신사의 기준을 충족하고 있다. 도시 내 호수공원을 만들고 두 개의 내당수를 따라 상업지역을 집중 배치함으로써 내당수를 따라 개발 축을 형성하고 있다. 내포 신도시의 투자 동선은 바로 두 개의 내당수 주변과 순환선과 방사형 도로의 결절점 그리고 청사의 앞을 중심으로 투자 포인트를 결정하는 것이 좋다.

방사환상형 도로망 구조의 평택고덕국제화 자족형 신도시 투자 가치 분석

최고의 투자 유망 신도시로 부각되고 있는 평택고덕국제화신도시의 투자 유망지역을 분석해보자. 평택시는 지리적으로 동북아 교통의 관문으로 해상교통과 육상교통의 중요 결절지에 위치하고 있으며 평택항을 중심으로 중국 및 동북아로의 해상진출 관문도시로 향후 10년간 지속적인 발전이 기대되는 신성장 동력을 가진 도시라 할 수 있다. 특히 인천~시흥~화성(남양)~평택(포승)을 잇는 제조업 개발 축과 판교~동탄~평택(고덕)을 잇는 첨단산업 축의 거점지역으로서 삼성산업단지 120만 평, LG전자의 첨단산업과 미군기지 이전에 따른 외국인의 유입 등 2012년 43만 명의 인구가 2020년에는 목표인구를 112만 명으로 설정해놓고 있어 평택시는 향후 가장 큰 발전 잠재력을 가진 도시라고 할 수 있다. 특히 산업과 항만, 주거 기능이 복합된 자족형 신도시로서 소득 수준이 높은 시민들로 인구가 구성되어 소득 수준 대비 소비성향도 높아 아파트 등 주택, 상가 및 토지의 가격이 지속적으로 상승될 수 있는 지역이라 할 수 있다.

평택지역 투자는 크게 서정리역 주변의 장당동/가제동/이충동과 지제역 주변의 방축리/지제동, 고덕국제화도시 북측의 당현리/두릉리가 투자 대상지역이라 할 수 있다.

제1 투자순위는 기존 시가지가 형성되어 있는 서정리역 주변의 미개발 공지를 찾아서 투자지역을 선정하는 것이 좋으며, 장당삼거리를 중심으로 투자 포인트를 정하는 것이 좋다. 이 지역은 기존 주거지역과 고덕국제화도시 그리고 삼성산업단지의 중심점에 위치하고 있다. 현재는 삼성산업단지와의 연결 철로가 단절되어 있지만 향후 연결되는 도로신설이 예정되어 있어 삼성산업단지개발의 직접적인 효과를 받을 수 있는 지역으로서 단기간 차액을 노려볼 만한 곳이라 할 수 있다. 단 이 지역의 임야는 공원부지로 활용될 가능성이 크기 때문에 투자에 세심한 주의가 요구된다.

지제역 주변의 지제동과 방축리는 서정리역 주변의 장당동보다는 시간이 필요한 지역으로 2016년 개통되는 수서발 KTX의 지제역을 중심으로 활성화될 것으로 기대된다. 이 지역은 생산녹지지역(농업진흥구역)에서 도시개발구역으로 지정되고 상업지역, 주거지역 등으로 용도변경이 되어 있다. 이 지역 투자는 특히 주의해야 할 점이 있는데 역사 주변은 수용 및 환지방식으로 개발될 가능성이 있으며, 수용방식을 채택할 경우 현금 보상보다는 환지(토지로 대신 보상)로 보상할 가능성이 크다. 용도지역은 상업지역이지만 기존 상권이 형성된 상업지역이 아닌 관계로 큰 보상은 불가능할 것으로 예상된다. 지제역 주변의 투자는 상업지역이라고 하더라도 큰 수익을 얻기는 어려울 것으로 생각되며 투자에 세심한 주의가 요구되는 지역이기도 하다. 방축리는 삼성산업단지와 지제역의 중간지점에 위치하며 현재 계획관리지역이 많이 분포되어 향후 도시지역으로 편입될 수 있는 지역이다.

특히 삼성산업단지로 들어가는 평택~충주~삼척 간 고속도로의 나들목이 신설되며 지제역과 연결되는 신설도로가 예정되어 있어 주거 및 삼성산업단지 협력업체, 물류단지 등의 입지로 지정될 가능성이 있어 투자유망지역이라 할 수 있다. 보다 장기적인 투자지역으로 고덕국제화신도시의 북측 당현리와 두릉리가 있다. 이곳은 비행장이 있는 미군기지가 있는 곳으로 소음을 피할 수 있는 지역을 중심으로 투자지역을 선정하는 것이 좋다.

고덕국제화신도시의 투자 포인트

1번 지역은 고덕국제화신도시가 조성되는 지역으로서 총 3단계 계획으로 14만 4,000명을 목표인구로 1단계 사업은 2013년 10월 착공하여 2018년 완성 목표로 시작하였다.

2번은 고덕일반산업단지(삼성산업단지)로 120만 평 규모로 100조를 투입하여 2016년 입주를 목표로 부지 조성 공사를 진행하고 있

방사환상형 도로망 구조의 고덕국제화신도시

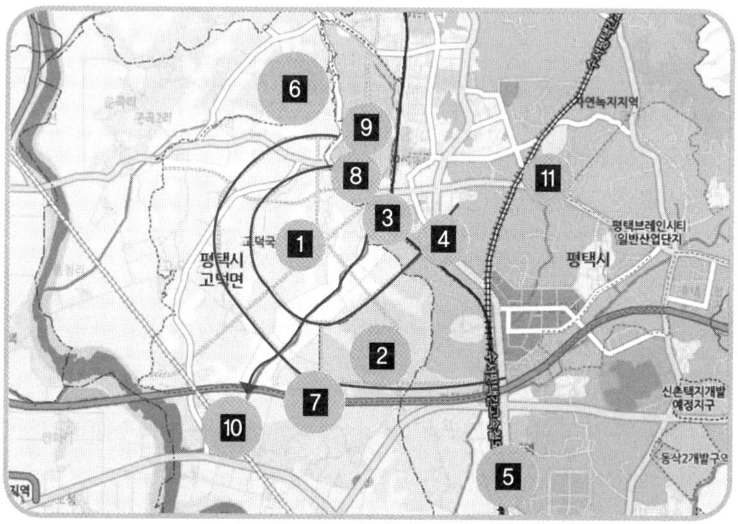

1.고덕국제화 신도시 2.삼성산업단지 3.서정리역 주변(단기) 4.장당삼거리(투자 거점) 5.지제역 주변(중기) 6.당현리(장기) 7.신설나들목 8.순환도로1(단기개발 축) 9.순환도로2(장기개발 축) 10.내당수(서정리천) 11.KTX 수서발 노선

다. 고부가가치를 창출할 수 있는 반도체 및 신수종사산업시설이 들어서 근로자 3만 명이 근무하게 된다.

3번 서정리역 주변은 기존 낙후된 시설로 상권이 형성되어 있으며 도시정비사업을 통하여 재정비가 필요한 지역이다. 서정리역에서 지제역까지 약 4.5km 구간을 KTX 구간으로 설정하는 계획이 진행되고 있으며, 이 구간에 도심이 형성될 경우 새로운 신설 역세권이 들어갈 수 있는 가능성이 있어 보인다. 서정리 주변의 미개발 공지가 삼성산업단지 조성 시 가장 큰 파급력이 미치는 곳이라 할 수 있다.

4번은 장당삼거리로 투자 핵심지역이라고 할 수 있다. 5번은 KTX 지제역, 8번은 제1 순환선, 9번은 제2 순환선으로 제1 순환선과 방사형 도로의 결절점, 제2 순환선과 방사형 도로의 결절점이 바로 업무와 상업지역이 형성된다. 따라서 고덕국제화신도시의 개발

고덕산업단지 및 고덕국제화신도시 주변 신설 예정 도로망(출처 | 경기도청 보도자료)

신설 예정 도로망

구분	조기개설 사업명	사업개요			시행시기	
		연장(㎞)	차로수	사업비(억원)	변경전	변경후
1	산업단지~국도38호선 신설	1.6	6	848	2018	2015
2	산업단지~국도1호선 신설 (국제화지구~동부우회도로중 일부 구간)	0.5	4	195	2018	2015
3	평택–음성고속도로 IC 신설	1식	–	511	2018	2015
4	산업단지~국도1호선, 지제역연결도로 신설	3.6	4~6	1,384	2018	2015
5	국도38호선 확장사업 (오성IC~지방도315호선 연결)	6.4	4~6	3,003	2018	2015
	소계	12.1	–	5,941	–	–

축은 1, 2순환선에 형성되며 투자도 개발 축을 따라서 고려해야 한다. 고덕국제화신도시의 풍수적 요소로는 진위천과 안성천 2개의 외당수가 합수되어 서해로 흘러가는 지점에 위치하고 있으며 서정리천을 중심 내당수로 삼고 있다.

평택시의 도시개발과 도시공간구조 분석에 따른 투자 전략

부동산 투자에 있어 도시개발의 방향을 살펴보는 것은 투자명당을 찾는 데 매우 중요하다. 도시는 새로운 산업단지 입지와 인구증가 등 도시가 성장함에 따라 도시공간의 변화를 가져온다. 도시공간구조는 도시의 성장 축과 방향을 설정하여 토지이용에 관한 관리방침을 제시하고 있기 때문에 부동산 투자에 있어 도시공간구조 분석은 필수이다. 현재 개발되고 있는 자족형 신도시 중 가장 활발하게 진행되고 있는 평택시의 도시공간구조를 분석해보면 평택시청이 있는 구도심은 격자형 도로망을 가진 전형적인 주거 중심 신도시로서 산업과 주거단지가 분리된 도시로 개발되었다. 평택은 기성 시가지에 대한 재정비촉진사업을 통한 도시재생과 소사벌택지지구, 용이택지지구 등을 중심으로 한 신주거지를 개발하고 있다.

평택시는 최근 삼성산업단지 조성과 고덕국제화신도시개발로 도시공간구조가 변화하고 있다. 고덕국제화신도시는 산업 기능과 주거 기능이 복합된 자족도시로 개발되고 있으며 방사환상형 도로망 구조를 가지고 있다. 또 평택시의 미래 도심으로 도시공간구조를 설정하고 있기 때문에 기성 시가지 투자보다는 신도심이 형성되는 곳에서 투자지역을 찾아야 한다.

평택의 도시공간구조

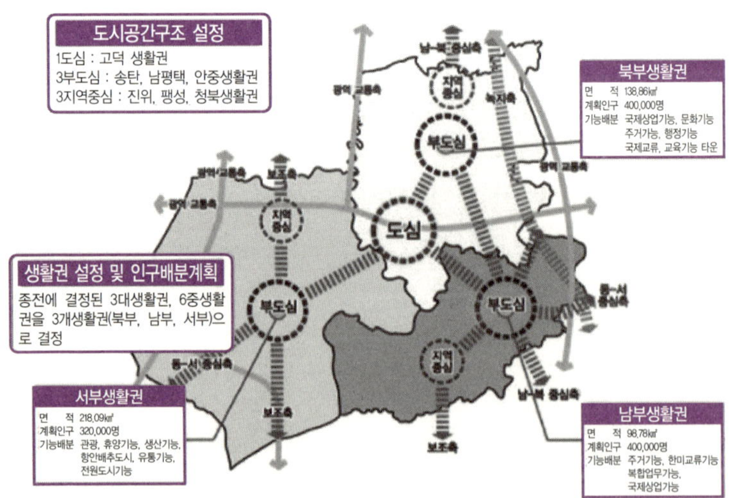

평택시 도로망 구조와 도시공간 설정

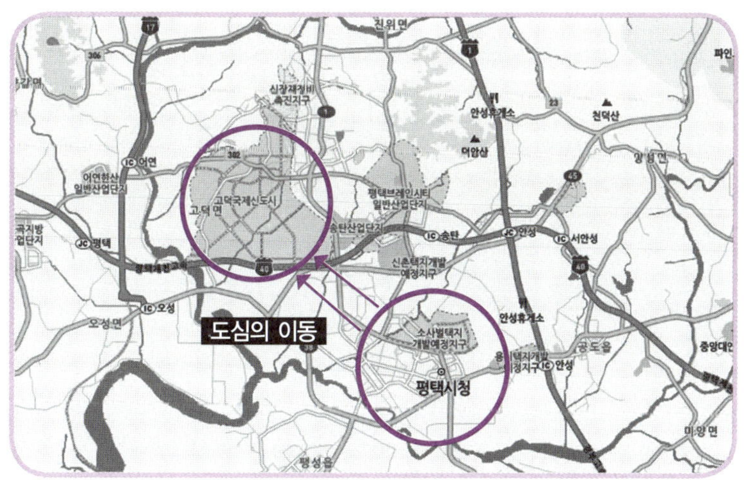

　　평택의 도시공간구조는 고덕생활권을 중심으로 한 1도심과 송탄, 남평택, 안중생활권을 부도심으로 진위, 팽성, 청북생활권의 3지역 중심으로 설정하고 있다. 따라서 평택 투자지역은 향후 도심생활권이 형성되는 고덕생활권을 중심으로 투자지역을 선정하는 것이 좋다.

03
토지 투자, 부동산 공법을
알아야 한다

토지 투자에 관한 공부는 부동산 공법에 관한 공부라 해도 과
언이 아니다. 우리나라 법률 중에서 토지규제와 관련된 법률은 약
100여 개가 넘을 정도로 많이 있다. 개별법을 전부 다 알 수는 없기
때문에 공법의 일반적인 적용 원칙과 토지 관련 중요 법률을 중심
으로 이해를 하고 있으면 된다. 법은 일반법과 특별법이 있는 경우
특별법우선주의가 부동산 공법에도 적용되며 동일한 토지에 여러
가지 규제가 중복되어 있는 경우 가장 강한 규제가 우선 적용된다.
토지의 이용과 관리 및 규제에 관한 일반법으로 전국 모든 토지에
적용되는 기본법인 국토의 계획 및 이용에 관한 법률이 있다. 이 법
에는 전국의 토지를 도시지역, 관리지역, 농림지역, 자연환경보전지
역 4개 용도지역으로 나누고 이용과 개발에 관한 일반적인 규제사
항을 규정해놓고 있다.

그러나 수도권(서울, 경기, 인천)을 대상으로 하는 지역에는 수도

권정비계획법이 있어 국토의 계획 및 이용에 관한 법에 우선 적용된다. 또 군사시설보호법에 적용되는 토지가 있다면 이곳 역시 수도권정비계획법에 우선하여 군사시설보호법이 우선 적용된다. 즉 군사시설보호법→수도권정비계획법→국토의 계획 및 이용에 관한 법률의 순서로 적용된다. 중복규제가 있는 경우에는 모두 다 적용되기 때문에 관련법 규제에 대한 부분을 모두 충족시켜야 개발행위를 할 수 있다. 특히 용도지역 변경을 예정하고 투자하는 도시지역의 미개발 공지와 달리, 도심 외곽의 비도시지역 투자는 보다 철저한 공법적 검토가 필요하다.

부동산을 개발하기 위해서는 부동산 법률만 파악해서는 되는 것이 아니라 시행령과 시행규칙, 지방자치단체의 조례도 함께 검토해야 한다. 예를 들면 임야를 산지전용을 통하여 전원주택으로 개발할 경우 경사도에 관한 기준을 살펴보면 '산지관리법시행령'의 산지전용허가기준은 "전용하고자 하는 산지의 평균 경사도가 25도로 '체육시설의 설치·이용에 관한 법률'에 의한 스키장업의 시설을 설치하는 경우 또는 '광업'에 의한 채광인 경우에는 평균 경사도 35도 이하일 것"이라고 규정하고 있어 산지전용 예정지의 평균 경사도가 25도 이상인 경우 특별한 경우 35 이상인 경우에는 산지전용이 허용되지 않는 것이 일반적이다.

이는 경사도가 25도 이하이면 산지전용허가가 허용된다고 오해할 수 있다. 하지만 지방자치단체의 조례로 상한선을 정하는 경우(경사도 20도 이하, 18도 이하 등)가 많음으로 개발행위 허가를 얻기 위해서는 조례의 기준이 우선 적용된다. 그럼으로 토지규제 관련 법률과 더불어 시행세칙과 조례도 함께 파악하고 있어야 한다.

이처럼 토지에는 여러 가지 규제가 복합적으로 존재하기 때문에 투자의 어려움이 있으며, 특히 토지 관련 법률을 이해하지 못하면 투자 판단을 하기가 쉽지 않으며 토지 투자에 있어서 용도지역, 지목 등에 관한 개념 정도는 알아두는 것이 좋다.

용도지역

용도지역이란 국토의 계획 및 이용에 관한 법률에서 국토를 토지의 이용실태 및 특성, 장래의 토지이용 방향 등을 고려하여 도시지역, 관리지역, 농림지역, 자연환경보전지역의 4종류로 나누고 또 21개의 세부용도로 나누어 건축물의 건폐율과 용적률, 건축할 수 있는 건축물의 종류 등을 규제하고 있다. 그럼으로 용도지역은 토지의 현재의 가치와 미래의 가치를 판단할 수 있는 기준이 되기 때문에 용도지역에 대한 정확한 이해가 필요하다.

토지 투자의 최고수익을 올릴 수 있는 곳이 바로 용도변경이 예정된 지역이라 할 수 있다. 용도지역은 국토교통부장관, 시, 도지사또는 대도시 시장이 필요에 따라 도시, 군관리계획으로 지정 또는 변경한다. 도시관리 계획은 도시기본계획과 달리 사전에 공개되지 않는다,

토지 투자의 성공요소 중 하나가 바로 정보력이라고 할 수 있

다. 예를 들어 누가 빨리 도시관리계획에 관한 내용을 접할 수 있느냐에 따라 투자의 성패가 갈린다고 할 수 있다.

용도지역에 따른 투자 방향 분석

도시지역이란 도심에 위치한 토지를 의미하는 것이 아니라 용도지역상 도시지역에 속하는 토지를 말한다. 그 형태가 임야, 전, 답 등 지목에 관계없이 용도지역상 도시지역에 속하는 부동산을 말한다. 용도지역상 도시지역은 주거지역, 공업지역, 상업지역, 녹지지역으로 세부적으로 나눠진다. 용도지역은 도시개발의 필요에 따라 변경이 가능한데 농림지역이나 관리지역이 도시지역으로 변경되는 경우와 도시지역 내에서 변경되는 경우 예를 들면 녹지지역이 주거지역으로 주거지역이 상업지역으로 변경되는 경우가 있다.

이러한 용도변경의 경우에는 엄청난 지가 상승을 가져옴으로 도시지역 투자의 핵심은 용도지역의 변경 가능성에 1차적인 관심을 가져야 한다. 용도지역 변경의 의미는 건축할 수 있는 건축물의 종류와 용적률, 건폐율에 영향을 미침으로 토지의 효율성이 증가한 만큼 지가 상승을 가져온다고 보면 된다.

어느 한 지역에 지목은 전이며, 용도지역은 농림지역 중 농업진흥지역으로 경지정리가 잘 되어 농업경영에 이용되고 있었다. 이곳에 전철 역세권이 입지하게 된다면 역세권개발의 방향에 따라 상업지역, 주거지역, 녹지지역, 공업지역 중 하나로 용도가 변경될 것이다.

농림지역일 경우에는 농업생산으로만 이용되어야 하지만 도시지역으로 용도변경이 됨과 동시에 용도지역에 맞는 개발을 할 수 있게 된다. 그럼으로 땅의 형태나 위치는 변함이 없어도 용도지역 변경만으로도 그 가치는 엄청난 변화를 가져온다고 볼 수 있다.

• 주거지역은 제1종 전용주거지역, 제2종 전용주거지역, 제1종 일반주거지역, 제2종 일반주거지역, 제3종 일반주거지역, 준주거지역으로 세분되며, 일반주거지역과 준주거지역이 개발 탄력성과 용도변경가능성이 많아 주거지역의 투자 대상으로서 검토해볼 만하다.

준주거지역은 상업지역과 주거지역의 경계선에 위치하게 되는데 대부분 거점(대형 교차로나 역세권)과 거점을 연결하는 중심도로를 기준으로 상업지역과 준주거지역으로 구분된다. 준주거지역에는 오피스, 판매시설 등이 건축되며 제3종 일반주거지역과 제2종 일반주거지역에는 아파트 등이 주로 입지한다.

• 공업지역은 전용공업지역, 일반공업지역, 준공업지역으로 세분되는데 준공업지역이 활용도가 높다. 공업지역은 도시재생이 필요한 노후된 공업지역에 신설되는 역세권이나 미개발 공지를 중심으로 투자지역을 선정해야 한다. 과거의 공업지역은 도심 외곽에 있었으나 도시가 팽창함에 따라 도심의 위치에 있게 됨에 따라 벤처, 지식정보산업단지, 호텔부지 등으로 변화를 가져올 수 있는 지역을

중심으로 투자해야 한다.

• 상업지역은 중심상업지역, 일반상업지역, 근린상업지역, 유통상업지역으로 세분할 수 있는데 토지로서의 시세차익이나 상승 가치는 이미 최대한의 가치가 결정되어 있음으로 건축물개발이나 리모델링을 통한 수익 창출이 필요한 지역으로 개발된 상업지역의 토지는 시세차익을 목적으로 한 투자 가치로서는 떨어진다고 볼 수 있다. 하지만 미개발 상업지역은 개발 잠재력과 도시의 발전 정도에 따라 지속적인 상승 가치를 가진 지역이라고 할 수 있다. 도시지역 최고의 투자 가치 지역은 상업지역으로 용도변경이 가능한 지역을 찾는 것이라 할 수 있다.

• 녹지지역이란 자연환경, 농지 및 산림의 보호, 보건위생, 보안과 도시의 무질서한 확산을 방지하기 위하여 녹지의 보전이 필요한 지역으로서 국토의 계획 및 이용에 관한 법률에 따라 도시관리계획으로 결정, 고시된 지역을 말한다.

자연녹지지역은 도시의 녹지공간 확보, 도시확산 방지, 장래 도시 용지 공급을 위해 보전이 필요한 지역으로 불가피한 경우 제한적인 개발이 가능한 지역과 보전녹지와 연계하여 녹지의 보전이 필요한 지역, 자연·산림·녹지의 풍치와 건전한 도시환경을 유지하기 위하여 필요한 지역을 대상으로 지정한다.

보전녹지지역은 도시의 자연환경·경관·산림 및 녹지공간을 보전하는 지역, 역사적, 문화적 보전 가치가 있는 지역과 풍치 및 경관이 양호한 지역 그리고 무질서한 시가화 방지, 생태계보전을 위해 차단지대, 완충지대로 기능이 있는 지역을 대상으로 지정한다. 생산녹지지역은 주로 농업생산을 위해 개발을 유보하는 지역, 농업진흥지역, 시가화 또는 개발을 엄격히 규제할 필요가 있는 농지, 농지가 집단화되어 있거나 경지정리가 되어 있는 지역을 대상으로 지정한다.

자연녹지지역은 개발 가능성이 높고 생산녹지는 개발이 유보되어 있는 유보지로 보면 되며 보전녹지는 보전에 중점을 두고 있다고 보면 되는데 자연녹지와 생산녹지는 용도지역을 변경을 통한 개발지로 편입되는 경우가 많아 투자지역으로 선호하고 있다. 보전녹지의 경우에는 주로 녹지공간으로 활용될 가능성이 많아 개발 동선에 포함되지 않은 경우에는 투자에 주의를 요한다고 볼 수 있다. 자연녹지지역은 4층 이하의 단독주택, 제1종 근린시설, 제2종 근린시설과 종합병원 등을 제외한 의료시설, 관광휴게시설을 건축할 수 있다.

주의해야 할 점은 간혹 녹지지역과 녹지를 혼동하는 경우가 있는데 녹지지역과 녹지는 구분해야 한다. 녹지라 함은 '국토의 계획 및 이용에 관한 법률 규정'에 의한 녹지로서 도시지역 안에서 도시의 자연환경을 보전하거나 개선하고 공해나 재해를 방지하여 양호한 도시경관의 향상을 도모하기 위하여 도시관리계획으로 결정된 것을 말하며, 국토의 계획 및 이용에 관한 법률에 규정된 용도지역인 녹지지역(자연녹지, 생산녹지, 보전녹지)과는 다른 개념이다.

녹지는 '도시공원 및 녹지 등에 관한 법률'에 의하여 완충녹지, 경관녹지, 연결녹지로 세분하고 있다. 완충녹지란 대기오염, 소음, 진동, 악취 기타 이에 준하는 공해와 각종 사고나 자연재해 기타 이에 준하는 재해 등의 방지를 위하여 설치하는 녹지를 말하는데 일반적으로 택지개발지역이나 간선도로, 철도 주변에서 볼 수 있다.

완충녹지는 주로 주거지역이나 상업지역 등을 분리시킬 목적으로 두 지역 사이에 설치되거나, 서로 기능상의 마찰을 일으킬 수 있는 지역에 설치된다. 완충녹지로 지정되면 완충녹지 안에 진입로 등 건축법상 도로개설이 불가능하여 완충녹지 밖의 건축 행위도 제한받게 된다. 도로와 연결하는 부분이 완충녹지로 가로막혀 있고 다른 방향으로 도로를 개설할 수 없다면 건축 허가를 득할 수 없는 맹지상태가 되어 경제성이 떨어진다. 그럼으로 토지와 도로와의 거리 접근성도 중요하지만 완충녹지의 존재 여부가 더 중요하다.

경관녹지란 도시의 자연적 환경을 보전하거나 이를 개선하고 이미 자연이 훼손된 지역을 복원·개선함으로써 도시경관을 향상하기 위하여 설치하는 녹지를 말한다. 주로 지방의 도로 주변에 경관이나 도로에서 발생하는 소음을 주변의 생활권과 차단하기 위하여 도로를 따라서 3~5m 정도의 띠 모양으로 경관녹지를 설치하는데, 경관녹지에 해당하는 부분은 건축 행위는 불과하지만 점용 허가를 통한 도로개설은 가능할 수 있다. 연결녹지란 도시안의 공원·하천·산지 등을 유기적으로 연결하고 도시민에게 산책공간의 역할을 하는 등 여가휴식을 제공하는 선형의 녹지를 말한다.

용도지역 중 도시지역이나 관리지역이 세분화되지 않는 곳이 있는데 도시지역의 경우에는 보전녹지지역으로 관리지역은 보전관리지역에 관한 규정을 적용하도록 하고 있다. 또 도시지역, 관리지역, 농림지역, 자연환경보전지역으로 분류되지 않은 지역은 자연환경보전지역에 관한 규정을 적용하도록 하고 있다. 자연녹지의 투자가치성을 살펴보면 도시지역에 속하며 도시가 팽창함에 따라 주거지역 등으로 용도 변경이 가능한 지역으로 용도변경에 따른 시세차익을 기대할 수 있다. 그리고 전원주택이나 음식점 등으로 개발이 용이하여 개발이익을 확보할 수 있는 장점이 있다. 도시지역에 속하면서 지가가 비교적 저렴하여 큰 지가 상승폭을 기대할 수 있는 용도지역으로서 도시지역에서 시세차익을 위한 투자 목적의 투자 1순위라 할 수 있다.

Q&A

질문 | 밭으로 이용되고 있는 자연녹지의 땅에는 어떤 건축물을 지을 수 있나요?

자연녹지는 용도지역상 도시지역에 속하며 비교적 개발이 쉬운 곳이라고 할 수 있습니다. 밭으로 이용되고 있으면 일반적으로 지목은 전에 속하며 실질적으로 경작을 하고 있음으로 농지에 속합니다. 도시지역의 자연녹지는 개발행위 허가를 통하여 개발할 수 있으며, 자연녹지에 건축할 수 있는 건축물의 종류로는 4층 이하의 단독주택, 아파트를 제외한 공동주택, 제종 근린생활시설, 관광휴게시설과 일정한 요건을 갖출 경우 공장도 가능합니다.

철도/도로변 완충녹지

구분				확보 기준
철도변				30m 이상 녹화 면직률 : 80% 이상
고속국도변 완충녹지대	주거단지+완충녹지+도로			50m 이상
	주거단지+완충녹지(마운딩)+도로			30m 이상
	주거단지+완충녹지(마운딩+방음벽)+도로			20m 이상
간선도로변 완충녹지대	8차선 (28m 이상)	주거단지+완충녹지+도로		40m 이상
		주거단지+완충녹지(마운딩)+도로		20m 이상
		주거단지+완충녹지(마운딩+방음벽)+도로		15m 이상
	6차선 (21m 이상)	주거단지+완충녹지+도로		30m 이상
		주거단지+완충녹지(마운딩)+도로		10m 이상
도로변 완충녹지 설치의 적정성	학교용지와 도로변 사이의 완충녹지대 확보의 적정성	8차선 (28m 이상)	학교용지+완충녹지+도로	40~60m
			학교용지+완충녹지(마운딩)+도로	20~40m
			학교용지+완충녹지(마운딩+방음벽)+도로	15~30m
		6차선 (21m 이상)	학교용지+완충녹지+도로	30~50m
			학교용지+완충녹지(마운딩)+도로	10~15m
		4차선 (14m 이상)	학교용지+완충녹지+도로	20~40m
			학교용지+완충녹지(마운딩)+도로	10~15m
용도지역 간 완충녹 지 설치의 적정성	주택용지와 공장용지 사이 완충녹지 확보의 적정성	330만㎡ 이상		50~100m
		330만㎡ 이하		30~50m
	학교용지와 주거용지 사이 완충녹지 확보의 적정성			10~20m
	차폐식재의 적정성 (다층적 수림구조, 녹화율)	녹화면적율		70~90%
		수림구조		교목 위주 (상록, 낙엽) 관목+중목+ 교목+상록
	혐오시설에 대한 완충녹 지대 확보의 적정성(하수 처리장, 폐기물처리장 등)	녹지대		30~50m
		이격거리		50~200m
		녹지율		55~75%

출처 | 국토교통부 보도자료

자연녹지의 건폐율은 20%, 용적률은 50~100% 이며 해당 지자체별로 차이가 있음으로 해당 지자체의 조례와 담당부서에 확인해야 한다.

하천변 양안의 완충녹지

구분	확보 기준
주요 하천변 양안에 대한 녹지대 확보의 적정성	10~30m

신도시가 개발되는 지역의 계획도로나 철로 주변 투자는 최소 30~50m 정도 떨어진 곳을 중심으로 투자지역을 선정하는 것이 좋다.

철로 주변의 완충녹지에 저촉된 토지

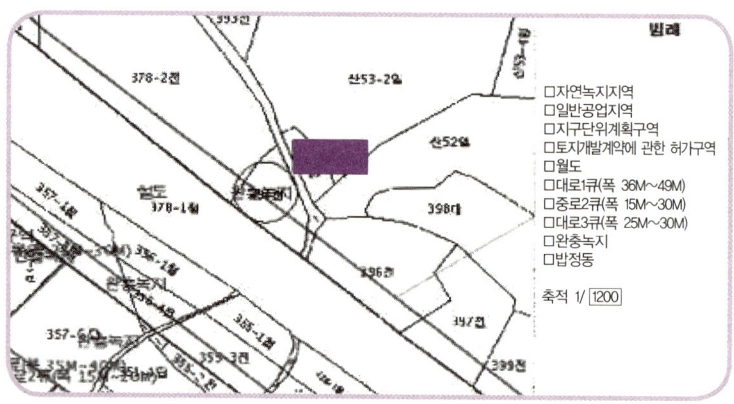

철로 주변의 토지는 반드시 토지이용확인서의 확인도면을 통하여 완충녹지 저촉 여부를 판단하여 투자 결정을 내려야 한다. 완충녹지에 저촉된 토지는 활용도가 떨어진다.

관리지역 투자와 활용방법

도시지역의 인구와 산업을 수용하기 위하여 도시지역에 준하여 체계적으로 관리하거나 농림업의 진흥, 자연환경 또는 산림의 보전을 위하여 농림지역 또는 자연환경보전지역에 준하여 관리할 필요가 있는 지역으로서 보전관리지역, 생산관리지역, 계획관리지역으로 세분된다. 관리지역이지만 세분화되지 않은 지역은 보전관리지역의 규정을 준용하고 있다.

•보전관리지역은 자연환경 보호, 산림보호, 수질오염 방지, 녹지 공간 확보 및 생태계 보전 등을 위하여 보전이 필요하나, 주변 용도지역과의 관계 등을 고려할 때 자연환경보전지역으로 지정하여 관리하기가 곤란한 지역을 말한다. 생산관리지역은 농업·임업·어업 생산 등을 위하여 관리가 필요하나, 주변 용도지역과의 관계 등을 고려할 때 농림지역으로 지정하여 관리하기가 곤란한 지역을 말한다.

•계획관리지역은 도시지역으로의 편입이 예상되는 지역이나 자연환경을 고려하여 제한적인 이용·개발을 하려는 지역, 계획적·체계적인 관리가 필요한 지역으로서 관리지역 중 개발의 범위와 활용도가 가장 많은 지역으로서 제일 좋은 투자 대상이라고 할 수 있다.

Q&A

질문 | 50대 중반의 부부입니다. 직장을 퇴직하고 귀농을 하여 농사와 함께 펜션을 운영하고자 합니다. 얼마 전 경치도 좋고 가격도 저렴한 임야가 있어 구입하려고 합니다. 토지이용확인서에는 생산관리지역이라고 나와 있는데 펜션건축이 가능한가요?
생산관리지역의 건폐율은 20%, 용적률은 50~80%이며 지방자치단체마다 조금씩 차이가 날 수 있습니다. 펜션은 농어촌정비법에 따른 민박사업으로 단독주택, 다가구주택을 민박으로 할 수 있습니다(다가구주택과 다세대주택은 구별) 펜션은 숙박업으로 등록하는 것이 아니라 민박으로 지정받아 운영해야 유리합니다.

민박업으로 등록할 수 있는 면적은 230㎡로 규정되어 있기 때문에 면적이 큰 경우에는 필지를 분할하여 사업을 진행해야 하며, 규모가 큰 경우에는 숙박업으로 등록하여 운영하여야 하는데 숙박업은 계획관리지역과 상업지역에만 지을 수 있음으로 생산관리지역에서는 소규모의 펜션은 가능하나 큰 규모의 펜션(숙박업)은 불가하다고 볼 수 있습니다.

개발은 산지전용허가를 얻어서 진행해야 하며 건축행위의 필수적인 조건인 진입도로 여부를 확인해야 합니다. 현장에서 보면 도로가 있지만 지적도상에 도로가 표시되어 있지 않으면 도로로서 인정받기 어렵기 때문에 지적도상에 없는 현황도로가 있다면 소유자에게 토지사용승낙서나 진입도로를 위하여 토지를 매입해야 합니다. 만약 진입로가 없는 맹지이지만 구거(도랑)이 있다면 구거점용허가를 얻어 진입도로를 개설할 수도 있습니다.

질문 | 계획관리지역에 전원주택 건축이 가능한가요?

계획관리지역은 도시의 팽창으로 인한 도시지역으로의 용도 변경 가능성이 관리지역 중 가장 높으며 개발의 범위가 가장 넓은 용도지역이라 할 수 있습니다.

계획관리지역은 비도시지역의 용도지역 중 최고의 투자지역이라 할 수 있는데 계획관리지역에서는 4층 이하의 건축물을 건축할 수 있으며, 건축할 수 있는 건축물의 종류를 살펴보면 단독주택, 아파트를 제외한 공동주택, 숙박시설(660㎡ 이하, 3층 이하) 등이 있습니다.

전원주택이나 펜션부지와 도심외곽의 모텔은 대부분 계획관리지역에서 개발되며 임야는 산지전용, 농지는 농지전용절차를 거쳐서 개발할 수 있습니다.

질문 | 자연녹지지역과 계획관리지역 중 어느 곳이 투자 가치가 있나요?

자연녹지지역은 도시지역 중 녹지지역의 하나로서 도시의 녹지공간 확보, 도시확산 방지, 장래 도시용지 공급 등을 위하여 보전할 필요가 있는 지역으로서 불가피한 경우에 한하여 제한적인 개발이 허용되는 지역이라고 규정하고 있습니다. 계획관리지역은 비도시지역으로서 계획관리지역이란 도시지역으로 편입이 예상되는 지역 또는 자연환경을 고려하여 제한적인 이용·개발을 하려는 지역으로 계획적·체계적인 관리가 필요한 지역을 말합니다.

자연녹지와 계획관리지역은 위치적으로 도심외곽지역에 분포하여 도시가 팽창함에 따라 개발이 필요한 지역에 위치하여 택지지구, 산업단지 조성, 행정타운 건설, 역세권개발 등을 위한 지구단위계획 수립이나 도시계획상 시가화 예정용지로 지정될 가능성이 매우 큽니다. 자연녹지와 계획관리지역에서는 개발 행위의 허용 범위가 비슷하여 어느 지역이 더 좋다고 말할 수는 없습니다. 대규모 개발이 아니라 개인적인 개발을 위한 경우라면 건폐율의 범위가 넓은 관리지역이 유리하다고 할 수 있습니다.

용도지역	건폐율(%)	용적률(%)
계획관리지역	40	50~100
자연녹지지역	20	50~100

농림지역, 자연환경 보전지역에서의 투자 방향

농림지역과 자연환경보전지역은 개발보다는 보전과 생산에 목적을 둔 용도지역으로 개발의 범위와 행위 제한이 많아 개발 목적의 활용도가 떨어지는 지역이라 할 수 있다. 하지만 현대에서는 친환경 농업경영, 수목원 조성, 약초재배 등과 같이 토지 본래의 용도로 사용해도 큰 수익을 올릴 수 있어 이들 지역에 대한 가치도 높아지고 있다.

토지 투자 목적이 곧 개발을 통한 수익 창출만은 아니기 때문에 귀농을 위한 준비나 친환경 고소득 농업생산을 위한 토지로서 활용한다며 큰 수익을 올릴 수 있다.

농림지역과 자연환경보전지역의 장점은 가격이 저렴하여 적은 자금으로 큰 면적을 매입할 수 있는 장점이 있으며, 약초재배를 통하여 큰 수익을 올릴 수 있다(정선의 약초마을, 생태공원 조성). 농림지역의 건폐율은 20%, 용적률은 50~80%이며, 자연환경보전지역의 건폐율은 20% 용적률은 50~80%이다. 농림지역에 건축할 수 있는 건축물로는 단독주택으로 현저한 자연훼손을 가져오지 않는 범위 안에서 건축하는 농어가 주택, 교육연구시설, 중·초등학교, 동물 및 식물 관련 시설 중 버섯재배사, 종묘배양시설, 화초 및 분재 등의 온실, 발전시설 등을 건축할 수 있다.

농림지역 토지의 활용은 버섯재배사를 건축하여 활용하고 지붕은 태양광 발전시설을 설치하여 발전사업으로 고정적인 수익을 확보할 수 있는 방법이 있다. 이처럼 농림지역이라 하더라도 다양하게 활용할 수 있는 방법이 있다.

자연환경보전지역은 용도지역 중 보존에 중점을 둔 용도지역으로서 개발의 범위가 가장 좁아 활용도가 떨어지고 용도 변경도 거의 힘든 지역이라고 할 수 있다.

자연환경보전지역에서의 건축할 수 있는 건축물로는 단독주택으로 현저한 자연훼손을 가져오지 않는 범위 안에서 건축하는 농어가주택, 교육연구시설 중 초등학교, 묘지 관련 시설 등이 있으며 자연환경보전지역에는 약초재배 등과 같이 토지 본래의 기능을 활용하여 수익을 창출할 수 있는 방법을 찾아볼 필요가 있다. 자연환경보전지역은 개발이익을 목적으로 하는 투자 가치는 거의 불가능함으로 피하는 것이 좋다.

용도지구

용도지구란 용도지역의 제한을 강화 또는 완화하여 용도지역의 기능을 증진시키고 미관·경관·안전 등을 도모하기 위해 국토교통부장관, 시·도지사 또는 대도시 시장이 도시·군관리계획으로 결정하는 지역을 말한다. 용도지구는 중복 지정될 수 있다.

용도지구의 종류는 다음과 같다.

•경관지구: 경관을 보호·형성하기 위하여 필요한 지구

가. 자연경관지구: 산지·구릉지 등 자연경관의 보호 또는 도시의 자연풍치를 유지하기 위하여 필요한 지구

나. 수변경관지구: 지역 내 주요 수계의 수변 자연경관을 보호·유지하기 위하여 필요한 지구

다. 시가지경관지구: 주거지역의 양호한 환경 조성과 시가지의 도시경관을 보호하기 위하여 필요한 지구

•미관지구: 미관을 유지하기 위하여 필요한 지구

가. 중심지미관지구: 토지의 이용도가 높은 지역의 미관을 유지·관리하기 위하여 필요한 지구

나. 역사문화미관지구: 문화재와 문화적으로 보존 가치가 큰 건축물 등의 미관을 유지·관리하기 위하여 필요한 지구

다. 일반미관지구: 중심지미관지구 및 역사문화미관지구 외의 지역으로서 미관을 유지·관리하기 위하여 필요한 지구

•고도지구: 쾌적한 환경 조성 및 토지의 효율적 이용을 위하여 건축물 높이의 최저 한도 또는 최고 한도를 규제할 필요가 있는 지구

가. 최고 고도지구: 환경과 경관을 보호하고 과밀을 방지하기 위하여 건축물 높이의 최고 한도를 정할 필요가 있는 지구

나. 최저 고도지구: 토지이용을 고도화하고 경관을 보호하기 위하여 건축물 높이의 최저 한도를 정할 필요가 있는 지구

•방화지구: 화재의 위험을 예방하기 위하여 필요한 지구

•방재지구: 풍수해, 산사태, 지반의 붕괴, 그 밖의 재해를 예방하기 위하여 필요한 지구

•보존지구: 문화재, 중요 시설물 및 문화적·생태적으로 보존 가치가

큰 지역의 보호와 보존을 위하여 필요한 지구

가. 역사문화환경보존지구: 문화재·전통사찰 등 역사·문화적
으로 보존 가치가 큰 시설 및 지역의 보호와 보존을 위하여 필
요한 지구

나. 중요시설물보존지구: 국방상 또는 안보상 중요한 시설물의
보호와 보존을 위하여 필요한 지구

다. 생태계보존지구: 야생동·식물 서식처 등 생태적으로 보존
가치가 큰 지역의 보호와 보존을 위하여 필요한 지구

•시설보호지구: 학교시설·공용시설·항만 또는 공항의 보호, 업무 기
능의 효율화, 항공기의 안전운항 등을 위하여 필요한 지구

가. 학교시설보호지구: 학교의 교육환경을 보호·유지하기 위
하여 필요한 지구

나. 공용시설보호지구: 공용시설을 보호하고 공공 업무 기능을
효율화하기 위하여 필요한 지구

다. 항만시설보호지구: 항만 기능을 효율화하고 항만시설을 관
리·운영하기 위하여 필요한 지구

라. 공항시설보호지구: 공항시설의 보호와 항공기의 안전운항
을 위하여 필요한 지구

•취락지구: 녹지지역·관리지역·농림지역·자연환경보전지역·개발제

한구역 또는 도시자연공원구역의 취락을 정비하기 위한 지구

가. 자연취락지구: 녹지지역·관리지역·농림지역 또는 자연환경보전지역 안의 취락을 정비하기 위하여 필요한 지구

나. 집단취락지구: 개발제한구역 안의 취락을 정비하기 위하여 필요한 지구

•개발진흥지구: 주거 기능·상업 기능·공업 기능·유통물류 기능·관광 기능·휴양 기능 등을 집중적으로 개발·정비할 필요가 있는 지구

가. 주거개발진흥지구: 주거 기능을 중심으로 개발·정비할 필요가 있는 지구

나. 산업·유통개발진흥지구: 공업 기능 및 유통·물류 기능을 중심으로 개발·정비할 필요가 있는 지구

라. 관광·휴양개발진흥지구: 관광·휴양 기능을 중심으로 개발·정비할 필요가 있는 지구

마. 복합개발진흥지구: 주거기능, 공업기능, 유통·물류 기능 및 관광·휴양 기능중 두 가지 이상의 기능을 중심으로 개발·정비할 필요가 있는 지구

바. 특정개발진흥지구: 주거 기능, 공업 기능, 유통·물류 기능 및 관광·휴양 기능 외의 기능을 중심으로 특정한 목적을 위하여 개발·정비할 필요가 있는 지구

•특정용도제한지구: 주거 기능 보호나 청소년 보호 등의 목적으로 청소년 유해시설 등 특정 시설의 입지를 제한할 필요가 있는 지구

용도구역

용도구역이란 토지의 이용과 건축물의 용도·건폐율·용적률·높이 등에 대한 용도지역 및 용도지구의 제한을 강화 또는 완화하기 위해 따로 정함으로써 시가지의 무질서한 확산 방지, 계획적이고 단계적인 토지이용 도모, 토지이용의 종합적 조정·관리 등을 위하여 도시·군관리 계획으로 결정하는 지역을 말한다. 용도구역은 개발제한구역, 시가화 조정구역, 도시자연공원구역, 수산자원보호구역으로 구분한다(국토의 계획 및 이용에 관한 법률 2조).

개발제한구역이란 도시의 무질서한 확산 방지와 주변 환경보전 목적으로 공익적 보전성이 강하여 토지의 1차적인 이용만 가능한 지역을 말한다. 우리가 흔히 말하는 그린벨트 지역으로 최소한의 증개축만 허용되고 농어가주택 신축은 불가능 하는 등 개발 제한이 가장 심한 곳이라 할 수 있다.

개발제한구역(그린벨트) 투자 전략

박근혜 정부에서는 불필요한 규제를 해제하고 효율적인 국토개발을 위하여 개발의 장애물이 되었던 개발제한구역(그린벨트, GB)

에 대한 환경평가를 실시하고 있다.

환경평가 항목으로 표고, 경사도, 식물분포상, 농업 및 임업 적성도, 수질 등을 검토하여 보전 가치를 1~5등급으로 구분하고 있다. 해제대상은 주로 3~5등급이라 할 수 있다. 환경평가의 주요 항목으로는 표고나 경사도, 임업 적성도의 변화가 미미하지만 수질, 농업 적성도, 식물분포상의 변화가 많기 때문에 농지에 대한 그린벨트 해제가 주를 이룰 것으로 예상된다.

그린벨트 해제의 목적은 보전적 기능이 불필요한 지역을 해제하여 도시첨단산업단지의 부지 확보, 임대주택부지 등으로 활용하기 위해서이다. 국토교통부에서는 전국에 11개밖에 없는 도시첨단산업단지를 2014~2015년까지 9곳을 추가로 지정할 예정이다. 이중에서 4곳은 그린벨트 해제지역을 중심으로 지정할 것으로 예정되어 있다. 이를 바탕으로 그린벨트 투자는 도시첨단산업단지가 조성되는 지역을 중심으로 살펴봐야 한다. 그린벨트를 대규모로 해제한 정부는 바로 김대중 정부로서 환경영향평가 후 24%에 해당하는 지역을 해제한 선례가 있어 이번에도 대규모의 해제가 될 것으로 기대된다.

그린벨트 해제는 공공 목적 필요에 따라 결정된다. 즉 국민임대주택단지, 보금자리주택단지, 창원국가공단 등과 같은 산업단지 조성을 목적으로 그린벨트 해제가 결정된다.

그린벨트 투자는 어디에 하는 것이 좋을까?

그린벨트 해제는 1,000명 이상 거주지역을 우선 해제지역으로 삼고 있음으로 그린벨트 투자는 십난취락지구 중심으로 해야 한다. 지목이 대지인 곳이 해제 시 활용노가 좋다. 교통이 좋은 곳, 즉 역세권이나 신설 나들목 주변의 그린벨트, 낙후된 산업단지 주변, 주변대학과 연계 가능한 곳의 그린벨트 지역을 중심으로 투자지역을 살펴봐야 한다. 그린벨트 해제 후 1종 일반주거지역이나 1종 전용주기지역으로 용도 변경이 되는 경우가 많은데 주로 일반주거지역이 지가 상승이 높게 나타나고 있다. 특히 용인시의 고기리 등에 그린벨트 해제를 예상하여 투자하는 투자자들은 주의를 요한다.

지목	임야		면적	257,329㎡
개별공시지가 (m²당)	3,780원(2013년 1월)			
지역지구 등 지정 여부	「국토의 계획 및 이용에 관한 법률에 따른 지역·지구 등	자연 녹지지역		
	다른 법령 등에 따른 지역·지구 등	가축사육제한구역(2013. 09. 26) 〈가축분뇨의 관리 및 이용에 관한 법률〉, 개발제한구역 〈개발제한구역의 지정 및 관리에 관한 특별조치법〉, 공익용산지 〈산지관리법〉 성장관리권역 〈수도권정비 계획법〉		

해당 토지는 용도지역은 자연녹지이지만, 개발제한구역과 공익용산지에 해당하여 개발을 목적으로 한 투자 가치는 부족하다.

시가화 조정구역은 도시의 계획적·단계적 개발을 도모하기 위하여 시가화를 유보하는 기간까지 토지 본래의 기능으로 이용하는 지역을 말하며 농어가주택 신축이 불가하다.

수산자원보호구역은 수산자원의 보호 및 육성을 위하여 공유 수면이나 그에 인접한 토지를 저오염시설로 제한적인 이용이 가능한 지역을 말한다. 일반음식점, 단란주점, 안마시술소 등을 제외한 근린생활시설과 농어가주택 신축이 가능한 지역을 말한다.

도시자연공원구역은 도시의 자연환경 및 경관을 보호하고 도시민에게 건전한 여가, 휴식공간을 제공하기 위하여 도시지역 안의 식생이 양호한 산지의 개발을 제한하기 위한 구역으로 공원조성계획에 의한 공원시설 설치가 가능한 지역을 말한다.

지목

지목이란 토지의 주된 용도에 따라 토지의 종류를 전·답·과수원·목장용지·임야·광천지·염전·대·공장용지·학교용지·주차장·주유소용지·창고용지·도로·철도용지·제방·하천·구거·유지·양어장·수도용지·공원·체육용지·유원지·종교용지·사적지·묘지·잡종지 28개의 지목으로 구분하여 지적공부인 토지대장 또는 임야대장에 등록한 토지 말한다.

지목의 설정은 필지마다 하나의 지목을 설정하는 것이 원칙이며, 1필지가 둘 이상의 용도로 활용되는 경우에는 주된 용도에 따라 지목을 설정해야 한다. 단 토지가 일시적 또는 임시적인 용도로 사용될 때에는 지목을 변경하지 아니한다.

토지의 가치를 판단하는 경우에는 지목보다 용도지역이 중요하며 용도지역의 변경은 개인이 할 수 없으나, 지목변경은 개발행위 허가를 통하여 개인이 변경할 수 있다. 이러한 지목변경을 통하여 가치를 높일 수 있다.

전, 답에 건물을 짓기 위해서는 대지로 지목변경을 해야 한다. 지목 변경의 절차를 살펴보면 개발행위 허가→형질변경→건물의 건축→사용승인 신청→지목변경 신청으로 진행된다.

그러나 모든 지목을 대지로 변경할 수 있는 것은 아니다. 경사도가 높은 곳, 상수도보호구역 등은 지목변경이 거의 불가능하다.

지목의 종류

•전: 물을 상시적으로 이용하지 않고 곡물·원예작물(과수류는 제외한다)·약초·뽕나무·닥나무·묘목·관상수 등의 식물을 주로 재배하는 토지와 식용으로 죽순을 재배하는 토지

•답: 물을 상시적으로 직접 이용하여 벼·연·미나리·왕골 등의 식물을 주로 재배하는 토지

•과수원: 사과·배·밤·호두·귤나무 등 과수류를 집단적으로 재배하는 토지와 이에 접속된 저장고 등 부속시설물의 부지를 말한다. 다만

주거용 건축물의 부지는 '대'로 함.

•목장용지: 다음 각 목의 토지. 다만, 주거용 건축물의 부지는 '대'
로 함.
가. 축산업 및 낙농업을 하기 위하여 초지를 조성한 토지
나. 「축산법」 제2조제1호에 따른 가축을 사육하는 축사 등의
부지
다. 가목 및 나목의 토지와 접속된 부속 시설물의 부지

•임야: 산림 및 원야를 이루고 있는 수림지·죽림지·암석지·자갈땅·
모래땅·습지·황무지 등의 토지

•광천지: 지하에서 온수·약수·석유류 등이 용출되는 용출구와 그
유지에 사용되는 부지를 말한다. 다만, 온수·약수·석유류 등을 일정
한 장소로 운송하는 송수관·송유관 및 저장시설의 부지는 제외.

•염전: 바닷물을 끌어들여 소금을 채취하기 위하여 조성된 토지와 이
에 접속된 제염장 등 부속 시설물의 부지를 말한다. 다만 천일제염
방식으로 하지 않고 동력으로 바닷물을 끌어들여 소금을 제조하는
공장 시설물의 부지는 제외.

•대: 영구적 건축물 중 주거·사무실·점포와 박물관·극장·미술관 등 문화시설과 이에 접속된 정원 및 부속시설물의 부지

•공장용지:

가. 제조업을 하고 있는 공장시설물의 부지

나. 「산업집적활성화 및 공장설립에 관한 법률」 등 관계 법령에 따른 공장부지 조성공사가 준공된 토지

다. 가목 및 나목의 토지와 같은 구역에 있는 의료시설 등 부속시설물의 부지

•학교용지: 학교의 교사와 이에 접속된 체육장 등 부속 시설물의 부지

•주차장: 자동차 등의 주차에 필요한 독립적인 시설을 갖춘 부지와 주차전용 건축물 및 이에 접속된 부속시설물의 부지를 말한다. 다만 다음 각 목의 어느 하나에 해당하는 시설의 부지는 제외.

가. 「주차장법」 제2조 제1호가목 및 다목에 따른 노상주차장 및 부설주차장(「주차장법」 제19조 제4항에 따라 시설물의 부지 인근에 설치된 부설주차장은 제외한다).

나. 자동차 등의 판매 목적으로 설치된 물류장 및 야외전시장

•주유소용지: 다음 각 목의 토지를 말한다. 다만, 자동차·선박·기차 등의 제작 또는 정비공장 안에 설치된 급유·송유시설 등의 부지는 제외.

가. 석유·석유제품 또는 액화석유가스 등의 판매를 위하여 일정한 설비를 갖춘 시설물의 부지

나. 저유소 및 원유저장소의 부지와 이에 접속된 부속 시설물의 부지

•창고용지: 물건 등을 보관하거나 저장하기 위하여 독립적으로 설치된 보관시설물의 부지와 이에 접속된 부속 시설물의 부지

•도로: 다음 각 목의 토지를 말한다. 다만 아파트·공장 등 단일 용도의 일정한 단지 안에 설치된 통로 등은 제외.

가. 일반 공중의 교통 운수를 위하여 보행이나 차량운행에 필요한 일정한 설비 또는 형태를 갖추어 이용되는 토지

나. 「도로법」 등 관계 법령에 따라 도로로 개설된 토지

다. 고속도로의 휴게소 부지

라. 2필지 이상에 진입하는 통로로 이용되는 토지

•철도용지: 교통 운수를 위하여 일정한 궤도 등의 설비와 형태를 갖추어 이용되는 토지와 이에 접속된 역사·차고·발전시설 및 공작창

등 부속 시설물의 부지

- 제방: 조수·자연유수·모래·바람 등을 막기 위하여 설치된 방조제·방수제·방사제·방파제 등의 부지

- 하천: 자연의 유수가 있거나 있을 것으로 예상되는 토지

- 구거: 용수 또는 배수를 위하여 일정한 형태를 갖춘 인공적인 수로·둑 및 그 부속 시설물의 부지와 자연의 유수가 있거나 있을 것으로 예상되는 소규모 수로부지

- 유지: 물이 고이거나 상시적으로 물을 저장하고 있는 댐·저수지·소류지·호수·연못 등의 토지와 연·왕골 등이 자생하는 배수가 잘 되지 않는 토지

- 양어장: 육상에 인공으로 조성된 수산생물의 번식 또는 양식을 위한 시설을 갖춘 부지와 이에 접속된 부속 시설물의 부지

- 수도용지: 물을 정수하여 공급하기 위한 취수·저수·도수·정수·송수 및 배수 시설의 부지 및 이에 접속된 부속 시설물의 부지

•공원: 일반 공중의 보건·휴양 및 정서생활에 이용하기 위한 시설을 갖춘 토지로서 「국토의 계획 및 이용에 관한 법률」 에 따라 공원 또는 녹지로 결정·고시된 토지

•체육용지: 국민의 건강증진 등을 위한 체육활동에 적합한 시설과 형태를 갖춘 종합운동장·실내체육관·야구장·골프장·스키장·승마장·경륜장 등 체육시설의 토지와 이에 접속된 부속시설물의 부지를 말한다. 다만 체육시설로서의 영속성과 독립성이 미흡한 정구장·골프연습장·실내수영장 및 체육도장, 유수를 이용한 요트장 및 카누장, 산림 안의 야영장 등의 토지는 제외.

•유원지: 일반 공중의 위락·휴양 등에 적합한 시설물을 종합적으로 갖춘 수영장·유선장·낚시터·어린이놀이터·동물원·식물원·민속촌·경마장 등의 토지와 이에 접속된 부속시설물의 부지를 말한다. 다만 이들 시설과의 거리 등으로 보아 독립적인 것으로 인정되는 숙식시설 및 유기장의 부지와 하천·구거 또는 유지(공유(公有)인 것으로 한정한다)로 분류되는 것은 제외.

•종교용지: 일반 공중의 종교의식을 위하여 예배·법요·설교·제사 등을 하기 위한 교회·사찰·향교 등 건축물의 부지와 이에 접속된 부속 시설물의 부지

•사적지: 문화재로 지정된 역사적인 유적·고적·기념물 등을 보존하기 위하여 구획된 토지를 말한다. 다만 학교용지·공원·종교용지 등 다른 지목으로 된 토지에 있는 유적·고석·기념물 등을 보호하기 위하여 구획된 토지는 제외한다.

•묘지: 사람의 시체나 유골이 매장된 토지, 「도시공원 및 녹지 등에 관한 법률」에 따른 묘지공원으로 결정·고시된 토지 및 「장사 등에 관한 법률」 제2조 제9호에 따른 봉안시설과 이에 접속된 부속시설물의 부지를 말한다. 다만 묘지의 관리를 위한 건축물의 부지는 '대'로 함.

•잡종지: 다음 각 목의 토지를 말한다. 다만 원상회복을 조건으로 돌을 캐내는 곳 또는 흙을 파내는 곳으로 허가된 토지는 제외.
가. 갈대밭, 실외에 물건을 쌓아두는 곳, 돌을 캐내는 곳, 흙을 파내는 곳, 야외시장, 비행장, 공동우물
나. 영구적 건축물 중 변전소, 송신소, 수신소, 송유시설, 도축장, 자동차운전학원, 쓰레기 및 오물처리장 등의 부지
다. 다른 지목에 속하지 않는 토지

04
임야, 토지는 어떻게
투자해야 하는가?

지금까지 토지 투자는 시세차익을 목적으로 하는 것이 대부분이었다. 하지만 부동산 경기가 침체된 시기에는 시세차익만을 목표로 하기에는 한계가 있다고 볼 수 있다. 사람이든 동물이든 관심을 가지고 지속적으로 가꾸어주면 그 대가를 반드시 가져다주는데 토지 또한 마찬가지라 할 수 있다. 토지도 지속적으로 관심을 가지고 부족한 부분을 보완해주면 시세차익뿐만 아니라 개발이익도 얻을 수 있다. 토지개발이란 푹 꺼진 땅에 흙을 채워 넣어주거나 높고 울퉁불퉁한 땅을 평평하게 하는 단순한 형질 변경에서부터 전원주택에 이르기까지 다양하다고 할 수 있다.

전이나 답을 대지로 지목을 변경하는 방법을 통하여 가치를 올리는 방법 등 토지에 대한 지식과 노력만 있으면 누구나 개발이익을 창출할 수 있는 방법이 있다. 땅 투자도 지역의 변화에 따라 지속적으로 관리를 해야 그 가치를 더욱더 빛나게 할 수 있다. 도시지역 투자와 임야 투자, 농지 투자의 방법을 중심으로 살펴보기로 한다.

임야 투사의 일반 원칙

임야에 투자를 할 경우 일반적으로 살펴봐야 할 요소가 있다. 즉 산지와 임야의 개념, 용도지역, 경사도와 임목본수도, 보전산지와 준보전산지의 특징, 임야의 경계와 진입로의 확보 가능성, 토질, 묘지와 분묘기지권 등이 있다.

임야 투자에 있어서 우선 살펴봐야 요소는 다음과 같다.

첫째, 임야의 개념부터 알아야 한다.

임야란 지적법상 28개 지목의 하나로서 임야대장과 임야도에 등록된 토지를 말하며 임야는 용도지역상으로 도시지역, 관리지역, 자연환경보전지역, 농림지역 모두에 존재한다.

임야는 산지관리법에 의하여 규제와 개발의 정도를 보전산지와 준보전산지로 구분하고 보전산지는 또 공익용 산지와 임업용 산지로 나눈다.

전원주택, 펜션 등 개발이 투자 목적이라면 비교적 개발이 쉬운 준보전산지를 택해야 하고 귀농이나 수목원 조성, 약초재배 등 자연 상태를 활용하기 위한 목적이라면 가격이 비교적 저렴한 임업용 산지를 선택하는 것이 유리하다고 할 수 있다.

둘째, 경사도와 수목의 입목 축적에 관한 내용을 알아야 한다.

경사도는 산지전용을 통하여 개발을 할 수 있는가에 대한 규제 내용으로서 반드시 살펴봐야 한다. 좋은 경관을 가지고 있고 준보전산지로서 개발이 가능한 지역이라 하더라도 경사도가 높으면 개발을 할 수 없기 때문에 개발을 통한 가치창출이 어렵게 된다.

경사도에 대한 규제는 지속적으로 강화되어 오고 있다. 산업화를 통한 국토개발에 중점을 둔 시기에는 45도 개발이 비교적 쉬웠으나 개발보다는 지속 가능한 개발과 보전에 중점을 둔 현대와 미래에는 개발규제를 더욱더 강화하여 나가고 있다. 산지관리법에서는 최대 개발 가능 경사도를 25도로 규정하고 있으나 경사도에 대한 규제를 강화하는 추세이며 경사도는 지역의 조례마다 차이가 있기 때문에 반드시 해당 지자체의 확인이 필요하다.

또 경사도와 더불어 수목의 종류와 산림의 울창도 즉 입목본수도를 살펴보아야 한다. 보존 가치가 있는 소나무(일본소나무는 잡목으로 봄), 50년 이상 된 활엽수림의 비율(50% 이하) 등과 입목본수도가 시군의 평균치 150% 이하여야 산지전용이 가능하다.

임야 매매 시에는 임야에 있는 수목은 별도의 공시나 특약이 없는 경우에 임야 매매가격에 포함된 것으로 본다. 그러나 유실수 등이 있는 경우에는 입목등기가 되어 있거나 명인방법에 의하여 소유권자가 명시된 경우에는 토지와 별개의 소유권이 인정되기 때문에 매매 시 소유권관계를 명확히 해야 한다.

셋째, 임야 경계와 진입로 확보 가능성을 살펴봐야 한다.

임야는 연속되어 있으며 뚜렷한 경계선이 없기 때문에 눈으로는 정확한 위치를 알기 어렵다. 임야 투자에서 가장 범하기 쉬운 실수가 바로 정확한 경계선을 잘 알지 못한 채 계약하는 경우에 발생하게 된다.

매매 시 매도인이나 중개사가 대략적으로 지정한 위치를 보고 결정하는데, 실제 측량을 해보면 차이가 크게 나는 경우도 있다. 그렇기 때문에 개발 목적으로 투자를 한다면 자비를 들여서라도 실측을 해보는 것이 좋다. 단순한 시세차익이 아니라 개발 목적으로 투자를 할 경우에는 임야의 정확한 위치 파악과 더불어 진입도로의 확인, 묘의 존재 여부가 중요하다. 도로와 연결되어 있으면 좋겠지만 대부분 임야는 맹지인 경우가 많다.

진입도로를 확보하는 방법으로는 주변 토지 소유자에게 토지사용승락서를 받아서 도로를 개설하는 방법과 진입도로로 활용할 수 있는 토지를 매입하는 방법, 구거를 활용한 방법 등이 있지만 토지사용승락서를 통한 진입로 개설은 현실적으로 쉽지 않다. 투자 대상 임야와 도로를 연결할 수 있는 구거(작은 도랑)가 있다면 진입로 확보를 통한 활용 가치가 매우 높다. 특히 계곡으로 단절된 임야를 매수해서 다리를 놓아 전원주택으로 개발, 매도하여 큰 수익을 창출하는 방법도 있다.

넷째, 임야 투자의 경우 산의 배면(토지의 방향)을 확인해야 한다.

산도 사람의 얼굴과 같이 앞과 뒤가 있다. 산의 앞에 해당하는 면은 경사도가 완만하고 대부분 흙으로 되어 있으며 햇볕을 받을 수 있다. 산의 뒷면에 해당하는 배에는 돌과 암석으로 이루어져 있으며 경사도가 가파르고 햇볕이 잘 들지 않는다. 풍수적으로도 산의 뒤에 해당하는 곳은 주거지로 적당하지 않다고 보고 있다. 특히 전원주택이나 별장용을 임야를 매입하는 경우 산의 앞부분에 해당하는 곳을 선택해야 하고, 방향은 일조량이 풍부한 남향을 선택하는 것이 좋다.

산지와 산지전용의 개념

임야는 원래 개발보다는 쾌적한 환경을 보전하려는 목적이 크므로, 임야를 전원주택, 펜션 등으로 개발하기 위해서는 산지전용이라는 절차를 거쳐야 한다. 산지의 종류에 따라 개발할 수 있는 행위가 정해져 있으며, 용도지역에 따라 개발의 절차와 적용 법률이 다르다. 같은 임야라고 해도 용도지역상 도시지역에 속하면 「국토의 계획 및 이용에 관한 법률」의 개발행위 허가를 통하여 개발이 가능하며 도시지역 외 관리지역, 농림지역, 자연환경 보전지역의 임야는 산지관리법에 의한 산지전용 허가 절차를 통하여 개발한다.

개발을 위한 산지전용에는 허가를 원칙으로 하지만 산림의 보호, 경영관리와 관련된 시설 및 농림어업용 시설의 설치 등 경미한

경우에는 예외적으로 신고만 하는 경우도 있다

산지전용의 절차를 살펴보면 신청서 접수→현지조사확인→대체 산림자원 조성비 및 복구비 산정→대체 산림자원 조성비 납부고지 및 복구비 예성통시→전용심사→진용 히기의 절차를 거친다. 산지전용 허가의 기준은 산지관리법 18조에서 정하고 있다.

산지전용 절차

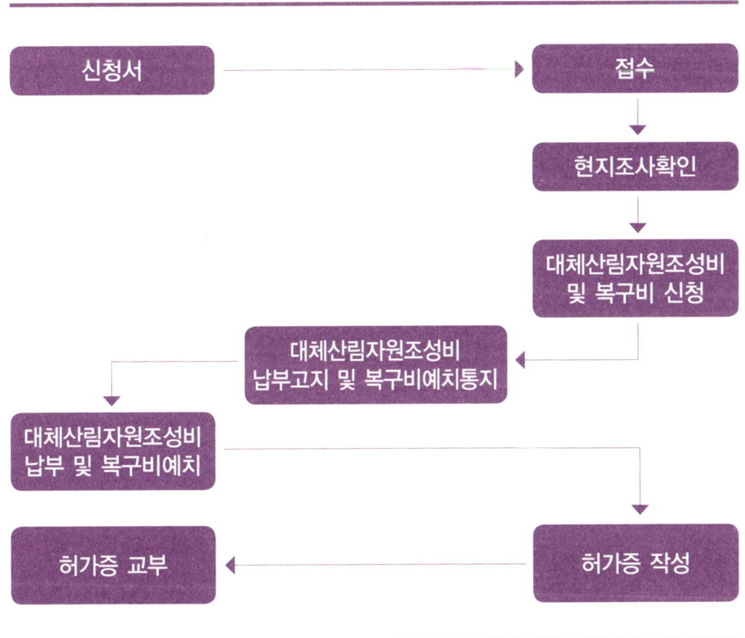

보전산지와 준보전산지

산지를 합리적으로 보전하고 이용하기 위하여 전국의 산지를 개발과 규제 정도에 따라 보전산지와 준보전산지로 구분되며, 각각 규제와 개발에 관한 사항을 정해놓고 있는데 보전산지에는 임업용 산지와 공익용 산지로 나누어진다.

임업용 산지는 산림자원의 조성과 임업경영기반의 구축 등 임업생산 기능의 증진을 위하여 필요한 산지로서, 다음의 산지를 대상으로 산림청장이 지정한다.

- 채종림 및 시험림의 산지
- 요존국유림의 산지
- 임업진흥권역의 산지
- 그 밖에 임업생산 기능의 증진을 위하여 필요한 산지로서 대통령령으로 정하는 산지를 말한다.

임업용 산지에서는 산림욕장, 치유의 숲, 산책로·탐방로·등산로 등 숲길, 전망대, 자연관찰원·산림전시관·목공예실·숲속교실·숲속수련장·유아숲체험원·산림박물관·산악박물관·산림교육센터 등 산림교육시설, 목재이용의 홍보·전시·교육 등을 위한 목조건축시설, 농림어업인(이하 '농림어업인'이라 한다)이 자기 소유의 산지에서 직접 농림어업을 경영하면서 실제로 거주하기 위하여 부지면적 660㎡ 미만으로 건축하는 주택 및 그 부대시설, 청소년수련시설 등의 행위를 할 수 있다. 이와 같이 임업용 산지는 임야의 본래

기능을 살릴 수 있는 제한적 용도로 개발이 가능하다.

공익용 산지는 임업생산과 함께 재해 방지, 수원 보호, 자연생태계 보전, 자연경관 보전, 국민보건휴양 증진 등의 공익 기능을 위하여 필요한 산지로서, 다음의 산지를 대상으로 산림청장이 지정한다.

- 자연휴양림의 산지

- 사찰림의 산지

- 제9조에 따른 산지전용·일시 사용 제한지역

- 야생생물 보호구역의 산지

- 공원구역의 산지

- 문화재보호구역의 산지

- 상수원보호구역의 산지

- 개발제한구역의 산지

- 「국토의 계획 및 이용에 관한 법률」에 따른 녹지지역 중 대통령령으로 정하는 녹지지역의 산지

- 생태·경관보전지역의 산지

- 습지보호지역의 산지

- 특정 도서의 산지

- 백두대간보호지역의 산지

- 산림보호구역의 산지

•그 밖에 공익 기능을 증진하기 위하여 필요한 산지로서 대통령령으로 정하는 산지를 말한다.

이와 같이 공익용 산지는 주로 백두대간보호지역, 국립공원, 문화재보호구역, 상수도보호구역 등 자연환경의 보전이 필요한 지역과 보안림, 사방림 등 자연재해를 방지하기 위하여 인위적으로 숲을 조성한 지역, 천연기념물의 군락지역 등에 지정된다. 공익용 산지는 주로 도로의 개설, 철도 등 공익 목적과 군사 목적으로 사용이 가능하지만, 일반인들의 개발은 철저하게 규제된다.

임야 투자에 있어서 보전산지 중 공익용 산지는 피하도록 하는 것이 좋다. 공익용 산지에서는 농림어업인이 1만㎡ 미만의 산지에서 관상수를 재배하는 행위, 농림어업인이 자기 소유의 산지에서 직접 농림어업을 경영하면서 실제로 거주하기 위하여 신축하는 주택 및 그 부대시설(부지 면적 660㎡ 이하), 수산자원보호구역 안에서 농림어업인이 3,000㎡ 미만의 산지에 양어장 및 양식장을 설치하는 행위 등을 할 수 있다.

토지이용확인서에 공익용 산지와 임업용 산지의 구분이 되지 않고 보전산지로만 되어 있으면 반드시 산지이용 구분도를 통하여 상세지적도를 살펴봐야 한다.

준보전산지란 보전산지 외의 산지를 말하며 산지관리법에는 보전산지에 대하여는 행위 제한에 관한 규정을 두고 있다. 하지만 준보전산지에 대해서는 행위 제한에 관한 특별한 규정이 없어 보전산지에 비하여 개발이 비교적 쉽다. 준보전산지는 용도지역이 무엇이냐에 따라 개발의 범위가 정해진다고 볼 수 있다. 준보전산지의 용도지역이 도시지역이라면 개발 행위 허가를 받아야 히고, 도시지역 외에서는 산지전용 절차와 「국토의 계획 및 이용에 관한 법률」의 규정에 의한 용도지역의 제한을 받는다. 즉 준보전산지인 농림지역의 경우 산지관리법에는 준보전산지에 대한 특별한 규정이 없음으로 농림지역에 대한 행위제한을 받는다. 우리가 주로 전원주택용지 등을 개발하기위해서 주로 선택하는 임야가 바로 준보전산지라고 할 수 있다.

임야의 개발 가능성과 규제 정도에 따른 분류

구분		이용 대상	특징
보전 산지	임업용 산지	산림자원 조성, 임업경영 기반 구축 등 임업생산 기능	공익용 산지에 비하여 개발 가능성이 귀농 목적 투자 대상
	공익용 산지	재해방지, 자연경관보전, 자연생태계보전	공원, 보안림, 그린벨트 등 공익 기능: 개발이 거의 불가
준보전산지		도시계획용 도로의 이용, 택지, 산업용지의 공급	비교적 자유롭게 개발이 가능한 임야로서 전원주택, 펜션 등 개발의 투자 대상

임야 투자와 분묘기지권

임야 투자에 있어서 고려해야 할 부분이 묘지에 관련된 부분이다. 임야는 비교적 가격이 저렴하고 면적이 넓다는 장점이 있지만 전통적인 매장풍습으로 인하여 임야에는 대부분 묘가 존재한다. 임야를 매입하여 전원주택이나 펜션 등으로 개발하기 위해서는 반드시 해결해야 하는 것이 묘지에 관한 문제이다. 임야를 매입하는 경우 묘에 대한 특약을 정하지 않으면 묘지에 성립된 분묘기지권 등은 그대로 이전하게 된다. 이때 이장에 대한 추가비용과 더불어 이장하는 데 따른 어려움이 있다. 가장 좋은 방법은 소유자에게 임야에 있는 모든 묘지에 대한 이장과 비용을 부담한다는 조건으로 매입하면 좋겠다. 하지만 그러한 특약이 없이 임야를 매입한 경우 임야의 활용 가치가 떨어진다. 임야를 매입하여 전원주택이나 펜션 등을 개발하기 위해서는 묘를 이장해야 하는데 이장의 방법과 법적 성격을 알아야 이장을 효과적으로 할 수 있다.

분묘기지권이란 분묘를 소유, 수호하고 제사하는 목적을 달성하는데 필요한 범위 내에서 타인의 토지를 사용할 수 있는 권리로 관습상 그 토지 위에 지상권에 유상한 일종의 물권을 말한다. 분묘기지권의 성립요건으로는 사람의 유골 유해 등을 매장하고 봉분의 형태를 갖춘 분묘가 있어야 한다. 봉분이 없어 묘로서의 인식이 불분명한 평장의 경우나 나중에 시신을 안장하려고 미리 만들어 놓은 가묘는 분묘기지권이 인정되지 않는다.

분묘기지권은 토지 소유자가 허락한 경우와 취득시효에 의하여 성립되는 경우 두 가지가 있다. 취득시효에 의한 분묘기지권이 성립하는 경우로는 소유자의 허락을 받지 않고 분묘를 설치한 후 20년간 평온, 공연하게 그 분묘의 기지를 점유할 때 성립된다. 시효 취득에 의한 분묘기지권은 2001년 「장사에 관한 법률」이 제정되기 전에 설치된 묘에 한하며, 2001년 이후에는 시효에 의한 분묘기지권이 성립되지 않는다. 「장사에 관한 법률」에 따르면 현행 묘지의 사용기간은 원칙적으로 15년간으로 한다.

또 자기 토지에 묘를 설치한 후 토지를 매매하였는데, 이장에 대한 특약이 없는 경우 분묘기지권이 성립된다. 토지 소유권자가 다른 사람에게 변경되어도 인정된다. 그럼으로 임야 매매 시에는 경계를 정확히 파악하여 묘가 있다면 반드시 이장에 대한 특약을 설정해야 한다.

분묘기지권이 미치는 범위는 분묘를 수호하고 봉사하는 목적을 달성하는 데 필요한 범위 내에서 타인의 토지를 사용할 수 있도록 정해져 있지만, 분묘의 상태에 따라 개별적으로 판단해야 한다. 단 분묘기지권의 효력이 미치는 범위 내라 하더라도 기존의 분묘 외에 새로운 분묘를 신설할 권능은 포함되지 않는다. 예를 들어 부부 중 한 명이 나중에 사망하여 합장을 위하여 쌍분 형태의 분묘를 설치하는 것은 허용되지 않는 것이다. 분묘기지권이 성립된다고 하더라도 타인의 토지를 일방적으로 사용하고 있기 때문에 지료를 청구할 수 있느냐가 문제가 될 수 있는데, 판례는 당사자 간 약정이 없는 경우 토지 소유자는 지료를 청구할 수 없다고 한다.

실무적으로 경매를 통해 임야를 확보하는 경우 이러한 분묘기지권에 대한 내용을 정확하게 인식하고 경매에 참가해야 한다. 경매의 경우 소유자와 묘의 이장 등에 관한 협의가 어렵고 임야의 특성상 종중 묘가 분포하고 있는 경우가 많아 특별한 주의가 필요하다. 경매로 소유권이 이전할 경우에도 분묘기지권은 유효하다.

분묘기지권과 더불어 임야의 소유자가 누구인지도 명확하게 살펴봐야 한다. 묘가 많은 임야는 종중 재산일 경우가 많다. 부동산에 대한 명의신탁(등기부상 소유자와 실제 소유자가 다른 경우)은 원칙적으로 금지되나 예외적으로 인정되는 경우가 있는데, 바로 종중 재산에 대한 명의신탁이다. 종중원 중에서 대표자를 정하여 종중재산에 대해 등기를 해놓는 경우가 있는데, 이러한 경우 등기부상 소유권자라고 하더라도 종중 전체의 동의 없이 처분할 수 없다. 또한 담보 등으로 제공하고 저당권을 설정하였다면 저당권 설정 행위 자체가 무효가 될 수 있다. 또 저당권 등을 기초로 경매가 진행되어 낙찰되었다고 하더라도 실제 소유자인 종중이 경매에서 이의소송을 제기하면 낙찰로 취득한 소유권이 무효가 되고, 소유권도 법원이 일방적으로 종중 앞으로 이전시켜 선의의 피해를 입을 수 있다.

그렇다면 종중 재산인지 여부는 어떻게 알아볼 수 있을까? 해당 부동산에 대한 등기부등본을 확인할 때 이전 소유권 변동기록이 기재되어 있는 폐쇄등기부를 발급받아 보면 확인이 가능하다. 임야의 경우 잘 정돈된 묘지가 집단적으로 구성되어 있다면 종중 재산일 가능성이 매우 크다고 볼 수 있다. 분묘기지권은 토지의 멸실, 분묘의 멸실, 존속기간의 만료, 토지수용, 분묘기지권자의 분묘기지권 포기의 의사표시 등으로 소멸한다.

임야를 개발 목적으로 매입하였는데 자세히 살펴보니 발견하지 못한 묘가 있는 경우의 이장 절차는 어떻게 해야 할까? 이장 절차는 무연고 묘와 주인이 있는 유연고 묘에 따라 다르다. 우선 무연고 묘의 경우에는 6·25 한국전쟁으로 생겨난 묘나 해방을 전후하여 후세들이 고향을 떠나 연고가 없는 경우, 자손들이 묘를 찾지 않는 경우 등의 묘를 말한다. 이들 무연고 묘를 이장하기 위해서는 다음과 같은 절차를 거쳐야 한다. 무연고 묘를 이장하기 위해서는 연고자를 찾기 위한 노력을 했다는 근거, 즉 무연고 묘의 이장에 관한 표지판 설치와 묘지 근처의 이장 등에게 무연고 묘의 주인을 알아봤다는 근거 등이 있어야 한다.

무연고 묘 이장 절차

이장 절차	내용
현지답사	묘지 개수 확인, 지장물 조사, 사진촬영
개장공고허가신청	신청, 공고안, 묘지 사진, 사유서, 관할청 접수
분묘개장 공고	중앙지 2회, 지방지 2회 공고 묘지 또는 분묘의 위치 및 장소, 분묘의 개장 사유 및 개장 후 안치 장소와 기간, 토지 소유자의 연락방법, 기타 개장에 필요한 사항 등
개장신고필증	관할청 교부
분묘개장	작업 완료 후 관할청 서류 제출

유연고 묘의 경우 협의를 통하여 이장을 진행할 수 있으나 분묘 소유자가 응하지 않을 경우 별다른 방법이 없다. 대부분 토지소유자가 이장에 대한 비용부담을 조건으로 협의를 하는 데 여러 가지 어려운 점이 많이 있다. 그러므로 임야 매입 시에는 토지 소유자와 묘의 처리 문제를 철저히 하여야 한다.

유연고 묘 이장 절차

이장 절차	내용
현지답사	묘지 개수 확인, 지장물 조사, 사진 촬영
분묘 주인찾기	공고판 설치 등 분묘의 주인 찾는 작업
분묘기지권	분묘기지권 성립여부 결정
이장 협상	분묘 소유자와 이장 협상
협상 후 이장	보상금 지급 : 이장, 또는 납골

타인의 토지에 설치된 분묘의 처리

토지 소유자의 승낙 없이 해당 토지에 설치한 분묘, 묘지 설치자 또는 연고자의 승낙 없이 해당 묘지에 설치한 분묘는 관할하는 시장 등의 허가를 받아야만 분묘에 매장된 시체 또는 유골을 개장할 수 있다. 이때 3개월 이상의 기간을 정하여 연고자 등에게 알려야 하며 연고자를 알 수 없으면 공고하여야 한다. 이 경우 분묘 연고자는 토지 소유자 등에게 토지 사용권이나 분묘의 보존을 위한 권리를 주장할 수 없다.

농지 투자 전략

농지는 국민에게 식량을 공급하고 국토환경을 보전하는 데에 필요한 기반이며, 농업과 국민경제의 조화로운 발전에 영향을 미치는 한정된 귀중한 자원이므로 소중히 보선되어야 함은 물론, 공공복리에 적합하게 관리되어야 한다. 농지에 관한 권리의 행사에는 필요한 제한과 의무가 따르며 농업 생산성을 높이는 방향으로 소유·이용되어야 한다. 즉 투자의 대상이지 투기의 대상이 되어서는 안 된다. 특히 정부에서는 식량안보를 강조함으로써 농지개발에 대한 행위 제한이 엄격하게 적용될 것으로 예상된다.

이를 반대로 해석해보면 행위 제한에 대한 규제가 엄격하게 적용된다는 것은 행위제한을 받지 않는 농지에 대한 가치는 더욱더 높아진다는 것을 의미할 수 있다. 그럼으로 농지에 대한 정확한 개념과 투자 가치가 있는 농지, 농지개발의 방법을 알고 농지 투자를 하면 성공 투자를 기대할 수 있다. 농지 투자에 있어서 기본적으로 알고 있어야 하는 것은 농업진흥지역에 대한 개념, 농지전용과 농지전용 부담금, 농지의 소유와 취득, 농지의 개발 가능성을 판단하는 방법 등을 중심으로 살펴봐야 한다.

농지와 농림지역은 구분해야 한다

농지와 농림지역을 혼동하는 경우가 많이 있는데, 우선 두 개념에 대해 살펴보자. 농림지역이란 「국토의 계획 및 이용에 관한 법률」에 규정된 용도지역의 하나이다. 도시지역에 속하지 아니하는 농지법에 의한 농업진흥지역 또는 산지관리법에 의한 보전산지 등으로 농림업의 진흥과 산림보전을 위하여 필요한 지역으로서, 행위 제한이 비교적 많은 지역이라 할 수 있다. 농지법에 의한 농지의 개념과는 구분해야 한다.

농지법에 규정된 농지란

전·답, 과수원, 그 밖에 법적 지목을 불문하고 실제로 농작물 경작지 또는 다년생 식물 재배지로 이용되는 토지를 말한다. 다년생 재배지는 1) 목초·종묘·인삼·약초·잔디 및 조림용 묘목 2) 과수·뽕나무·유실수 그 밖의 생육기간이 2년 이상인 식물 3) 조경 또는 관상용 수목과 그 묘목의 재배지를 말한다(단 조경목적으로 식재한 것을 제외한다). 그럼으로 지목이 임야라 하더라도 임야를 개간하여 실질적으로 농작물을 경작하면 농지로 본다. 다만 「초지법」에 따라 조성된 초지는 제외한다.

농지의 소유와 취득

농지는 원칙적으로 농업인만이 취득할 수 있으며 농업인이 아닌 경우에는 일정한 농지의 소유와 취득에 일정한 제한을 두고 있다.

농업인이란 '농업인'이란 농업에 종사하는 개인으로서 1,000㎡ 이상의 농지에서 농작물 또는 다년생 식물을 경작 또는 재배하거나

1년 중 90일 이상 농업에 종사하는 자, 농지에 330㎡ 이상의 고정식 온실·버섯재배사·비닐하우스, 그 밖의 농림수산식품부령으로 정하는 농업생산에 필요한 시설을 설치하여 농작물 또는 다년생 식물을 경작 또는 재배하는 자, 대가축 2두/중가축 10두/소가축 100두/가금 1,000수 또는 꿀벌 10군 이상을 사육하거나 1년 중 120일 이상 축산업에 종사하는 자, 농업경영을 통한 농산물의 연간 판매액이 120만 원 이상인 자를 말한다.

농지를 취득하려는 자는 농지 소재지를 관할하는 시장(구를 두지 아니한 시의 시장을 말하며, 도농 복합 형태의 시는 농지 소재지가 동지역인 경우만을 말한다), 구청장(도농 복합 형태의 시의 구에서는 농지 소재지가 동지역인 경우만을 말한다), 읍장 또는 면장(이하 '시·구·읍·면의 장'이라 한다)에게서 농지취득자격증명을 발급받아야 한다.

농업진흥지역이란?

농업진흥지역이란 농지를 효율적으로 이용하고 보전하기 위하여 시·도지사가 지정하는데 농업진흥지역 지정은 「국토의 계획 및 이용에 관한 법」에 따른 녹지지역·관리지역·농림지역 및 자연환경보전지역을 대상으로 한다. 다만 특별시의 녹지지역은 제외한다.

농업진흥지역에는 농업진흥구역과 농업보호구역으로 구분된다. 농업진흥구역이란 농지 조성사업 또는 농업기반 정비사업이 시행되었거나 시행 중인 지역으로서 농업용으로 이용하고 있거나 이용할 토지가 집단화되어 있는 지역으로 절대농지라 불리는 토지를 말한다.

농업보호구역이란 농업진흥구역의 용수원 확보, 수질보전 등 농업환경을 보호하기 위하여 필요한 지역으로 관광농원사업이나 주말농원사업으로 활용할 수 있는 토지를 말한다.

이와 같이 농업진흥구역의 농지는 농업생산 또는 농지개량을 농지 본연의 목적에 맞게 충실하게 사용하는 반면, 농업보호구역은 농업인 소득 증대에 필요한 시설에 목적을 둔다. 그렇기 때문에 농지개발을 목적으로 투자를 한다면 농업보호구역을 선택하는 것이 유리하다.

한계농지와 영농여건불리농지의 투자 가치 분석

농지는 원칙적으로 농업경영에 이용할 목적으로 농업인만이 취득할 수 있고, 예외적으로 도시인에게도 취득할 수 있도록 하고 있다. 토지 투자에서 농지 투자는 귀농을 통하여 농업경영에 이용할 목적이 아니라 용도변경을 예정하거나 개발행위허가를 통하여 전원주택, 펜션 등을 개발할 목적으로 투자하는 경우로 나누어볼 수 있다.

농지 투자는 취득과 소유, 개발에 많은 행위 제한을 가지고 있어 일반인이 쉽게 접근할 수 없는 투자 종목이 되었다. 그렇다면 일반인 쉽게 취득하고 개발도 용이한 농지는 없을까? 이러한 농지가 바로 한계농지와 영농여건불리농지라 할 수 있다.

영농여건불리농지란 읍·면지역의 농업진흥지역 밖에 있는 평균 경사율 15% 이상이고, 집단화된 규모가 2ha 미만인 농지 중에서 시장·군수가 영농여건이 불리하고 생산성이 낮다고 인정하는 농지로 지정된 것을 말한다.

영농여건불리농지의 투자 가치성을 살펴보면 우선 일반농지 취득 시에 필요한 농업경영계획서를 작성하지 않고도 농지취득자격증명을 신청할 수 있다. 주택 등을 건축하고자 할 때 농지전용허가를 받아야 가능한데 영농여건불리농지는 농지전용 시 전용면적에 제한을 받지 않고 신고만으로 농지전용을 할 수 있다. 또한 개인 간 임대차, 사용대차가 가능하다. 또 농업인주택, 농축산업용 시설 등으로 개발할 경우 농지보전 부담금이 면제된다는 장점이 있다.

하지만 영농여건불리농지는 경사도가 가파르고 지자체 조례의 행위제한으로 실질적으로 개발을 통한 수익을 얻기는 쉽지 않다. 그렇기 때문에 영농여건불리농지라 하더라도 현장답사와 해당 자치단체의 조례를 세밀하게 살펴 개발 가능성을 판단해볼 필요가 있다.

영농여건불리농지 여부의 확인은 토지이용계획확인서나 시·군에 비치된 지적도를 열람하여 확인할 수 있다. 인터넷으로는 토지이용규제정보서비스(http://luris.mltm.go.kr)를 통해서 간단하게 확인할 수 있다.

영농불리여건농지와 비슷한 개념으로는 한계농지가 있다.

한계농지란 최상단부에서 최하단부까지의 평균 경사율이 15%

이상이거나 집단화된 농지의 규모가 2만㎡ 미만인 농지를 말한다. 한계농지는 영농불리여건농지와 달리 경사율이 15% 이상인 경우 면적의 규모와는 상관이 없고 집단화된 2ha 미만인 농지는 경사도와 관계없이 한계농지로 볼 수 있다. 또 광업법에 의한 광업권이 기간 만료 또는 취소로 소멸된 광구의 인근 지역 농지로 토양오염 등으로 인하여 농업 목적으로 사용하기 부적당한 농지도 한계농지라 할 수 있다. 단 경지정리사업 또는 농업용수개발사업이 시행된 지역과 농촌정비를 위한 자원조사 결과 농림부장관이 농업생산기반정비사업 기본계획을 수립할 필요가 있다고 인정되는 지역의 농지는 제외된다.

「농어촌정비법」에 따른 한계농지는 해당 농지의 효율적 관리, 이용 및 개발을 위하여 한계농지와 그 주변 산지를 포함하여 한계농지정비지구를 지정한다. 한계농지정비사업을 통해 과수, 원예, 특용작물, 축산단지 등 농업 목적으로 이용하게 하거나, 농어촌관광휴양단지, 문화예술관련 시설, 수련시설 등 농어촌지역의 개발을 촉진하기 위해 관련된 시설을 설치할 수 있도록 하였다.

자연경관이 수려한 지역에 귀농하여 펜션을 운영하고자 하는 사람들이 늘어나고 있다. 특히 베이붐 세대의 은퇴와 고령화 사회가 가속화됨에 따라 지속적인 수익 창출이 필요하게 되었고, 관광레저인구의 증가로 펜션사업의 활성화가 이루어지고 있다. 이때 펜션부지로 선택할 수 있는 것이 바로 한계농지와 영농여건불리농지라 할 수 있다.

농지의 전용과 농지보전 부담금

일반인들이 농지 투자의 목적은 주로 시세차익을 위한 경우가 많이 있으나, 인위적으로 농지전용을 이용해 개발을 하면 단기간에 보다 큰 수익을 창출할 수 있다. 만약 농지 투자를 생각하고 있다면 농지의 취득과 전용에 관한 세부적인 절차는 전문가에게 위임하여 처리한다고 하더라도, 농지전용에 대한 개념만은 정확하게 알아둘 필요가 있다.

'농지의 전용'이란 농지를 농작물의 경작이나 다년생 식물의 재배 등 농업생산 또는 농지개량 외의 용도로 사용하는 것을 말한다. 예를 들면 전, 답을 농지전용을 통하여 전원주택을 지어 지목을 대지로 변경하는 것을 말하는데, 농작물 재배 목적의 농지가 주거 목적의 대지로 변함으로써 가치 상승을 가져오는 방법이라 하겠다.

이처럼 전원주택을 건축하고자 하는 사람들은 대부분 농지나 임야를 저렴하게 매입하여 농지전용이나 산지전용을 통하여 건축하고 있다. 임야는 농지에 비하여 경관이 수려한 곳이 많으나 농지에 비하여 경사도, 입목본수도, 진입로 확보 등 절차가 까다롭기 때문에 임야에 비하여 농지 투자가 비교적 접근하기가 쉽다.

농지란 실질적으로 사용되고 있는 용도를 중심으로 농지를 판단하며, 지목이 임야라 하더라도 농지로 사용되고 있다면 농지법이 적용되어 농지전용허가와 건축허가를 통하여 전원주택을 건축할 수 있다.

농지보전 부담금은 전용농지의 '개별공시지가×30%×전용면적'으로 계산된다. 단 ㎡당 부담금은 5만 원 이하로 한다. 농지보전 부담금은 10평 이하의 주말주택의 경우 50% 면제되며, 농업인주택은 면제된다. 이때 농지전용비는 매우 큰 부담이 될 수 있다.

토지 투자 현장답사 및 투자 점검표

구분	주요 점검사항	점수
토지의 소재지	· 지번, 지목, 면적	
토지의 가격	· 공시지가, 주변시세 3곳 이상 확인	
도로망	· 고속도로, 철도. 국도 접근성, 기타 도로 접근성, · 신설 도로망의 구축 여부 · 진입로 확보방법 · 토지와의 장애물 존재 여부: 고속도로, 철로는 접근성에 장애물이 되기도 한다.	
토지의 상태	· 수목의 종류, 경사도, 토질의 상태, 식수, 전기 · 토지의 경계와 구거의 존재 여부 · 묘, 문화재, 철탑의 존재 여부 · 임야인 경우 산의 배면(토지의 방향) · 풍수지리적 요소(사신사의 배치, 물의 방향 등)	
주변환경	· 편의시설: 병원, 백화점, 학교, 대학교 · 혐오시설: 장례식장, 매립장, 축사, 공장 등 · 공공시설: 공원, 시청, 법원, 경찰서 등 · 산업단지와의 접근성 · 거점도시의 성격과 광역 대도시와의 접근성 여부	
공법상 제한사항	· 토지이용계획확인서 확인 · 지방자치단체 조례 확인 · 공법상 제한사항과 변경 가능성 확인	
발전잠재력	· 도시기본계획, 도시관리계획, 지구단위계획 등	
소득 수준	· 산업단지, 인구유입과 소득수준	
관련 서류	· 토지이용계획확인서 · 임야, 토지대장, 지적도, 임야도, 현장위치도 · 등기부등본	
기타 관련 자료	· 개발계획에 관한 자료 검토: 해당 도시의 개발계획과 더불어 해당 토지에 미칠 수 있는 영향력 분석	

05
부동산 투자,
도시풍수를 접목하라

요즘 친환경이란 말이 자주 사용하고 있다. 소득 수준이 높아지고 건강에 대한 관심이 높아지면서 행복하고 건강하게 살 수 있는 친환경제품, 친환경 먹거리 그리고 편안한 주거생활을 갖춘 친환경도시개발에 관심이 집중되고 있다. 과거 도시개발은 자연에 대한 도전과 개척, 개발의 의미로 이해하고 경제적 효율성을 잣대로 아름다운 자연을 훼손하면서 건물과 도시를 개발하였다. 이러한 무분별한 자연훼손은 결국 인간에게 환경오염과 지진, 지구온난화, 화산폭발, 해일 등 기후 변화로 경고를 보내기 시작하였다.

인간은 결코 자연의 위대한 힘을 극복할 수는 없다. 단지 자연과의 조화 속에서 인간의 행복을 찾을 수 있을 뿐이다. 현대도시개발은 자연의 힘과 인간의 자만심을 반성하고 지속 가능한 도시개발을 위하여 자연과 조화로운 도시개발, 즉 에코도시개발로 전환되고 있다.

유럽을 비롯한 미국, 일본은 물론 우리나라도 신도시개발은 환경오염을 줄이고 녹지공간을 확보하여 자연적 지형을 그대로 살리는 친환경 도시개발이 주류를 이루고 있다.

이러한 친환경 도시개발의 이론적 배경이 되는 것이 바로 풍수지리 이론이라 할 수 있다. 도시풍수는 전통적인 풍수지리 기본 이론과 도시계획수립지침을 토대로 부동산 명당을 찾아 부동산 투자를 효율적으로, 성공하는 길조를 이끄는 데 의미가 있다. 부동산 투자에 있어 풍수지리를 이야기하면 잡술이라는 잘못된 인식을 가지고 처음부터 거부감을 가지는 사람이 있는가 하면, 지나친 관심으로 무조건적으로 풍수적 접근만을 시도하는 투자자를 볼 수 있다. 도시풍수는 지나치게 추상적으로 접근하던 풍수지리를 보다 현대 도시개발의 원칙과 접목시켜 과학적이고 실질적 접근을 통하여 도시개발 방향을 미리 예측함으로써 투자 방향 설정에 도움을 줄 수 있다.

그렇다면 도시풍수 명당이란 무엇인가? 사람이 살아서는 안 되는 흉당을 피하고, 부족한 부분을 보충하는 것이 바로 도시풍수 명당이라 할 수 있다. 풍수지리에서 말하는 모든 조건을 가진 풍수명당은 도시에서는 존재하기 힘들다. 하지만 도시풍수는 전통적인 풍수 이론에 도시계획을 접목시켜 도시개발의 방향, 도시개발 축 그리고 보행 동선을 파악하여 투자에 활용하기 위한 방법 중의 하나라고 보면 된다.

현대사회가 첨단과학기술이 아무리 많이 발달해 있다고 하더라도 자연환경을 새롭게 창조할 수는 없다. 인간은 궁극적으로 자연을 떠나서는 살 수 없으며, 자연에 순응하면서 더불어 살아가야 한다.

도시풍수의 이해

도시풍수는 전통적인 풍수지리 이론을 현대 도시개발에 접목시켜 투자 명당을 찾는 방법으로서 풍수지리의 사신사 개념과 행정기관의 배치, 형국론과 도시공간구조, 물과 도로, 산과 건물 등을 풍수지리의 이론을 응용하여 부동산 개발의 핵심지역을 찾아내는 데 활용할 수 있다. 풍수지리의 이론적 배경이 되는 음양오행 이론을 접목한 건물과 업종과의 상생관계, 실내 풍수인테리어, 실내가구의 배치, 출입문과 주방의 배치, 건물수리의 방향, 지명과 산업단지, 택지지구의 입지 등 부동산 투자지역을 선정하는 데 다양하게 활용할 수 있다.

사신사와 행정기관의 배치

풍수지리에서 사신사란 명당을 중심으로 전후 좌우를 둘러싸고 있는 산을 말하는데, 명당을 중심으로 좌(左)에는 청룡 우(右)에는 백호, 전(前)은 주작, 후(後)는 현무라 부른다. 백호는 여성과 재물, 청룡은 권력과 남자, 주작은 사회적 지위와 명예/재물, 현무는 주인을 상징하는데 행정기관도 사신사가 상징하는 것과 같이 배치하고 있다.

시청이나 도청을 중심으로 좌측에는 권력기관인 경찰, 검찰청을 배치하고 우측에는 재물과 여성을 상징하는 국세청, 세무서 또는 예술 공간을 배치한다. 그리고 앞에는 공정성과 재물을 상징하며 권력을 억제하기 위하여 법원이나 교육, 재물과 관련된 행정기관을 배치하게 된다.

그럼으로 행정타운이 조성되는 지역에 투자할 때는 핵심적인 행정기관을 중심으로 앞과 우측에 투자지역을 선정하는 것이 좋다. 백호를 상징하는 우측에는 대부분 상권 형성에 필요한 역세권과 재물을 만들어내는 산업단지 그리고 상가타운이 조성된다. 서울의 경우 경복궁(시청)을 중심으로 앞(주작)에 해당하는 지역이 남산이며, 명동을 중심으로 상권이 활성화되어 있고, 우측에(백호)에 해당하는 지역이 여성 중심의 상권이 형성된 신촌과 홍대이다.

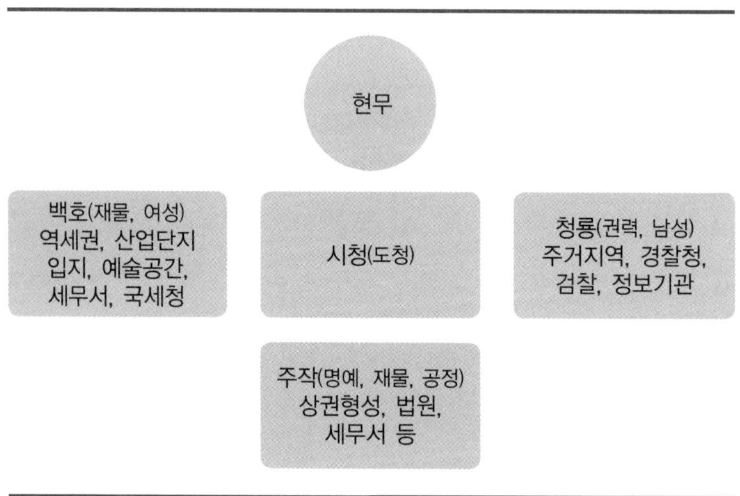

　이러한 원칙은 행정타운이 조성되는 곳의 기본 배치구조로서 신 행정타운 중심에 투자 명당은 청사를 기준으로 오른쪽과 앞(전면)에서 투자지역을 선정하는 것이 좋다.

풍수로 본 물의 종류와 도로

　도시풍수를 통한 부동산 투자 명당을 찾는 방법으로 가장 중요한 요소가 바로 물과 도로에 관한 내용이다. 풍수에서 물은 재물을 의미하며, 도시에서 물은 도로로 보면 된다. 그렇기 때문에 부동산 투자에서 최우선 조건으로 삼는 것이 바로 도로망의 확보인 것이다.

　재물이 모여드는 투자 명당이 형성되는 것을 물에 관한 이론과 접목시켜 보면 신도시가 입지하는 곳은 생활용수, 공업용수 등을 얻기 편리한 큰 강을 중심으로 형성된다. 투자 명당을 찾기 위해서는 외당수와 내당수, 지당수와 진응수, 충심수와 견비수, 송룡수와 취면수의 개념은 필수적으로 알아두는 것이 좋다.

외당수와 내당수

　외당수란 도시 외부를 흐르는 큰 강을 말한다. 외당수와 외당수가 만나는 지점이나 큰 외당수가 있는 곳은 반드시 도시가 형성되며 외당수의 규모와 수량, 넓이는 도시의 성장 규모를 결정하는 요소가 된다. 그러므로 도시개발의 규모를 알려면 외당수를 먼저 살펴봐야 한다. 우리나라의 대표적인 외당수는 서울의 한강, 대구의 낙동강, 대전, 세종시의 금강 등이 있다. 외당수의 역할을 하는 도로는 고속도로와 철도 그리고 외곽순환도로이다.

내당수란 도시 내부를 흐르는 작은 하천을 말한다. 도시개발은 내당수를 따라서 개발 축을 형성하면서 발전한다. 도시마다 여러 개의 내당수가 존재하며 개발 축을 형성하는 내당수는 외당수와 역수관계에 있는 내당수가 중심 내당수의 역할을 하게 된다.

지당수와 진응수

지당수는 명당(묘, 주택) 앞에 있는 웅덩이나 연못을 말하며, 진응수는 명당 앞이나 옆에 있는 샘물을 말한다. 지당수와 진응수의 물이 맑고 투명하면 매우 좋다. 하지만 인공적으로 연못을 만들거나, 물이 탁하게 오염되어 있으면 좋지 못하며 매립하여도 좋지 못하다. 지당수는 자연스럽게 형성된 연못으로 사시사철 마르지 않고 맑아야 한다. 현대 도시개발에서는 대부분 호수공원을 조성하고 있다. 호수공원은 내당수의 중심지역에 만드는데 건물이나 주거지 앞에 호수공원이 있으면 좋다. 단 주거지의 경우 호수공원과 지나치게 가깝게 있는 것은 좋지 못하다.

충심수와 견비수 그리고 직선도로

충심수란 명당을 향하여 직선으로 흘러 들어오는 물을 말하고,

견비수란 명당에 좌우에서 모인 물이 직선으로 빠져나가는 것을 말한다. 충심수는 마치 죽창으로 가슴을 찌르는 것과 같다고 하여 수파천심이라 하며 가까이 있으면 건강이 나빠진다. 마치 계곡 가운데 있는 것과 마찬가지라 생각하면 된다. 즉 계곡 가운데 있는 바위에서 잠을 자는 것과 마찬가지로 건강을 잃을 수 있는 위험이 있다. 도로를 예로 들면 T자형 도로의 중간지점이라 생각하면 된다.

도로에 접목시켜 보면 정문을 향하여 직선으로 있는 도로는 충심수와 같은 역할을 하기 때문에 피하는 것이 좋다. 이러한 주택에 거주하게 되면 물과 관련된 생식기계통, 특히 여성의 자궁이나, 혈관계통(고혈압) 등에 큰 영향을 미쳐 건강을 잃을 수 있다.

충심도는 일반인들의 입장에서 보면 매우 좋다고 느낄 수도 있다. 왜냐하면 정문에 거실에서 바라보면 직선으로 뻗어 있는 도로가 가슴이 탁 트인 느낌을 받을 수 있어 좋은 조망으로 생각할 수도 있지만 이러한 곳은 피하는 것이 좋다.

견비수는 좌우에서 모인 생기들이 명당에 머물지 않고 빠져나가는 물로서 재물이 모이지 않는다. 도로에 접목시켜 보면 Y자형 도로의 꼭짓점이라 생각하면 된다. Y자형 도로망의 꼭짓점을 언뜻 생각하면 접근성이 좋다고 생각할 수 있지만, 동선이 겹치면서 사고발생의 위험이 높은 도로라 할 수 있다. 그러므로 T자형, Y자형 도로망의 꼭짓점은 피하는 것이 좋다.

취면수와 교통의 결절점

취면수란 명당 주변에 모든 물이 모여드는 곳을 말하며 재물이 모여드는 곳이다. 취면수와 같은 역할을 하는 것이 바로 교통의 결절점이라 할 수 있다. 교통의 결절점은 도시개발의 거점 역할을 하는 역세권과 나들목, 교차로가 있다.

송룡수와 옥계산업단지

송룡수란 명당을 중심으로 좌우로 흐르면서 하나로 합쳐지는 물을 말하는데 물의 깊이와 수량, 물줄기의 넓이에 따라 개발의 범위가 결정된다. 대표적인 송룡수는 옥계산업단지와 홍성의 내포 신도시를 들 수 있는데, 옥계산업단지는 금계보효형국(새벽닭이 홰를 치는 형국)으로 향후 동해안 산업의 중심지역으로 발전할 것으로 기대되는 곳이다.

요대수와 반궁수

요대수란 명당을 중심으로 감싸 안고 도는 물의 안쪽을 말하며 반궁수는 그 반대쪽을 말한다. 요대수는 금성수, 옥대수라 하기도 하는데 명당의 대부분은 요대수에 분포하고 있으며, 사람이 살기 좋은 지형적 조건이 형성되어 있다. 요대수는 입지상 홍수 등 자연재해로부터 반궁수에 비하여 안전하며 퇴적물이 쌓여 옥토가 형성된다. 도로망에서의 요대도는 곡선구간의 안쪽에 해당하며 과속으로 인한 교통사고로부터 반궁도에 비하여 안정성을 담보할 수 있다. 반궁수지역은 대부분 거친 암석으로 이루어져 사람이 살기에는 좋지 못하다. 반궁수는 지형적으로 암석이나 절벽으로 이루어져 강한 주목성을 가지고 있어 광고장소로 활용하면 강한 이미지와 인식을 남길 수 있어 효과적이다. 반궁수라 하더라도 반월형 산이 있어 음양의 조화를 이루고 있다면 명당이 형성될 수 있음으로 반궁수라고 해도 모두 흉당이라 할 수는 없다.

도시개발 축 내당수 명당 찾기

부동산 투자에 있어 가장 중요한 것이 개발 축이라 할 수 있다. 개발 축이란 도시개발 시 중심 상권이 형성되는 동선을 말하는데, 도시마다 반드시 중심개발 축이 존재하게 된다. 부동산 투자의 성공 여부는 개발 축을 누가 먼저 찾고, 투자하는가에 달려 있다고 해도 과언이 아니다.

그렇다면 도시에서 가장 재물이 많이 모여드는 곳은 어디일까? 이미 상권이 형성된 지역의 지형을 토대로 도시풍수이론과 도시개발의 방향을 접목시켜 보면 새롭게 건설되는 도시지역의 핵심 명당을 찾을 수 있다. 부동산 투자자가 가장 중요하게 살펴봐야 할 지역 중 가장 중요한 것이 바로 내당수라 할 수 있는데, 도시의 핵심적인 상권이나 개발 축은 바로 내당수를 따라서 개발되기 때문이다. 부동산 투자의 입지를 선정하고자 할 때 어떤 도시에 투자를 할 것인가는 외당수의 규모를 보고 판단하고, 투자하고자 하는 도시 중 투자 위치는 중심 내당수를 따라서 투자지역을 선정해야 한다.

도심 내부를 흐르는 하천은 그 수가 많이 존재할 수 있는데, 그 중에서 도시개발의 축을 형성하는 내당수는 바로 외당수와 물의 흐름이 반대로 흐르는 내당수가 된다. 서울의 경우 외당수를 한강으로 가지고 있고 내당수로는 중랑천, 양재천, 청계천 등이 있는데 이 중에서 동쪽에서 서쪽으로 흐르는 한강의 방향과 반대로 서쪽에서 동쪽으로 흐르는 내당수가 중심개발 축이 된다. 이를 통해서 서울의 중심 내당수는 청계천과 양재천이 됨을 알 수 있다. 또 중심 내당수로 개발 축이 형성될 수 있는 것은 큰 저수지에서 내려오는 하천이다. 그럼으로 역수관계의 내당수와 저수지에서 출발하여 내려오는 하천을 중심으로 투자지역을 선정한다.

도시개발의 핵심개발 축을 형성하는 내당수를 찾았다 하더라도 핵심적인 위치를 정하는 것이 중요한데 내당수 투자의 핵심적인 명당은 다음 세 가지가 있다.

첫째, 내당수와 내당수가 만나는 지점, 도로상으로는 도로와 도로의 결절점(교차점)

둘째, 내당수와 외당수가 만나는 지점, 도로상으로는 고속도로와 일반도로가 만나는 지점(나들목)

내당수와 내당수의 합수지역+요대수 명당(출처 | 네이버지도)

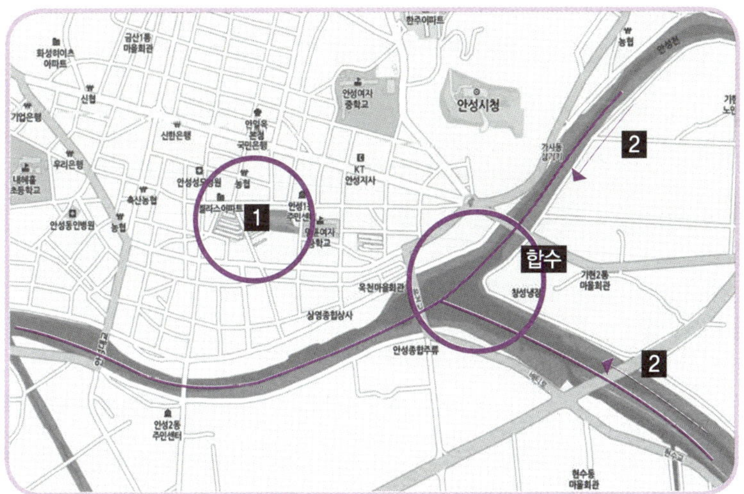

1.내당수 합수+요대수 명당 2.내당수

저수지를 따라서 형성되는 내당수(출처 | 네이버지도)

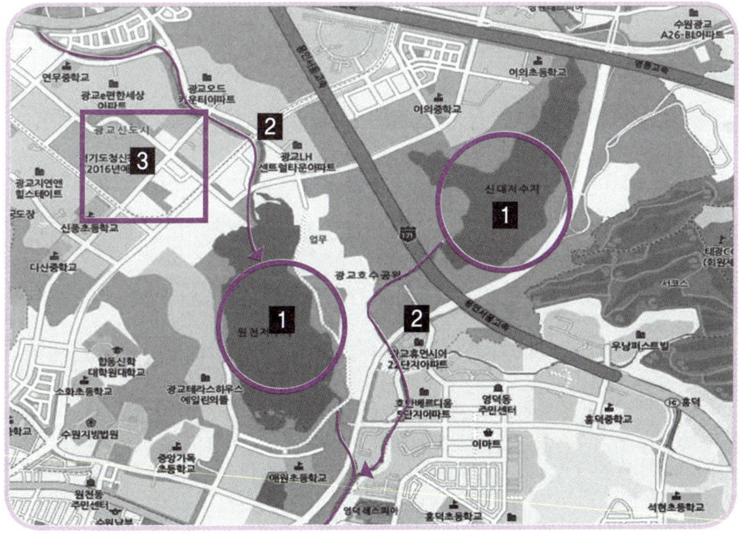

1.저수지 2.내당수 3.내당수 명당

셋째, 내당수와 외당수가 만나는 지점에 배, 물고기, 거북 등 행운을 상징하는 섬이나 바위가 외당수 가운데 있어 내당수의 물의 흐름을 완만하게 해주는 나성이 있는 경우, 고속도로와 일반도로의 만나는 지점에 행정타운이나 산업단지가 존재하는 위치는 최고의 투자 명당이라 할 수 있다.

내당수와 외당수가 만나는 지점에 나성이 있다고 해도 섬의 모양이 물길을 거슬러 올라가는 형상을 하고 있어야 반대방향이면 좋지 못하다. 또 내당수와 외당수가 만나는 지점의 내당수 폭이 넓게 되어 있다면 마치 설사를 만난 듯 모든 영양분이 빠져 나가 좋지 못하다.

내당수의 수구지역(내당수와 외당수가 만나는 지점)이 넓다고 해도 인위적으로 물의 흐름을 조절할 수 있는 댐을 만들거나 방조제를 만드는 경우에는 새로운 명당이 형성된다고 볼 수 있다. 대표적인 경우로는 시화호, 새만금, 삽교호 방조제 등이 있다. 그러나 내당수와 외당수가 동일한 방향으로 흐르는 내당수는 투자 명당이 형성되기 힘들다.

이러한 지역은 대부분 새로운 도시개발의 핵심 거점이 되는 전철 역세권이나 큰 부가가치를 창출하는 산업단지가 입지하게 된다. 대표적인 경우를 살펴보면 가평 역세권, 서원주 역세권 춘천 서면의 애니메이션산업단지 등이 있다.

큰 도시는 큰 강을 외당수로 가지고 있으며, 작은 하천인 내당수가 도심 내부를 통과하는 곳을 따라 개발 축이 형성된다. 하지만 그렇지 못한 중 규모의 도시는 내당수가 발달해 있지 못한 경우도 많이 있다. 이러한 곳은 반드시 큰 호수(저수지)에서 내려오는 내당수를 찾아서 투자지역을 선정하면 좋다. 저수지가 있다는 것은 풍부한 식수와 농업용수를 공급받을 수 있고 좋은 땅이라 할 수 있다. 큰 호수(저수지)에서 내려오는 내당수는 중심내당수라 할 수 있기 때문에 새로운 도심이 형성되거나 택지지구가 조성되는 곳은 저수지의 위치와 규모, 물의 흐름 방향을 세심하게 살펴볼 필요가 있다. 대표적인 곳으로는 덕우저수지에서 내려오는 발안천을 중심으로 향남택지지구를 들 수 있다.

내당수와 내당수의 합수지역+화성수 명당 (출처 | 네이버지도)

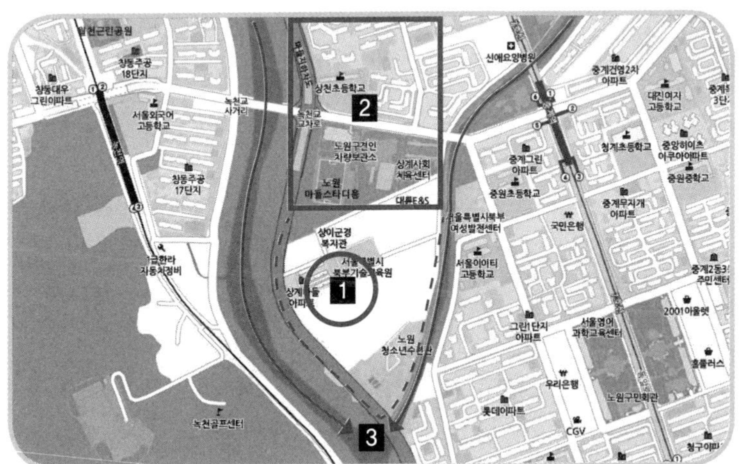

1.촛불 2.초 3.내당수의 합수

내당수와 내당수의 합수지역 중간은 대부분 화성수에 속한다. 오행 중 화의 성질은 열정과 집중력을 상징하는데, 화성수의 촛불에 해당하는 지역은 주로 공원이나 예술회관, 운동장 등 공공시설 단지의 입지지역으로 적합하며, 주거지역으로는 초에 해당하는 지역이 적합하다.

1번 지역이 촛불에 해당하며 2번 지역이 초에 해당한다. 부동산 투자 명당은 주로 초에 해당하는 지역에 형성된다.

내당수와 외당수의 합수지역의 나성 명당 (출처 | 네이버지도)

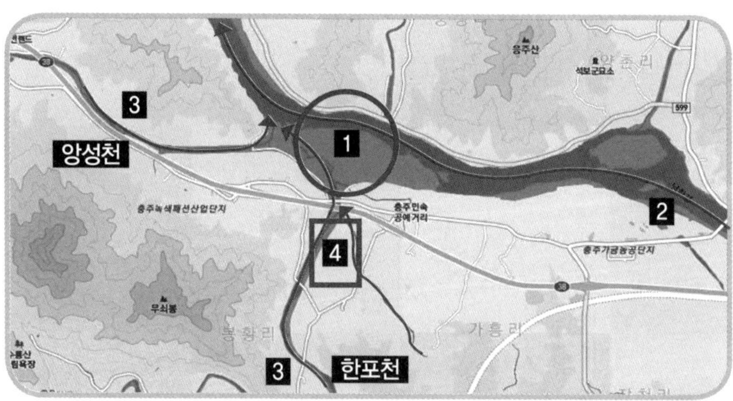

1.나성(봉황섬) 2.외당수(남한강) 3.내당수(한포천, 앙성천) 4.내당수의 합수지역(역세권 형성 가능 지역)

내당수와 외당수 그리고 나성이 존재함으로써 내당수의 흐름을 완화시켜 생기를 충만하게 하여 주는 대표적인 명당의 형국이라 할 수 있다. 이러한 명당은 전철 역세권을 비롯하여 산업단지 등이 개발된다. 위의 사진에서 보면 풍부한 수량을 가진 맑고 깨끗한 남

220

한강을 외당수로 하고, 내당수인 한포천과 앙성천이 역수 방향으로 흐르고 있으며, 내당수의 수구지역에 수려한 모습을 가진 봉황섬이라는 나성이 있어 내당수의 흐름을 완화시켜 주고 있다.

특히 중심 내당수 역할을 하는 한포천은 작은 내당수와 합수하여 외당수와 만나게 되는데 한포천과 작은 내당수가 만나는 지점이 바로 상권이 집중될 수 있는 역세권 등이 형성될 수 있다. 가흥리는 요대수지역으로 충주 에코폴리스 경제자유구역으로 지정되어 개발이 예정되어 있다.

내당수와 외당수의 합수지역의 인위적 명당(출처 | 네이버지도)

1.방조제 2.수구명당

내당수와 외당수의 합수지역, 즉 내당수와 외당수가 만나는 지점의 수구가 넓으면 내당수의 역할을 제대로 할 수 없게 되지만, 인위적 개발을 통하여 명당을 만들 수가 있다. 특히 거대한 외당수인 바다와 만나는 지점의 내당수는 대부분 수구가 넓게 형성되어 있다. 이 경우 방조제 공사를 통하여 내당수의 흐름을 완화, 조절할 수 있는데 방조제가 만들어지면 그동안 빠져 나가던 생기가 모여 있어 새로운 개발의 출발점이 된다. 이러한 명당은 서해안지역을 중심으로 집중되어 있는데 대표적인 곳이 시화방조제의 송산그린시티, 아산방조제의 아산, 삽교천방조제의 당진, 새만금방조제의 새만금지역이 있다.

건물과 도시풍수

도시풍수에서 건물은 산을 의미한다. 건물을 대상으로 투자를 할 경우 풍수의 산에 관한 이론을 접목시켜 투자 명당을 찾을 수 있다. 부동산의 가치는 주변 환경에 큰 영향을 받음으로 투자 대상 건물의 주변 건물부터 파악하는 것이 좋다.

투자 대상 건물 앞에 종교건물을 마주보고 있다든가, 검찰/경찰청과 같은 권력기관이 있는 경우, 날카로운 형태의 건물과 함께 있는 경우, 경사진 곳에 있는 건물, 주변에 같은 규모의 건물이 없는 나홀로 빌딩이나 아파트, 큰 건물 사이에 끼어 있는 건물은 풍수적으로 좋지 못하다.

또 건물 앞에 전신주나, 큰 나무가 있어 출입을 방해한다거나, 혐오시설이 있는 경우에도 건물이 가지고 있는 고유한 기운을 발휘하지 못하기 때문에 피하는 것이 좋다. 특히 나홀로 빌딩의 경우 혈이 맺히지 않는 독산과 같아 재테크를 목적으로 투자를 할 경우에는 가

급적 피해야 한다. 건물의 가치는 주변건물의 형태와 종류, 기능에 따라 달라지기 때문이다. 건물 투자를 할 경우에는 주변 환경 분석이 반드시 필요하다.

도시풍수와 건물에서 부동산 투자와 도시풍수를 접목시켜 봐야 하는 부분은 대지의 형태와 건물의 형태, 건물의 형태와 색상, 건물의 형태와 업종, 주변건물과의 관계를 중심으로 살펴봐야 한다. 부동산 투자에서 입지가 제일 중요하지만 입지결정의 선택이 없다면 풍수적 요소로 부족한 부분을 보완해야 한다. 상가든 주택이든 부분적으로 보완이 필요한 부분이 많다. 우선 대지의 형태를 살펴보면 대지의 형태가 삼각형, 부정형은 피하거나 인접한 토지를 매입하여 합병하거나 분할하는 절차로 대지의 형태를 반듯하게 하는 것이 필요하다. 삼각형 형태의 대지의 경우 출입문 쪽은 넓으나 실내가 좁게 되어 긴장, 불안감을 가질 수 있어 편안함을 가질 수 없게 된다.

상가나 사무실 용도의 경우 건물의 형태와 색상, 업종과의 관계도 매우 중요한데 건물의 형태와 색상, 업종을 오행으로 나누어 상생원칙에 맞게 건물과 업종을 선택하는 것이 필요하다. 오행의 상생과 상극의 원리가 절대적인 원칙이 아니지만 부동산 투자에 있어서는 소홀히 해서는 안 되는 문제이다.

음양오행 이론을 접목한 부동산 투자

풍수지리의 이론적 배경으로 음양오행 이론이 있는데 우주만물은 음과 양으로 나누어져 있으며 음과 양 사이에서 목, 화, 수, 토, 금의 오행이 서로 상생과 상극하면서 변화를 가져오고 있다고 본다. 부동산 투자에서 음양오행 이론과 무슨 관계가 있을까라고 생각하는 사람들도 있겠지만 음양오행 이론은 고대에서부터 우리의 생활관습과 주거문화, 건축문화에 큰 영향을 미쳐왔으며 습관화, 관습화되어 있다. 장례식장에 빨간색 옷을 입고 간다거나 파티장에서 검은색 드레스를 입는 것을 꺼려 하는 것도 음양오행의 이론이 일상생활에 자연스럽게 녹아 있는 것이라고 할 수 있다. 부동산 투자에 오행이론을 접목시켜 보면 보다 성공적인 투자를 할 수 있다. 건물의 형태를 오행으로 분류하고, 건물의 색상을 오행에 맞게 선택해야 하고, 업종도 건물과 상생관계에 있는 것을 선택해야 한다. 음양오행 이론을 접목시켜 실내인테리어에도 응용하여 활용할 필요가 있다.

건물을 5행으로 분류하여 건물의 특징을 살펴보면 다음과 같다.

•목형건물은 주색상이 청색, 보정색은 녹색 등이 있으며, 건물의 형태는 수직 형태이다.

오행 중 목에 해당하는 특징은 강한 모험심과 청소년을 상징하여 벤처기업의 CEO, 탐구심이 강한 과학자, 연구기술자 등의 직종이 좋으며, 나무와 관련된 종이로 만든 상품, 학원 등의 업종도 좋다.

수직형 형태의 건물에 청색톤의 유리창을 가진 건물은 목형이라 볼 수 있는데, 상생관계에 있는 화의 성질을 가진 업종, 즉 정열적이고 집중력이 강한 종교 관련 업종이 입주해도 좋다. 하지만 상극관계에 있는 토와 관련된 업종인 부동산과 같은 업종은 피하는 것이 좋다.

•화형건물은 주색상이 빨간색, 건물의 형태는 불꽃을 상징하는 삼각형이다.

오행 중 화형은 하나로 단결되는 집중력이 가장 뛰어난 특징을 가지고 있기 때문에 종교시설물로 이용되는 경우가 많다. 교회나 성당의 경우 대부분 삼각형의 지붕에 빨간 색상을 선택하고 있다. 상생관계에 있는 토의 성질을 가진 부동산은 괜찮지만 상극관계인 금의 성질을 가진 대기업의 사옥이나 공공기관의 건물로는 부적합하다. 경찰서, 검찰청, 법원건물의 색상이 빨간색으로 되어 있으면 어떠하겠는가?

•토형건물은 주색상이 황색이며, 건물의 형태는 원형이며, 모든 것을 통합하는 성질을 가지고 있다.

토형은 통합하는 특징을 가지고 있으며 안정성이 있고, 재물과 관련되어 있다. 업종으로는 재물과 관련된 은행 등 금융업, 부동산과 관련된 업종 등이 좋으며, 상생관계인 금형과 결합하여 건물을 짓는 경우가 많다. 상극관계인 수형과 관련된 업종은 피하는 것이 좋다.

•금형은 주색상이 흰색이고, 건물의 형태는 수평 혹은 사각형이다.

금형은 특징은 안정성을 중요시함으로 대기업의 사옥이나 관공서, 금융업의 건물로 많이 사용하고 있다. 특히 금형과 토형은 건물형태 중 가장 많이 차지하고 있다. 재물과 관련된 수형의 업종이 상생관계에 있으며, 안정성에 대비되는 적극적이고 모험심을 상징하는 벤처기업은 맞지 않는다.

•수형은 주색상이 검은색이고, 건물의 형태는 파형이다.

수형건물은 감성이 풍부하고 개성이 강한 업종과 관련이 있기 때문에 오페라하우스, 청소년문화회관, 박물관 등과 같이 예술적

수형건물 | 물결이 치듯 파형구조의 수형건물로서 수형의 색상인 검은색 톤을 사용하여 건물의 형태와 색상 그리고 업종의 조화가 이루어진 건물

장소의 건물과 연예인 등 엔터테이먼트의 건물에 많이 있다. 건물 앞에 수형건물이 있다면 물이 흐르는 것과 같아 재물을 불러 들이는 요소로 작용할 수 있다. 수형건물에는 집중력과 하나로 단결시키는 역할을 요하는 종교 관련은 업종은 직합하지 않다.

이처럼 오행과 업종, 건물의 형태와 색상 등이 조화롭지 못할 경우 부도를 맞아 경매로 나온 경우가 많이 있다. 이때 경매물건을 낙찰 받을 경우 건물의 리모델링이나 업종의 선택을 적절하게 한다면 건물의 가치를 상승시켜 큰 수익을 창출할 수 있다.

회사의 로고 등도 오행상생원리에 맞게 하는 것이 좋다. 회사의 얼굴을 상징하는 로고(CI)는 사람의 첫인상을 나타내는 얼굴과 같아 매우 중요하다. 부도를 낸 회사의 로고와 지속적인 성장을 하는 회사의 로고를 살펴보면 그 차이를 알 수 있다.

오행에 따른 건물의 색상, 형태와 업종

오행	색상	건물의 형태	업종	상생	상극
목	청색	수직형	벤처기업, 의류, 종이, 학원, 과학, 교육, 가구, 병원	목생화	목극토
화	적색	삼각형	종교, 에너지, 호텔, 전자통신, 전파성이 강한 업종, 영화	화생토	화극금
토	황색/갈색	원형	부동산, 농업, 건축, 도자기 유리, 시멘트 건설 등	토생금	토극수
금	흰색/회색	수평형 사각형	대기업, 공공기관, 은행, 귀금속, 보험	금생수	금극목
수	검은색/파란색	파형	예술, 청소년, 유흥, 물과 관련된 업종, 여행, 교통, 해운	수생목	수극화

리모델링 전 | 색상을 파란색으로 구성하여 주목성과 집중력을 높이고자 하였다. 그러나 파란색은 이성적 판단과 긴장감을 유발하여 감성적 분위기를 위한 색상으로는 적당하지 않다.

리모델링 후 | 전체적인 색상을 안정감과 편안함을 줄 수 있는 초콜릿 색상으로 전환하였고 나비를 포인트로 집중력을 높였다. 원형을 노란색으로 하여 화려함과 감성적 분위기를 조성하는 데 노력하였다. 리모델링전 사각형 둘레의 파란색을 흰색으로 부각되게 디자인하였다. 건물 위쪽의 표지판을 단순화하고 나비 형상에 LED 조명을 연출하여 건물에 대한 강한 인상을 심어주도록 하였다. 이처럼 큰 비용을 들이지 않고 외벽의 색상만으로도 분위기를 바꿀 수 있다.

삼성동에 고기 맛이 좋아 자주 가는 갈비집이 있었다. 담백하면서도 부드러운 돼지갈비 맛으로 많은 사람이 좋아하여 맛집으로도 소문난 집이었다. 그런데 어느 날 오랜만에 갈비집을 찾았다가 깜짝 놀랄 일이 발생하였다. 건물 외벽이 전부 붉은색으로 바뀌져 있는 것이 아닌가? 이유를 물으니 집중력이 뛰어난 빨간색으로 고객의 눈길을 사로잡겠다는 말에 색상을 바꿀 것을 권하였다. 하지만 비용도 만만치 않고 그렇게 크게 영향을 받지 않는다고 생각하였는지 바꾸지 않고 그대로 유지하였다.

아니나 다를까? 몇 개월을 버티지 못하고 문을 닫고 말았다. 음식을 먹을 때 가장 먼저 맛을 보는 것이 바로 눈이다. 보기 좋아야 먹기도 좋다라는 말이 있듯이 즐겁고 편안하게 음식을 먹고자 하는 것이 사람들의 심리인데, 외벽이 빨간색으로 되어 있다면 왠지 모르게 긴장을 하게 되어 자연스럽게 발길을 다른 곳으로 돌리게 되어 있다. 폐업을 한 이유가 여러 가지가 있겠지만 외벽을 빨간색으로 바꾼 것도 고객 감소에 정도 역할을 하였다고 할 수 있다. 창업을 목적으로 부동산을 매입하는 투자자는 업종과 건물과의 관계도 철저하게 분석할 필요가 있다.

풍수실내인테리어

풍수실내인테리어와 조경풍수는 건강하게 살 수 있는 쾌적한 주거환경을 조성하는 데 목적이 있다. 상가의 인테리어는 매출에 큰 영향을 주며 주택의 인테리어는 신체와 정신건강에 큰 영향을 준다. 인위적으로 작은 변화를 통해 더 큰 변화를 가져올 수 있는 실내 인테리어의 기본을 배워 부족한 부분을 보완해보자.

부동산 투자, 특히 경매물건의 경우 풍수적 보완이 필요한 부분이 많다. 입지에 관한 부분을 어떻게 할 수 없다고 할지라도 건물에 대한 리모델링이나 실내매장인테리어를 통한 상가 활성화로 기대수익을 창출할 수도 있기 때문에 반드시 알아둘 필요가 있다.

상가인테리어의 경우 계산대와 주방의 위치, 출입문의 크기와 위치, 좌석 배치, 색상, 조명의 정도 등을 중심으로 보완이 필요하다. 계산대의 경우 출입문과 정면으로 두어서는 안 되며, 출입문의 방향은 큰 도로보다는 작은 도로가 있다면 작은 도로(골목길)방향을 두는 것이 좋다. 출입문은 크게 만들지 않는 것이 좋다. 인테리어의 색상, 업종과 조화를 맞추어야 하며 좌석은 직선으로 배치하는 것보다 사행으로 배치하는 것이 좋다. 하지만 효율성을 높이기 위하여 대부분 일직선으로 배치하고 있다. 좌석마다의 개성과 특징을 부여하는 것도 상가의 가치를 높이는 역할을 한다.

주택인테리어의 경우에는 쾌적한 주거환경을 조성하는 것이 가장 좋은 풍수인테리어라고 할 수 있다. 집이란 외부에서 지친 심신의 피로를 풀어줄 수 있는 편안함과 건강을 지켜줄 수 있는 곳이어야 하기 때문에 실내인테리어는 마음과 건강에 중점을 두어야 한다. 풍수에서는 침실, 거실, 출입문, 주방, 공부방 등을 중심으로 풍수적 요소를 접목하고 있는데 침실의 경우에 살펴봐야 하는 것은 수맥의 존재 유무, 침대의 배치 방향이다.

이사를 하고 난 후 갑자기 악몽을 꾸거나 건강이 나빠지게 된다면 침실에 수맥파가 있는지를 확인해볼 필요가 있다. 수맥파는 사람에게 나쁜 영향을 미치는 유해파로서 높이에 상관없이 영향을 미치기 때문에 고층에 산다고 해서 안심할 수 없다.

수맥파는 주로 유럽에서 건강과 수맥파와의 상관관계를 알기 위하여 많은 의사가 연구를 하고 있는데, 그 결과를 보면 수맥파는 암을 일으키는 여러 원인 중의 하나라는 발표가 있다. 수맥파는 반드시 피해야 한다. 수맥의 크기는 작게는 30~50cm, 크게는 10m 이상되는 것도 있다. 작은 수맥파는 침대의 배치 방향만 옮겨도 피할 수 있지만, 수맥파가 큰 곳은 침실 자체를 바꿔야 한다.

수맥파는 인체기관 중 뇌에 영향을 미치기 때문에 일상생활을 할 때보다 인체의 면역기능이 떨어지는 수면 시에 더 큰 영향을 미친다. 심하면 뇌 이상에서 오는 정신분열증과 같은 병을 일으킬 수 있다. 잔인한 범죄를 일으킨 원인이 모두 수맥파의 영향이라고 할 수는 없지만, 범죄인의 주거지를 조사한 결과 대부분 강한 수맥파가 존재했다고 한다.

수맥파의 존재 유무와 더불어 침실의 방향 배치도 중요한데 침실배치 기준은 우선 창문과 출입문을 마주보는 쪽에 머리를 두지 않아야 한다. 창문 쪽이나 출입문에 머리를 두는 경우 문틈 사이로 스며든 먼지나 찬바람으로 건강에 해를 입을 수 있다.

거실의 경우에는 편안함과 가족 간 대화를 통한 화목을 이루는 장소로서 역할을 하고 있는데 거실에는 피아노와 음악을 들을 수 있는 전자기기를 배치하게 된다. 전자기기는 전자파를 발생시킴으로 전자파를 차단할 수 있는 식물인 선인장과 같은 화분을 옆에 두는 것이 좋은데, 눈에 직접적으로 보이지 않는 곳에 배치한다.

경매로 집을 사도 되나요?

도시풍수가 끝나면 강의 참석자로부터 가장 많이 듣는 질문이 있다. "경매로 나온 집은 안 좋다는 말을 들었다. 하지만 주변시세보다 저렴해서 구입하려고 하는데, 어떻게 해야 하나요?"

경매로 나온 부동산을 보면 입지적으로는 반궁수와 서향으로 지어진 건물이 다수를 이루고 있으며, 경매 동선을 그리면서 분포하는 경우가 많이 있다. 경매물건은 절대적 흉당과 상대적 흉당으로 나누어 결정을 해야 한다. 절대적 흉당이란 누구에게나 흉당으로 작용하는 장소로서 풍수적 보완을 통해서 해결할 수 없는 곳이다. 상대적 흉당이란 건물과 업종과의 상극관계, 건물과 소유자와의 상극관계에서 발생되는 문제로서 풍수적 보완이 가능한 곳이다.

따라서 경매물건이라 하더라도 어떻게 활용하느냐에 따라 흉당을 명당으로 바꿀 수 있다.

피해야 하는 지역으로는 수맥파로 인하여 건물 벽에 수직으로 금이 간 곳, 온천이 나오는 곳, 여름철 내내 시원한 물이 나오는 냉천, 철분 등 광물이 섞인 물이 나오는 광천, 땅 속이나 암석에서 나오는 용천은 혈이 맺힐 수 없는 곳이다. 그렇기 때문에 잠시 휴식을 위하여 쉬거나 마시는 물, 또는 관광지로서는 타당할지 모르나 주거지로 적당하지 못하다. 이러한 지역은 풍수에서는 생기가 모이지 않고 빠져나가는 곳으로 보며 재물과 건강이 좋지 못하다고 본다.

상대적 흉당이란 건물의 구조 변경이 가능한 곳, 업종 변경이 가능한 곳, 출입문의 위치를 바꿀 수 있는 곳 등이 있는데 리모델링을 통하여 건물 구조 변경과 업종 변경만으로도 명당건물을 만들 수 있다. 리모델링을 할 때 특히 아파트의 경우 내부수리를 하는 경우에 수리의 방향이 매우 중요하다. 수리는 앞쪽으로 해야 하며 뒤쪽으로 해서는 안 된다. 즉 뒤 베란다 확장은 될 수 있는 대로 하지 않는 것이 좋다.

도시풍수를 접목하여 투자 명당을 찾는 법

부동산 투자에 있어 가장 먼저 해야 할 일은 다음과 같다.

첫째, 투자 도시를 선택하는 것이다. 투자 도시 선정은 산업과 주거 기능이 복합된 산업자족형 신도시나 행정과 주거 기능이 복합된 행정자족형 신도시, 관광과 주거 기능이 복합된 관광자족형 도시를 중심으로 투자 도시를 선정하는 것이 좋다. 또한 투자 도시는 풍부한 수량을 가진 외당수가 존재해야 한다. 대표적인 산업자족형 신도시는 삼성산업단지와 결합된 평택/화성 동탄/아산 탕정 신도시와 판교/파주/원주/당진/충주시가 있으며, 행정자족형 신도시는 경북 도청 신도시의 안동과 내포 신도시의 홍성이 있다. 관광자족형 도시로는 동계올림픽의 평창과 레고랜드의 춘천시가 있으며, 대규모 택지지구가 조성되는 향남택지지구와 대전의 과학벨트단지 주변을 투자 관심도시라 할 수 있다.

둘째, 도시가 형성되는 곳에 수량이 풍부한 내당수와 외당수를 가지고 있는지를 판단한다. 미래에는 물부족 현상이 두드러지게 나타나고 우리나라도 물 부족 국가로 분류된다. 도시에는 물이 풍부해야 대표적인 수변도시로는 충주, 춘천, 이천, 여주, 세종시 등이 있다.

셋째, 도시 선정이 끝나면 중심 내당수를 찾아야 한다. 중심 내당수란 도심을 가로지면서 흐르는 작은 하천으로 외당수와 반대방향으로 흐르는 내당수를 말한다.

넷째, 중심 내당수가 결정되면 투자지점을 선택해야 한다. 이때 외당수 가운데 나성이 있는 내당수의 수구지역 등 내당수 명당지역을 중심으로 선택한다.

다섯째, 도시공간구조의 핵과 개발 축을 찾아야 한다. 도시개발의 핵은 도시의 중추적인 역할을 하는 곳으로 도시공간 구조의 도심지역이며, 개발 축은 부핵과 핵을 연결하는 도로망이다.

여섯째, 보행 동선을 확보하는 것이 중요하다. 보행 동선은 거점 역할을 하는 역세권, 산업단지, 주거단지, 나들목에서 목표점인 공원, 공공청사, 상가타운, 백화점, 대형마트와의 최단거리에 형성된다. 단 최단거리에 경사도가 심하거나 혐오시설이 있다면 이를 피해서 갈 수 있는 최단거리에 보행 동선이 형성된다고 볼 수 있다. 투자는 반드시 보행 동선을 고려해서 한다. 보행 동선을 벗어나면 거점과 거리가 아무리 가깝다고 해도 주변 개발에 따른 부동산의 가치 상승에 대한 혜택을 받을 수 없기 때문이다. 따라서 토지 투자 시에는 역세권과 산업단지, 나들목의 위치를 먼저 찾고 목표점인 공공청사, 백화점, 대형마트 입지지역을 찾아 신설도로계획 동선을 찾는 것이 중요하다.

06
잠자고 있는
땅을 깨워라
−특정 지역투자와 내 땅 활용하기

조금만 개발하면 수익을 발생시킬 수 있는 땅이 많이 있다. 먼저 내 땅의 활용방법을 찾아 임대수익을 올릴 수 있는 방법을 찾아보자.

내 땅 활용은 지목 변경, 형질 변경 등 개발행위 허가를 통한 개발방법과 맹지에 대한 진입로 개설로 가치를 상승시키는 방법 그리고 축사나 버섯재배사 등 건물을 건축하여 태양광발전사업으로 수익을 창출하는 방법 등으로 다양하게 활용할 수 있다.

내 땅 개발하기

내 땅을 개발하기 위해서는 어떤 요소들을 검토해야 하는지 살펴보도록 하자.

첫째, 개발을 알아야 투자에 성공한다. 토지 투자자는 토지만을 보고 판단할 것이 아니라 향후 토지를 활용하여 어떻게 개발할 것인지, 또 개발의 방법은 어떤 것인지를 알고 접근해야 투자에 성공할 수 있다. 토지, 아파트, 건물, 주택 등 부동산 투자에 있어 가장 손쉬우면서 가장 큰 수익을 올릴 수 있는 것은 시세차익이다.

토지는 철도역, 나들목, 산업단지, 택지지구 조성 등과 같이 개발되는 지역을 선점하여 용도 변경이 될 수 있는 곳을 확보하는 것이 투자의 최대 관건이라고 할 수 있다.

하지만 현재와 미래에는 이러한 단순한 시세차익을 통하여 과거처럼 큰 수익을 얻기가 쉽지 않다. 그렇기 때문에 토지, 건물 할 것 없이 개발을 통하여 개발 이익을 확보하는 데 주력해야 한다. 부동산 투자는 개발의 방향과 방법을 알아야 정확한 핵심 거점을 확보할 수 있다.

개발행위 허가 지목변경을 통한 토지개발

개발 전

Chapter4 2014-2018 토지 투자는 어떻게 해야 할까?

개발 후

위 사진의 토지는 도시지역 중 준주거지역으로 지목은 전으로 되어 있다. 이 토지는 개발을 위해 전에서 대지로 지목 변경을 위한 개발행위허가를 얻어 건물을 건축하였다. 건축비는 대출을 통하여 해결하였고, 대출이자는 임대수익을 가지고 해결하고 있다. 이처럼 사용하지 않은 토지를 조금만 가공하면 임대수익과 가치를 상승시킬 수 있다.

위 토지의 경우 땅의 형태에는 큰 변화가 없지만 대지로 지목이 변경되면서 가치의 상승 및 감정가격 상승으로 대출금액을 많이 받아 건물을 건축할 수 있었으며 임대수익도 확보할 수 있게 되었다. 준주거지역은 용도지역 중 상업지역 다음으로 토지의 활용도가 높으며, 주변의 발전 정도에 따라 새로운 건물을 건축하여 투자수익을 기대할 수 있다.

건축법상 주택의 종류

토지를 매입할 경우 건축법상 주택의 개념을 알고 있어야 토지의 활용도를 판단할 수 있다. 건축법상 주택은 하나의 건물에 소유권이 각 호수별로 구분되어 있느냐 없느냐에 따라 단독주택과 공동주택으로 구분한다. 단독주택으로는 단독주택, 다중주택, 다가구주택이 있으며 공동주택으로는 다세대주택, 연립주택, 아파트 등이 있다. 토지이용확인서를 통하여 용도지역을 파악하고 건축할 수 있는 건축물의 종류를 살펴보면 향후 토지의 이용 가치를 판단할 수 있다.

구분		주요 특징	구별기준
단독 주택	단독주택	단독주택은 건축법상 건축제한 면적이 없음으로 개인의 취향에 맞게 건축할 수 있다. 용도지역상 건폐율과 용적률의 제한이 있다.	호수별 소유권 구분이 없다.
	다중주택	다중주택은 화장실, 주방을 공동으로 사용하며 독립된 주거형태가 아닌 주택으로 연면적이 330㎡ 이하이고, 층수가 3층 이하인 주택을 말한다. 여인숙과 같은 구조로 노후된 건물이 대다수 있지만, 향후에는 쉐어형 임대주택으로 리모델링하여 임대사업 목적으로 활용하면 수익 창출이 가능한 주택이라 할 수 있다.	
	다가구 주택	독립된 주거생활이 가능한 곳으로 19가구 이하 주택으로 쓰이는 층수가 3개 층 이하이며, 주택으로 쓰이는 연면적이 660㎡ 이하인 주택을 말한다.	
공동 주택	다세대 주택	각 호수별 소유권이 구별되어 있으며 주택으로 쓰이는 층수가 4개 층 이하이며 1개 동의 연면적이 660㎡ 이하인 주택을 말한다(주차장 면적은 제외).	호수별 소유권이 구분되어 있다.
	연립주택	다세대 주택과 마찬가지로 호수별 소유권이 구별되어 있으며 주택으로 쓰이는 층수가 4개 층 이하이며, 1개동의 연면적이 660㎡를 초과하는 주택을 말한다.	
	아파트	아파트의 경우 건축법상 면적제한은 없으며 주택으로 쓰이는 층수가 5개 층 이상이면 아파트로 분류한다.	

태양광발전사업으로 수익 창출하기

정부에서는 신재생에너지사업의 활성화를 통하여 탄소 배출량을 줄이기 위하여 많은 지원을 하고 있다. 신재생에너지 중에서도 태양광발전사업을 발전시키기 위하여 다른 신재생에너지에 비하여 2017년까지 한시적으로 가중치를 부여하여 사업성을 높여주고 있다.

태양광발전사업이란 태양광발전시설을 통하여 전기를 발생시켜 한전에 파는 방법을 말한다. 태양광발전사업의 수익성으로는 전기를 팔아서 생기는 매전수익과 탄소 배출권을 확보하여 남은 탄소배출권을 주식처럼 판매할 수도 있다. 또 법인세 감면 등 각종 세제 혜택도 주어진다.

이러한 태양광발전사업은 탄소 배출량을 줄이고 신재생에너지를 활성화할 목적으로 시행하였다. 이러한 혜택으로 초기에 전, 답, 임야에 발전시설을 설치하였으나 탄소 배출을 줄이기는 커녕 오히려 자연을 훼손시킴과 동시에 숲이 없어지는 부작용이 발생하였다. 이에 정부는 기존 시설물을 활용하는 경우에는 가중치 1.5를 부여하고 전, 답, 과수원, 목장용지, 임야의 5개 지목에는 0.7의 가중치를 부여하여 수익성을 감소시켰다. 따라서 태양광발전사업은 건축물 등 기존 시설물을 이용하여 사업을 해야 수익을 발생시킬 수 있게 되었다.

따라서 소유하고 있는 건물이나 토지가 있는 경우 폐교 또는 저렴한 농지와 임야를 매입하여 버섯재배사, 축사 등의 건축물을 건축하여 농업과 목축업에서 생산성을 높임과 동시에 태양광발전사업을 통하여 수익을 창출함으로써 내 땅에 대한 활용성을 찾지 못하였거나 귀농을 생각하는 사람들에게 새로운 투자사업으로 시도해볼 만하다. 버섯재배사, 축사는 시설물이 아니라 건축물이어야 한다. 버섯재배사, 축사의 경우 농지나 임야에 건축 가능하며, 신재생에너지시설의 설치도 대부분 가능하기 때문에 황금알을 낳는 역할을 할 수 있다. 이처럼 토지는 다양한 활용성을 가지고 있음으로 토지 투자를 할 때 반드시 뚜렷한 목적성을 가지고 투자를 해야 한다.

신재생에너지 중 태양광에너지 가중치				
구분	공급인증서 가중치	대상 에너지 및 기준		
		지목유형	용량기준	설치 유형
태양광 에너지	0.7	전, 답, 과수원, 목장용지, 임야의 5개 지목		건축물 등 기존 시설물을 이용하지 않는 경우
	1.0	기타 23개 지목	30kw 초과	
	1.2		30kw 미만	
	1.5	건축물 등 기존 시설물을 이용하는 경우		

건물 지붕에 설치한 태양광발전시설

접경지역과 미군 공여지 투자

한국전쟁 이후 군사분계선을 중심으로 남북한의 각각 2km씩을 DMZ로 설정하여 군사적으로 대치하고 있다. 또 군사분계선으로부터 10km를 민통선지역으로 지정하여 민간인의 출입을 통제하고 있다. 이 민통선지역으로부터 25km지점을 접경지역이라 하는데, 대부분 군사설보호구역 등으로 규제되어 경기 북부지역은 경제발전의 제약이 커서 가장 낙후된 지역이다. 접경지역은 남북한 관계에 큰 영향을 받는 지역이기 때문에 한반도를 단절하는 DMZ 주변 접경지역은 그동안 과도한 군사시설보호구역 지정 및 취약한 산업기반으로 대한민국에서 소외된 지역이었다. 하지만 향후에는 통일 한반도의 핵심지역으로서 잠재력과 중요성이 크게 부각되는 지역이다.

접경지역은 잘 보전된 자연환경을 가지고 있으며 남북한 분단이라는 역사적 체험의 장소로서 관광코스개발과 역사교육의 장소로 활용할 수 있는 지역으로서, 통일에 대비한 통일도시 조성, 남북한과 연계한 산업 축, 남북한과 연계한 관광 축 개발이 가능하다.

접경지역지원특별법 시행령에 따른 접경지역의 범위로는 인천광역시의 강화군, 옹진군, 김포시, 파주시, 연천군, 춘천시, 철원군, 화천군, 양구군, 인제군, 고성군, 고양시, 양주시, 동두천시, 포천시 그리고 비무장지대 중 경기도 파주시 군내면에 위치한 집단취락지역이다.

접경지역의 투자 유망지역으로는 양구와 철원, 연천을 주목할 필요가 있다.

미군 공여지 투자 전략

미군 공여지란 한국전쟁 후 주한미군이 도시방어선을 구축하기 위하여 설치한 도심지에 위치한 군사시설과 93개에 달하는 미군주둔기지 관련시설을 위하여 제공된 토지를 말한다. 군사시설보호구역으로 지정되면 개발제한과 환경오염 발생, 군사훈련에 따른 주거생활의 불편 등 도시의 발전과 체계적 개발을 가로막는 장애 역할을 하였다.

그러나 세계적으로 이념대립의 냉전체제가 무너지고 남북한의 화해무드와 무기의 발전 등으로 미군의 감축과 미군부대의 도심외곽 이전을 추진하였으며, 미군기지가 반환됨으로써 지자체별 미군 반환 공여지 개발이 본격적으로 추진되고 있다.

특히 경기 북부지역의 의정부, 동두천, 파주지역과 춘천은 군사적 전략 요충지로 많은 미군부대가 존재하여 도시개발을 가로막는 장애물이었으나, 미군부대가 이전함에 따라 미군기지 공여지를 도시의 핵심 거점으로 설정하여 체계적이 개발이 가능하게 되었다. 이런 이유로 미군 공여지 주변의 투자 가치가 매우 높아지고 있다. 대표적으로 미군 공여지가 있는 지역을 살펴보면 부산, 대구, 인천, 대전 등과 수원시, 성남시, 고양시, 의정부시, 남양주시, 평택시, 용인시, 화성시, 파주시, 포천시, 광주시, 하남시, 의왕시, 양주시, 동두천시, 오산시 등 전국에 분포하고 있다.

미군 공여지 투자는 미군 공여지가 집중된 경기 북부지역과 지방을 나누어 투자 전략을 세울 필요가 있다. 지방의 경우 대구 동구의 K2공항과 광주의 광산지역을 주목해 볼 필요가 있다. 경기 북부지역은 파주, 동두천, 의정부지역을 중심으로 투자 전략을 세워야 하는데 남북한의 영향에 따라 개발에 대한 영향이 있을 수 있음으로 장기 투자의 관점으로 접근해야 한다.

경기 북부지역의 미군 공여지는 관광지 및 관광단지 조성사업, 학교의 이전 및 조성사업, 산업단지 조성을 허용하여 개발에 탄력을 가져오고 있다.

파주지역의 미군 공여지로 캠프하우즈는 파주시 조리읍 봉일천리와 뇌조리 일원에 있으며, 봉일천은 기존 시가지와 접하고 있다. 문산, 서울, 고양을 연결하는 국도 1호선이 통과하고 있어 접근성이 양호하여 교육문화, 문화체육공원개발계획을 세우고 있다. 이곳은 공능저수지에서 흘러내려오는 고산천과 공릉천 그리고 장진천의 내당수가 합수되는 삼합수 지역으로서 풍수 명당이라고 할 수 있다.

캠프에드워드는 월롱면 영태리와 위전리 일원을 범위로 국도 1호선과 경의선 통과하고 있으며, 도시공간 구조상 파주시의 중앙부에 위치하고 있다. 캠프자이언트는 파주시 문산읍 선유리와 이천리 일원으로 교육연구복합단지개발을, 켐프게리오웬은 패션, IT의 디자인특화단지 교육연구 복합단지개발을 목표로 하고 있다. 캠프스텐톤 광탄면 신산리 일원으로 국지도 23호선의 문발 나들목과 연결되어 있고, 문산천과 분수천의 합류 지점으로 풍수적으로 좋은 입지를 가지고 있으며 교육연구복합단지, 택지개발이 이루어지고 있다.

파주의 캠프 하우스

1.삼합수 | 세 개의 내당수가 하나로 합쳐지는 삼합수로서 풍수적으로 좋은 명당이 형성되는 조건으로 본다. 2.투자 명당 | 배산임수의 위치로 삼합수의 기운을 받을 수 있는 주거지로서 좋은 조건을 가진 지역이라 할 수 있다. 3.캠프하우스

동두천의 미군 공여지는 불현동의 캠프호비, 짐볼스훈련장, 상패동의 캠프님블, 소요동의 캠프캐슬, 보산동의 캠프모빌, 켐프케이시가 있다. 의정부는 금오동의 캠프카일/캠프에세이욘/캠프시어스, 의정부동의 캠프홀링워터, 호원동의 캠프잭슨, 가능동의 캠프레드크라우드, 고산동의 캠프스탠리가 있으며 춘천에는 캠프페이지가 있다. 이처럼 경기 북부지역은 도심지역이나 교통의 결절점에 대규모의 미군 공여지를 가지고 있어 새로운 도시개발의 거점으로 활용할 수 있게 되었다. 군사보호구역이 많아 개발이 어려웠던 경기 북부지

역에 새로운 도시 성장의 동력을 가져올 수 있는 미군 공여지 주변의 역세권을 중심으로 투자지역을 검토해볼 만하다.

동두천개발계획

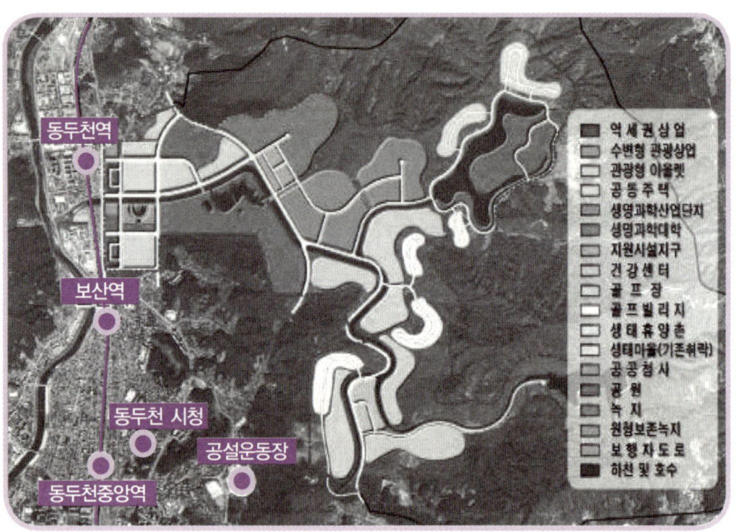

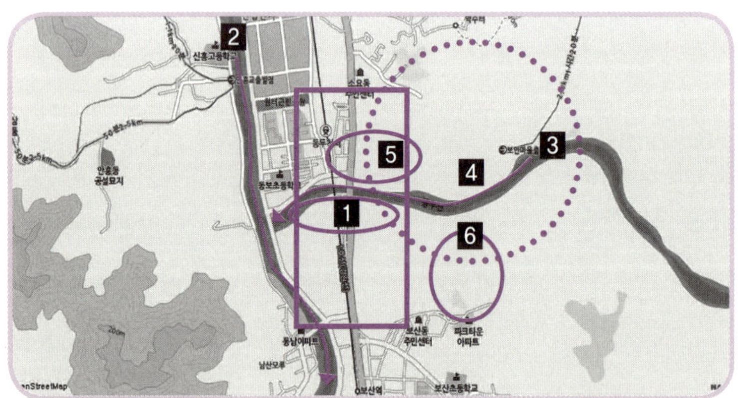

1.역세권 개발 지역 2.외당수 3.내당수 4.미군 공여지 5.미니신도시 6.대학

동두천은 미군부대 이전에 따른 도심공동화 현상으로 낙후성을 면치 못하고 있지만, 미군 공여지를 중심으로 한 도심재생사업이 본격적으로 이루어진다면 성장 가능성이 매우 큰 도시라 할 수 있다. 동두천은 경기 북부지역에 위치하고 있어, 남북한 관계에 따라 개발의 방향과 진행이 매우 유동적일 수 있기 때문에 장기적 안목에서 투자처를 선정하는 것이 좋다. 개발이 가장 빠르게 진행될 수 있는 동두천역, 보산역의 중심으로 역세권개발에 대한 가치 상승을 예상하여 투자하는 것이 좋다.

도시 외부로는 신천(외당수)이 흐르고 도시 내부를 흐르는 내당수인 동두천이 외당수인 신천으로 흘러들어가는 풍수 명당에 동두천 역사가 위치해 있다. 동두천시의 발전은 내당수인 동두천을 따라서 형성될 가능성이 크기 때문에 투자 시 풍수적 요소도 고려하여 투자지역을 선정하면 좋다.

섬 투자 전략

2005년에 강화도를 중심으로 서해안 지역의 섬 투자가 유행한 적이 있다. 강화도의 강화대교와 영흥도의 영흥대교 등 연륙교와 연도교의 건설, 관광레저 인구의 증가로 펜션, 전원주택 용도로 많은 투자가 이루어졌다. 최근에는 이순신대교, 거가대교의 개통으로 거제도 등 남해안의 섬에도 지가 상승을 가져왔으며, 섬 투자에 대한 관심도 높아지고 있다. 점점 투자 가치가 높아지고 있기는 하지만, 섬 투자는 매우 신중하게 결정해야 한다.

섬 투자에 있어 고려해야 할 사항으로는 섬은 아름다운 자연경관을 가지고 있기 때문에 자연환경보전지역 등 개발 규제가 심하기 때문에 부동산 공법적인 측면에서 용도지역에 대한 부분을 철저하게 검토해야 한다. 또 환경적으로는 물과 접근성을 고려해야 한다. 섬 투자에 있어 물은 가장 중요한 요소이기 때문이다.

또 배를 이용하는 경우 배의 접근성 여부도 꼼꼼하게 검토해야 한다. 섬 투자의 대상으로는 서해안과 남해안 지역이 주요대상이며, 배후 도시인구가 많이 존재하고 연륙교, 연도교의 건설이 예정되어 있는 지역으로 영종도의 무의도, 용유도, 석모도를 살펴볼 필요가 있다. 특히 무의도는 무의대교, 석모도는 석모대교의 건설이 예정되어 있으며 인천공항과의 접근성이 확보되어 있어 인천공항 신도시 주민의 휴식처로서 가치가 증대될 것으로 기대된다.

서해안지역은 수도권의 배후 인구와 인천공항을 통하여 들어오는 외국관광객의 접근성이 좋은 장점이 있으나, 일반인들의 투자 대상 지역이 많지 않는 것이 단점이다. 이에 비하여 남해안 섬들은 알려지지 않은 섬들이 많이 있으며 가격도 저렴하여 투자 대상지역으로 적당한 곳이 많다. 남해안 섬은 자연경관이 아름답고 연륙교 등 대교건설이 계획되어 있는 곳이 많은 여수지역을 중심으로 투자 지역을 찾아보는 것이 좋다.

섬 투자의 목적은 펜션, 전원주택용이 일반적이지만 보다 큰 면적을 확보하여 섬 자체를 테마를 갖춘 관광휴양지로 개발하는 것을 시도해 볼 수도 있다. 섬을 관광휴양지로 개발하여 수익을 올리는 대표적인 곳으로 피지와 발리 등이 있으며, 우리나라에는 거제도의 외노섬이 있다.

이국적 풍경의 외도섬 | 자연환경을 최대한 활용하여 잘 조화된 정원과 조경으로 많은 관광객을 끌어들이는 거제도의 대표적인 관광단지로 섬개발의 모델로 삼을 만한 곳이라 할 수 있다.

부동산 경매와 NPL 투자론

경매시장이 뜨겁게 달아오르고 있다. 일부 전문가들의 전유물이라고 생각했던 경매시장은 민사소송법 적용을 받아오다가 2002년 7월 1일부터 별노의 민사집행법이 집행되면서 명도 절차가 대폭 간소화되지 일반인의 참여가 증가하며 대중화되었다. 경매가 대중화된 이유는 경매에서 가장 해결하기 힘든 문제 중 하나였던 명도문제를 비교적 쉽게 접근할 수 있게 되었기 때문이다.

또 경매는 저렴한 가격으로 매입하여 높은 수익률을 올릴 수 있다는 것과 소액으로 큰 금액의 부동산을 확보할 수 있다는 점, 토지거래허가제 지역의 부동산을 토지거래 허가 없이도 매수할 수 있으며, 권리 분석과 가치 분석만 잘 하면 안정적인 수익을 올릴 수 있는 장점을 가지고 있다.

하지만 해마다 일반인들의 경매 참가율이 높아짐에 따라 낙찰가도 높게 형성되고, 권리 분석을 잘못하여 오히려 손해를 보는 등 곳곳에 경매의 함정들이 도사리고 있다. 정확한 권리 분석과 명도의 어려움, 매각이 되었다 하더라도 불허되는 경우도 있고, 매수자가 매각대금을 납부하기 전에 채무자가 채무를 변제하면 경매 자체가 취소되는 경우 등 예기치 않는 손해도 발생할 수 있는 위험을 가지고 있다.

경매는 철저한 기본지식과 실무경험을 가지고 참가해야 높은 기대수익을 얻을 수 있다. 경매시장에서 요즘에는 부실채권(NPL) 투자에도 많은 관심을 가지고 있음으로 NPL의 절차와 투자방법, 경매의 개념, 절차, 권리 분석, 가치 분석, 토지 경매 시 주의할 점, 주의해야 할 경매의 함정 요소 등을 중심으로 살펴보도록 하자.

01
경매의
개념과 절차

안정된 수익확보를 위한 경매의 기본 원칙

부동산가격 하락과 경제상황의 악화로 대출을 받아 매입한 아파트, 주택 등 부동산 대출상환금을 제때 해결하지 못한 부동산이 대거 경매시장에 나오고 있다. 베이비붐 세대의 재테크 수단이었던 아파트 시장은 더욱더 악화되고 있어 향후 경매시장은 풍부한 부동산 경매물건이 공급될 것으로 예상된다.

일반적으로 경매라고 하면 저렴한 가격으로 큰 수익을 얻을 수 있다는 막연한 생각으로 접근하는 경우가 많이 있다. 주로 주변시세나 감정가격을 기준점으로 삼아 입찰가를 결정하여 경매에 참가하고 있다. 그런데 경매 시장이 과열됨에 따라 지나친 경쟁심으로 낙찰가격이 감정가격을 넘어서는 경우도 발생하기도 하고, 잘못된 권리 분석으로 예기치 않은 손해를 보기도 된다. 그렇다면 경매를 통하여 기대수익을 얻을 수 있는 방법은 무엇이 있는지, 반드시 살펴봐야 할 점은 무엇인지를 알아보기로 하자.

부동산 투자에 있어 실패의 원인은 여러 가지가 있겠지만 투자의 가장 기초적인 원칙을 지키지 않고 대박만을 기대하면서 투자하는 것이다. 경매 투자 또한 투자의 가장 기초석인 일반 원직을 벗어나서 투자해서는 안 된다. 투자의 원칙만 철저하게 지키기만 해도 투자의 절반은 성공하였다고 할 수 있다.

그렇다면 경매 투자의 원칙은 무엇인가?

첫째, 경매의 목적성을 뚜렷하게 해야 한다.

단기 차액을 위한 것인지, 내 집 마련의 목적인지, 아니면 미래 가치를 통한 수익 창출을 목적으로 하는 장기적 투자인지에 대한 목적성에 따라 경매 투자에 대한 접근성이 달라져야 한다.

미래 가치에 대한 장기적인 투자는 낙찰가격에 대한 기준보다는 미래 가치에 대한 투자 수익률에 비중을 더 주어야 하고, 경매 물건에 대한 비대칭 정보를 통한 가치 분석을 철저히 해야 한다. 단기 시세 차익을 목적으로 하는 경우에는 최저의 낙찰가격의 차이에 비중을 더 두어야 한다.

둘째, 경매 물건은 복잡한 권리관계가 기초가 된다.

권리 분석은 경매의 가장 기본이 되는 부분으로서 경매의 출발점이다. 예기치 않은 손실 발생을 방지하기 위해서는 권리 분석을 철저히 해야 한다. 초보자의 경우 유치권, 가장(위장)임차인의 존재 등 숨어있는 권리에 대한 분석과 권리관계에 대한 법리를 오해함으로써 낙찰가 산정을 지나치게 높게 하여 손해를 입는 경우가 많이 발생한다.

셋째, 권리 분석보다 가치 분석에 중점을 두어야 한다.

경매에서 권리 분석은 소유권과 기타 물권에 관한 법률적 측면을 분석하는 것이라면, 가치 분석은 경매 물건의 미래 가치에 대해 분석하는 것이다. 즉 권리관계를 중심으로 분석하는 권리 분석과는 달리 부동산의 가치를 중심으로 분석하는 것으로 매우 다른 차원이라 할 수 있다.

권리 분석은 등기부등본, 권리분석표 등 기타 서류에 나타난 현재의 권리관계를 분석하는 것으로 법률적 지식만 있으면 누구나 분석이 가능하고 큰 차이가 나지 않는다. 하지만 가치 분석은 해당 물건에 대한 정보력과 다양하게 활용할 수 있는 실무 경험 등이 주축이 되기 때문에 동일한 물건이라 하더라도 가치 분석에는 매우 큰 차이가 날 수 있다.

경매의 장점이 주변시세보다 저렴하게 매입하는 것이지만 진정한 투자 수익을 얻기 위해서는 해당 물건의 가치 분석을 통하여 미래가치를 파악하는 것이 더욱 중요하다.

넷째, 현장답사와 주변 탐색을 통하여 숨어 있는 권리와 가격을 찾아내는 노력을 해야 한다.

서류상으로 나타나지 않는 유치권, 분묘기지권의 성립 여부, 건물의 상태, 시세의 파악 등을 위하여 최소 2회 정도는 현장답사를 통하여 경매 원인을 파악하는 것이 좋다.

다섯째, 입찰가 산정은 권리 분석과 가치 분석, 현장답사를 통하여 종합적으로 판단한 후 경매 참가 여부 및 입찰가격을 결정해야 한다. 이때 지나친 경쟁심으로 분위기 휩쓸려 입찰가를 높이는 실수를 범하지 말아야 한다.

과열된 분위기 조성되면 자신도 모르게 입찰가격으로 생각했던 가격보다 높게 입찰하는 경우가 많이 있는데, 경매에서는 분위기에 흔들리지 않는 냉정함을 유지하여야 한다. 예상 입찰가 산정방법으로는 '예상입찰가＝현시세－(제반비용＋기대수익금액)'으로 계산하는데, 현 시세의 기준은 감정평가서에 나타난 감정가격을 기준으로 하지 말고 감정가보다 10% 정도 낮은 가격을 시세라 보고 산정한다. 법원경매의 감정가 함정은 금융기관에서 대출을 목적으로하는 감정평가와 같다고 생각해서는 안 된다. 금융기관의 대출 목적 감정가는 시세보다 싸게 책정하여 채권회수에 대한 담보의 가치를 높게 하는 반면, 법원감정가격은 비교적 고평가하여 채권회수율을 높여 채무자의 채무 부담을 그만큼 해결할 수 있게 하고 있다.

또 법원의 법원감정평가액은 매각 시점과 감정평가 시점에 차이가 있다. 법원감정가격은 감정가격 산정시기와 경매낙찰 시간까지 보통 6개월 정도, 길게는 1년 정도 차이가 나기 때문에 시세의 변동이 많을 수 있다. 토지의 경우에는 해당 지역에 비교할 만한 토지 거래가 없는 경우가 많아 해당 물건과 비교할 만한 거래가 없는 경우에 감정가격의 적정성에 신뢰감이 부족할 수 있다. 그럼으로 감정가격은 참고사항일 뿐 절대적 신뢰가격으로 생각해서는 안 된다.

경매물건의 시세는 감정가격의 80~90% 수준이라 생각하고 입찰에 참가하는 것이 좋다. 일반적으로 시세의 110~120% 수준에서 감정가를 결정하는 경우가 많은데, 입찰가격은 산정은 감정가격이 아닌 매도가능한 가격을 가늠하여 시세가격을 파악하는 것이 필요하다.

제반비용이란 취득세, 등록세, 법무사 수수료, 명도비용, 컨설팅 비용 등 낙찰가격 외에 부수적으로 들어가는 제반비용을 고려하여야 한다. 보통 감정가의 5% 내외를 제반비용으로 계산하여 입찰가 산정에 반영하여 결정하는 것이 좋다.

기대수익이란 통상적으로 경매 낙찰 후 매도차액으로 6개월 내 10% 이상의 수익이 발생할 수 있는 금액을 기준으로 삼는 것이 좋다.

경매 개념과 대상

경매란 채권자가 자신의 금전채권을 확보하기 위하여 채권자의 신청에 따라 법원이 하는 강제집행의 한 방법으로 부동산과 선박, 자동차 등 기타 대상물을 매각하여 현금화하는 것을 목적으로 하는 절차를 말한다.

경매의 주 대상은 부동산인 토지와 건물, 공장 및 광업재단, 광업권 뿐만 아니라 어업권, 선박, 자동차, 건설기계 및 항공기 등 기타 대상물도 경매의 대상이 된다. 또 공유지분도 경매의 대상이 되며 미등기부동산(토지, 건물)의 경우도 채무자의 부동산인 것이 확인되면 채권자의 신청에 의하여 경매신청기입등기 전에 소유권보존등기를 한 후 경매개시결정기입등기를 하는 방법으로 강제집행을 할 수 있다.

경매 방법으로는 집행주체에 따라 국가기관이 주체가 되는 공경매와 개인이 주체가 되는 사경매로 나눌 수 있다. 공경매는 국가기관에서 자산을 매각하는 경우(잡종재산), 국세징수법상 체납처분 절차로서 하는 공매(압류재산), 민사집행법상의 공매인 법원경매가 있다. 공경매와 사경매가 중복되서 진행되는 경우에는 양 절차의 매수인 중 먼저 소유권을 취득한자가 진정한 소유자로 확정된다.

또 집행권의 필요 여부에 따라 임의경매와 강제경매로 나눌 수 있는데 임의경매는 저당권, 근저당권, 질권, 담보가등기 등 각종 담보권의 실행으로 하는 경매로서 집행권원이 필요 없다(주택을 매입할 때 부족한 자금을 은행으로부터 대출을 받을 경우 해당 주택에 근저당설정계약을 하는데 변제기가 도래하여도 변제하지 않을 경우 은행에서 근저당설정에 의한 경매신청을 한 경우). 강제경매란 채권자자 집행권원(집행증서, 화해나 조정조서, 확정된 지급명령 등)에 의하여 채무자 소유의 부동산을 압류, 현금화하여 그 매각대금으로 금전채권을 충족시키는 강제집행절차를 말한다(돈을 빌려가서 변제기에 갚지 않을 경우 대여금반환청구소송을 통하여 승소판결을 받은 후 집행문을 부여받아 채무자의 부동산에 압류하여 현금화하는 경매 절차를 말한다).

강제경매와 임의경매의 차이를 살펴보면 임의경매는 담보권의 존재를 증명하는 서류만 첨부하면 되기 때문에 매수인이 소유권을 취득하였더라도 경매개시결정 전부터 담보권이 없거나 무효 등 하자가 있다면 매수인의 소유권 취득은 유효하지 않다. 하지만 강제경매의 경우에는 집행권원(확정된 지급명령의 원인이 된 권리 등)에 표시된 권리에 하자가 있어도 매수인의 소유권 취득은 유효하다.

경매 절차

경매 절차는 일반적으로 목적물 압류→현금화→채권자의 채권 변제 3단계로 진행되는데, 채권자의 경매신청 및 법원의 경매개시결정→배당요구의 종기결정 및 공고→매각의 준비→매각방법 등의 지정, 공고, 통지→매각의 실시→매각결정 절차→매각대금의 납부→소유권이전등기 등의 촉탁, 부동산인도명령→배당 절차로 진행된다.

그럼 경매 절차에 대해 살펴보자.

경매신청 및 경매개시 결정

채권자가 경매신청을 하면 법원은 경매개시결정을 하여 매각할 부동산을 압류하고 관할 등기소에 경매개시결정의 기입등기를 촉탁하여 경매개시결정 사실을 등기기록에 기입하도록 하고, 경개시결정 정본을 채무자에게 송달한다.

경매 절차 : 강제경매 절차 중심

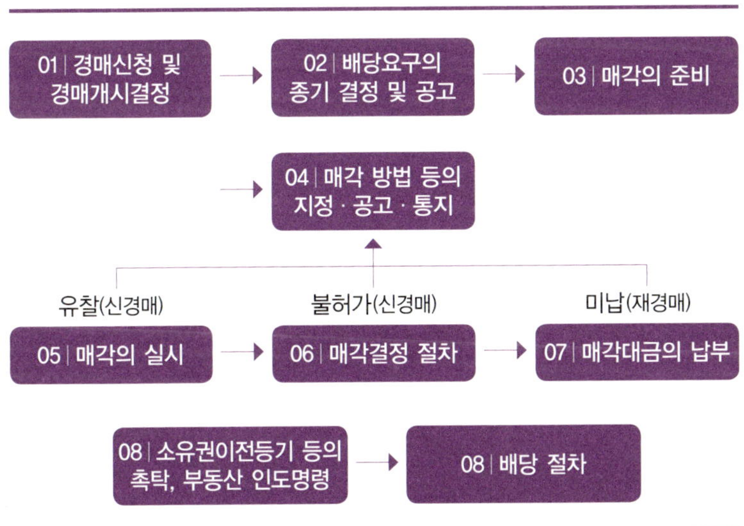

출처 | 법원경매

배당요구의 종기 결정 및 공고

매각할 부동산이 압류되면 집행법원은 채권자들이 배당요구를 할 수 있는 기간을 첫 매각기일 이전으로 정한다. 법원은 경매개시결정에 따른 압류의 효력이 생긴 때부터 1주일 안에 경매개시결정을 한 취지와 배당요구의 종기를 법원경매정보홈페이지 법원경매공고란 또는 법원게시판에 게시하는 방법으로 공고한다.

채권자는 배당요구의 종기까지 반드시 배당요구를 해야 할 채권자와 배당요구를 하지 않아도 배당을 받을 수 있는 채권자로 나눌 수 있다. 배당요구를 해야 할 채권자가 배당요구를 하지 아니한 경우에는 선순위채권자라도 경매 절차에서 배당을 받을 수 없게 될 뿐만 아니라, 후순위채권자로서 배당을 받은 자를 상대로 부당이득 반환청구를 하여 배당액에 해당금액을 돌려받을 수도 없다. 또 첫 경매개시결정등기 전에 가압류등기를 마친 채권자의 경우에는 배당요구를 하지 않아도 등기기록에 등재된 가압류 금액에 따라 배당받을 수 있다. 그러나 이미 본안소송에서 가압류 금액 이상의 승소판결을 받았다면 위 기간 내에 집행력 있는 정본에 의하여 배당요구를 할 필요가 있다. 그렇지 않으면 가압류 금액을 넘는 부분에 대해서는 전혀 배당에 참가할 수 없게 된다. 배당을 요구하지 않아도 배당을 받을 수 있는 경우라고 하더라도 일정한 경우 배당요구를 해야만 하는 경우가 있음을 유념해야 한다.

배당요구의 종기까지 반드시 배당요구를 해야 하는 채권자는 집행력 있는 정본을 가진 채권자, 민법, 상법 기타 법률에 의하여 우선변제청구권이 있는 채권자(주택임대차보호법에 의한 소액임차인, 확정일사부임차인, 근로기준법에 의한 임금채권자, 상법에 의한 고용관계로 인한 채권이 있는 자 등), 첫 경매개시결정등기 후에 가압류한 채권자, 국세 등의 교부청구권자가 있다. 배당을 요구하지 않아도 배당을 받을 수 있는 채권자로는 첫 경매개시결정등기 전에 이미 등기를 마친 담보권자, 임차권등기권자, 체납처분에 의한 압류등기권자, 가압류권자, 배당요구의 종기까지 마친 경매신청에 의하여 이중경매개시결정이 된 경우 이중경매신청인 등이 있다.

매각의 준비

매각의 준비는 현황조사, 부동산의 평가 및 최저가격의 결정, 매각물건명세서의 작성비치, 공과를 주관하는 공무소에 대한 최고 이해관계인에 대한 채권선고 등으로 매각준비를 한다. 법원은 경매개시결정을 한 뒤에 바로 집행관에게 매각할 부동산의 현상, 점유관계, 차임 또는 보증금의 액수, 기타 현황에 관하여 조사를 명하고 감정인에게 매각할 부동산을 평가하게 하며 감정인의 평가액을 참작하여 최저매각가격을 정한다. 매각의 준비과정에서 작성된 매각물건명세서, 현황조사보고서 및 감정평가서는 그 사본을 매각기일 또는 입찰 개시일 1주일 전까지 법원에 비치해서 누구나 볼 수 있도록 하고 있다. 경매참가자는 1차적으로 보고서, 명세서를 통하여 경매물건의 권리분석과 가치분석을 하게 된다. 최저매각가격보다 낮은 가격의 매수신고에 대하여는 매각이 허가되지 않는다.

매각 방법 등의 지정, 공고, 통지

법원은 "잉여의 가망이 없다(경매를 하여도 경매가격이 낮아 실익이 없는 경우)" 등 경매절차를 취소할 사유가 없는 경우에 직권으로 매각기일과 매각결정기일을 지정한다. 이때 최초의 매각기일은 공고일부터 14일 이상의 간격을 두고 지정되며 매각결정기일은 일반적으로 매각기일부터 7일 뒤로 지정된다. 매각기일 및 매각결정기일을 지정한 때 법원은 이를 공고하며 이해관계인에게 통지한다.

매각의 실시

부동산의 매각은 매각기일에 하는 호경매, 매각기일에 입찰 및 개찰하게 하는 기일입찰, 입찰기간 안에 입찰하고 매각기일에 개찰하는 기간입찰이 있는데 대부분 기일입찰로 진행된다. 매각 장소는 법원 안에서 진행되며 보통 10시에 시작하여 집행관이 진행한다. 기일입찰의 경우 집행관이 미리 지정된 매각기일에 매각 장소에서 입찰을 실시하여 최고가매수신고인과 차순위매수신고인을 정한다. 기간입찰의 경우에는 입찰기간 동안 입찰봉투를 접수하여 보관하다가 매각기일에 입찰봉투를 개봉하여 최고가매수인신고인과 차순위매수신고인을 정한다. 매각기일에는 입찰을 하지 않는다.

매각결정 절차

법원은 지정된 매각결정기일에 이해관계인의 의견을 들은 후 매각허가 여부를 결정하며 매각 허가 여부의 결정에 불복하는 이해관계인은 즉시항고할 수 있다. 매각 허가에 정당한 이유가 없거나 결정에 적은것 외의 조건으로 허가하여야 한다고 주장하는 매수인 또는 매각 허가를 주장하는 매수신고인도 즉시항고를 할 수 있는데, 즉시항고는 매각 허가 여부의 결정을 선고한 날로부터 1주일 안에 항고장을 원심법원에 제출해야 한다.

매각대금의 납부

매각 허가 결정이 확정되면 법원은 매각대금의 지급기한을 정하여 매수인에게 매각대금납부를 명한다. 매수인은 지정된 지급기한 안에 언제든지 매각대금을 납부할 수 있다. 매수인이 지급기한까지 매각대금을 납부하지 않으면 법원은 차순위매수신고인이 있는 때 그에 대하여 매각을 허가할 것인지 여부를 결정하고, 차순위매수신고인이 없는 때에는 재매각을 하게 된다. 매수인이 매각대금을 내지 아니하여 재매각 절차에 들어가거나 차순위매수신고인에 대하여 매각허가결정이 내려지면 종전 매수인은 매수신청의 보증을 돌려줄 것을 요구하지 못하고 그 보증금은 배당재단에 편입된다.

소유권이전등기 등의 촉탁, 부동산인도명령

매수인이 매각대금을 모두 납부하면 부동산의 소유권을 취득하게 된다. 법원은 매수인이 필요한 서류를 제출하면 관할등기소에 매수인 명의의 소유권이전등기, 매수인이 인수하지 않는 부동산에 관한 부담의 말소등기를 촉탁하게 된다. 매수인은 매각대금을 모두 납부하면 부동산인도명령을 신청할 수 있다.

배당 절차

매수인이 매각대금을 모두 납부하면 법원을 배당기일을 정하고 이해관계인과 배당을 요구한 채권자에게 그 기일을 통지하여 배당을 실시하게 된다.

배당 절차란 목적 부동산을 매각한 대금으로 채권자의 채권에 충당하는 절차를 말한다. 매각대금으로 집행대금과 채권액을 변제하고 남으면 채무자에게 교부하고, 매각대금이 채권액에 부족할 경우에는 민법·상법, 그 밖의 법률에 의한 우선순위에 따라 배당하게 된다. 배당에 관한 부분은 국세, 지방세 중 당해세에 해당하는 부분과 최우선변제되는 임금채권, 주택 및 상가건물임대차에서 최우선변제요건 및 우선변제요건에 대한 부분은 반드시 알아둘 필요가 있다.

배당기일의 지정 및 통지

매수인이 매각대금을 지급하면 법원은 배당에 관한 진술 및 배당을 실시할 기일을 정하고 이해관계인과 배당을 요구한 채권자에게 이를 통지해야 한다. 배당기일의 통지는 배당기일 3일 전에 도달할 수 있도록 해야 하고, 배당액이 0원이라 하더라도 통지는 반드시 해야 하며 배당기일통지에 대한 누락은 채권자의 권리를 침해하는 절차적 하자에 해당한다. 다만 채무자가 외국에 있거나 있는 곳이 분명하지 아니한 때에는 통지하지 않아도 된다.

매수인이 매각대금을 지급하면 3일 안에 배당기일을 지정하되 배당기일은 대금지급 후 4주 안의 날로 정한다. 단 특별한 지급방법에 의한 경우에는 바로 배당기일을 지정하고 대금지급기한을 정할 필요가 없다. 특별한 지급방법이라는 것은 다음을 의미한다.

첫째, 매수인은 매각조건에 따라 부동산의 부담을 인수하는 외에 배당표의 실시에 관하여 매각대금의 한도에서 관계채권자의 승낙이 있으면 대금의 지급에 갈음하여 채무를 인수할 수 있다. 둘째, 채권자가 매수인인 경우에는 매각결정기일이 끝날 때까지 법원에 신고하고 배당받아야 할 금액을 제외한 대금을 배당기일에 낼 수 있다.

경매 절차상 배당 우선순위

배당은 민법, 상법, 기타 법률의 규정에 의하여 배당우선순위가 정해지며, 배당표에 채권의 배당순위를 기재해야 한다.

배당 우선순위

• 집행비용(경매비용채권)

우선변제의 범위는 경매실시를 위한 필요비용과 함께 경매신청 준비를 위한 필요한 비용도 포함된다(현황조사비용, 평가비용, 송달비용 등).

• 경매 부동산에 지출한 필요비 및 유익비(민법 367조)

집행채권보다 우선하여 변제받는다.

• 소액보증금주택임대차의 경우 일정액 및 임금채권 등

−주택임대차의 경우 일정액의 최우선변제

−근로자의 최종 3개월분의 임금(근로기준법 38조)

−근로자의 재해보상금(근로기준법 38조)

−최종 3년간 퇴직금 중 계속근로기간 1년에 대하여 30일분의 평균임금으로 계산한 금액 (근로자 퇴직급여 보장법11조) 경합 시 동순위로 비율배당 받을 수 있다.

• 당해세에 해당하는 국세 및 지방세

배당표 열람

배당기일에 배당을 하게 되는데 배당일 3일 전에 미리 배당표원

안을 작성하여 열람하게 한다. 배당기일에 배당에 대하여 이의가 있는 이해관계인은 즉시 구두 또는 서면으로 배당이의를 신청할 수 있고, 배당이의 신청일로부터 7일 이내에 배낭이의의소를 제기히어야 한다.

배당이의의 소는 배당이의를 하지 않으면 제기할 수 없음으로 배당기일에 참여하지 않은 이해관계인은 배당이이의 소를 제기할 수 없다.

경매 집행방법 : 명도소송과 인도명령제도

경매에 참가하여 경매 부동산에 대한 권리 분석, 가치 분석, 수익률 분석 등을 통하여 좋은 부동산을 낙찰받았다고 하더라도 최종적으로 남아 있는 것이 바로 명도에 관한 문제이다. 명도란 낙찰받은 부동산을 완전하게 낙찰자에게 이전하는 것을 말하는데 대항력 없는 임차인이나 배당을 받지 못한 임차인이 버티고 있는 경우 인간적·법적으로 해결하여 경매를 최종적으로 마무리 짓는 작업이다. 어찌 보면 경매의 성패가 명도에 달려 있다고 해도 과언이 아니다. 명도를 위한 방법으로 명도소송과 인도명령제도가 있으나 법적인 해결보다는 당사자와 원만하게 해결을 하는 것이 좋기 때문에 상대방과의 협상력이 필요한 부분이다.

효율적인 명도를 위해서는 채무자와 임차인의 성격에 따라 달리 접근해야 한다. 채무자인 소유자가 살고 있는 경우 대부분 경락

대금으로 채무를 갚고 나면 실질적으로 채무자인 소유자에게 배당되어 오는 돈은 거의 없다고 볼 수 있다. 채무자인 소유자가 부동산을 경매로 넘긴 경우 채무에 대한 정신적·물질적 부담이 거의 절정에 달한 경우라고 볼 수 있다. 경매를 통하여 채무관계를 빨리 해결하고자 하는 욕구가 강한 경우가 많기 때문에 이사비 등을 조건으로 명도를 협상하면 대부분 힘들이지 않고 명도를 진행할 수 있다.

문제는 임차인이 있는 경우로서 전액배당을 받은 경우와 일부배당을 받은 경우, 전혀 배당을 받지 못한 경우 명도를 거부하고 버티고 있는 경우가 있는데 이는 문제가 제기될 수 있다. 임차인의 입장에서 보면 하루아침에 날벼락을 맞은 경우이기 때문이다. 이러한 임차인의 입장에 서서 임차인이 전 소유자에게 손해배상을 받을 수 있는지 여부 등을 알아보는 등 인간적인 측면에서 도움을 주고, 이사비 등을 지급하여 협상을 진행한다.

이처럼 인간적인 측면에서 원만한 해결을 시도하였으나 협상이 되지 않는 경우 인도명령제도나 명도소송을 통해서 문제해결에 접근해야 한다. 인간적인 해결이 우선되어야 하는 것은 당사자 간에 앙금이 남지 않고 시간적·비용적인 측면에서도 훨씬 이익이 된다. 명도에 관한 문제가 발생할 수 있는 여지가 있는 경우 매수인은 경매입찰가 산정에 명도비용 부분도 고려하여 입찰에 응하여야 한다.

명도소송과 인도명령제도

명도소송이란 부동산의 점유자가 낙찰자에게 자진하여 부동산을 인도 또는 명도하여 주지 않는 경우에 법원의 판결을 통하여 강제적으로 부동산의 점유를 넘겨주도록 하는 재판 절차를 말한다. 즉 소송을 통하여 집행력 있는 판결문을 얻어 집행에 이르는 절차이다.

인도명령이란 정당한 매각 절차에 의하여 대금납부를 하였으나 전소유지, 채무자, 경매개시결정 이후에 부동산을 점유한 사람을 대상으로 인도를 명하도록 인도명령을 법원에 신청하는 것을 말한다. 경매 낙찰 후 가장 문제가 되는 것이 점유자를 어떻게 퇴거시키느냐에 달려 있는데, 인도에 관한 문제는 전적으로 낙찰자에게 있음으로 효과적으로 낙찰 물건을 인도받을 수 있는 방법을 찾아야 한다.

인도명령제도는 경매 물건의 부동산 점유자(전소유자 등)가 낙찰자에게 시간지연 등을 이유로 경매를 방해하는 것을 방지하고, 신속하게 경매 절차를 진행시키기 위하여 도입되었다. 명도소송에 비하여 절차와 비용이 절감되는 효과를 가져오고 있다.

인도명령신청기간은 낙찰대금납부 후 6개월 이내에만 가능함으로 경매잔금납부와 동시에 신청하는 것이 좋다. 실무에서는 세입자와 타협을 통하여 이사문제를 해결하는 경우에도 인도명령은 반드시 신청해두는 것이 좋다. 세입자의 말만 믿고 있다가 시간이 지나버리면 명도소송을 통하여 해결해야 하기 때문에 예상치 못한 손해를 입을 수 있다.

민법 제136조(부동산의 인도명령 등)

① 법원은 매수인이 대금을 낸 뒤 6월 이내에 신청하면 채무자·소유자 또는 부동산 점유자에 대하여 부동산을 매수인에게 인도하도록 명할 수 있다. 다만, 점유자가 매수인에게 대항할 수 있는 권원에 의하여 점유하고 있는 것으로 인정되는 경우에는 그러하지 아니하다.

② 법원은 매수인 또는 채권자가 신청하면 매각허가가 결정된 뒤 인도할 때까지 관리인에게 부동산을 관리하게 할 것을 명할 수 있다.

③ 제2항의 경우 부동산의 관리를 위하여 필요하면 법원은 매수인 또는 채권자의 신청에 따라 담보를 제공하게 하거나 제공하게 하지 아니하고 제1항의 규정에 준하는 명령을 할 수 있다.

④ 법원이 채무자 및 소유자 외의 점유자에 대하여 제1항 또는 제3항의 규정에 따른 인도명령을 하려면 그 점유자를 심문하여야 한다. 다만, 그 점유자가 매수인에게 대항할 수 있는 권원에 의하여 점유하고 있지 아니함이 명백한 때 또는 이미 그 점유자를 심문한 때에는 그러하지 아니하다.

⑤ 제1항 내지 제3항의 신청에 관한 결정에 대하여는 즉시항고를 할 수 있다.

02
권리
분석

　권리 분석이란 입찰자가 경매에 참가하면서 경매 물건의 부동산 등기부등본, 감정평가서 등을 통하여 법률적 하자가 있는지를 확인하는 법률적 분석이다. 권리 분석은 등기부등본상에 나타난 권리관계와 부동산 등기부등본상에 나타나지 않는 임차인의 보증금 인수 여부, 유치권의 성립 여부 등이 핵심적인 사항이다. 특히 말소되는 권리와 인수되는 권리를 정확하게 파악하는 것이 권리 분석의 출발점이다.

　권리 분석 시 반드시 확인해야 할 기본사항으로는 말소기준등기 확인, 대항력과 우선변제권 유무 확인, 최우선변제권 확인과 유치권의 성립 유무, 분묘기지권의 성립 등과 같이 부동산 등기부등본상에 나타나지 않는 권리, 가장(위장)임차권이 있는지 여부이다. 경매의 함정을 피하기 위해서는 이렇게 철저한 권리 분석이 필요하다.

부동산 권리 분석 및 가치 분석을 통한 투자 분석

구분	종류	내용
권리 분석	부동산등기	·소유권, 저당권 등 물권
	건축물 대장	
	토지대장	·면적 등
	지적도	·계획도로 등
	토지이용확인서	·용도지역, 지구, 구역 ·용적율, 건폐율
	부동산 공법	·건축법, 주택법 등 개발에 대한 제한사항
가치 분석	도로망 현황 분석	·철도망, 고속도로, 지방도, 국도 신설 및 확장계획 ·교통망계획, 철도망계획 분석
	개발계획분석	·국토종합계획. 도종합계획, 도시기본, 관리계획 ·특정지역개발계획, 수도권정비계획
	주변환경분석	·해당 부동산의 위치도 ·주변환경 ·개발계획 및 개발의 축(방향) 분석
종합 분석	주택 및 건물	·적절한 리모델링을 통한 수익 창출 가능성 여부 판단 ·임대수익 및 시세차익 확보 가능성 분석
	토지	·도로신설 등 주변 환경 변화에 따른 미래 가치 판단 ·해당 토지 자체 개발을 통한 수익성 판단

입찰 대상 부동산의 선정단계

경매 참여하기 위해서는 우선 경매 물건에 대한 정보를 알아야 하는데 신문, 경매정보지, 법원경매, 인터넷상의 경매정보사이트 등을 통하여 경매 물건에 대한 정보를 확보할 수 있다.

경매 물건 선정은 자금력과 투자 목적에 따라 구체적인 권리 분석과 가치 분석을 해야 한다. 경매정보는 1차적으로 법원의 매각공고를 통하여 알 수 있는데, 매각공고에는 기본적인 사항만 공시되기 때문에 보다 상세한 경매정보지나 인터넷 경매정보사이트를 활용하는 것이 좋다. 단 경매정보지나 경매사이트에서 제시한 권리 분석 등이 항상 정확한 것은 아니어서 전적으로 신뢰해서는 안 된다.

경매정보를 통하여 관심 있는 경매물건을 발견했다면 직접 현장을 다니면서 일일이 확인하는 자세가 필요하다. 경매로 매수하는 부동산은 공인중개사를 통하여 매입하는 것과 달리 매수에 대한 책임은 모두 경매참가자 본인에게 있기 때문에 보다 철저하게 검토해야 한다. 경매 물건에 대한 권리 분석은 우선적으로 법원이 경매물건에 대하여 법률적·사실적 조사를 통하여 매각물건명세서, 현황조사보고서, 감정평가서 등을 통하여 시작한다.

경매 물건에 대한 단계별 분석 내용

구분	단계	내용
1단계	정보 취득	· 경매정보사이트 · 법원경매정보 · 기타 정보
2단계	관심경매물건	· 경매물건의 종류: 상가, 토지, 주택, 빌딩 · 경매관심도시 선정
3단계	권리 분석	· 감정평가서 · 현황조사보고서 · 부동산등기등본 · 매각물건명세서 · 경매정보지의 분석표 · 각종 대장(토지, 임야. 건축물대장)
4단계	가치 분석	· 비대칭 정보의 확보 · 개발 가능성 분석/리모델링 · 도시기본계획 등 개발계획 · 용도지역의 변경가능성 등 · 맹지탈출 가능성(구거 존재 여부) 등
5단계	임장 분석	· 유치권 등 · 임차인의 현황 등 · 주변환경: 혐오시설과 편의시설/토지의 상태 · 개발 축

권리 분석의 기초

경매에 있어 권리분석의 기초가 되는 서류로는 현황조사보고서, 매각물건명세서, 감정평가서 등이 있다. 매각물건명세서에는 부동산의 표시, 부동산의 점유와 점유의 권원, 점유할 수 있는 기간, 차임 또는 보증금에 관한 관계인의 진술, 등기된 부동산에 관한 권리 또는 가처분으로서 매각으로 효력을 잃지 아니하는 것, 매각에 의하여 설정된 것으로 보게 되는 지상권의 개요 등을 기재한다.

매각물건명세서는 법원은 경매개시결정을 한 뒤에는 집행관에게 부동산의 현상, 점유관계, 차임 또는 보증금의 액수 그 밖의 현황에 관하여 조사하도록 명하여야 한다. 집행관은 부동산의 현황을 조사한 때에는 사건의 표시, 부동산의 표시, 조사의 일시, 장소 및 방법, 부동산의 현상, 점유관계, 차임 또는 보증금의 액수, 그 밖의 현황, 법원이 명한 사항 등에 대하여 조사한 내용을 적은 현황조사보고서를 정해진 날까지 법원에 제출해야 한다.

감정평가서에 나타난 감정평가액의 적정성 여부를 판단해야 한다. 감정평가서에 기재된 감정평가액은 유사 지역의 거래 사례를 토대로 감정평가액을 정하게 되는데 시세보다 조금 높게(약 20% 정도) 평가하는 것이 일반적이다.

부동산 등기부등본을 통한 권리 분석의 출발점은 말소기준권리를 중심으로 소멸되는 권리와 인수되는 권리를 정확히 분석하는 것부터 시작해야 한다.

말소기준권리란 부동산 경매에서 매각대금을 완납하면 등기 여부와 상관없이 소유권을 취득하게 된다. 이때 소유권이전촉탁등기를 신청하면 등기부상의 권리 중 말소촉덕대상이 되어 소멸하는 경우와 소멸되지 않고 매수인에게 인수되는 권리로 나누어볼 수 있다. 이때 말소와 인수의 기준이 되는 권리를 말소기준권리라 한다.

말소기준권리는 저당권, 근저당권, 압류, 가압류, 담보가등기 등이 있는데 이들 중 부동산 등기부상 등기일자가 가장 빠른 권리가 말소기준권리가 된다.

말소기준권리보다 후순위의 권리는 존속기간이 남아 있더라도 말소되는데 이때 말소되는 권리로는 매각 부동산 위의 모든 저당권·지상권·지역권·전세권 및 등기된 임차권이 저당권·압류채권·가압류채권에 대항 할 수 없는 경우/배당요구를 한 압류채권자와 집행력 있는 정본에 의하여 배당을 요구한 채권자/등기부에 기입된 부동산 위의 권리자, 부동산 위의 권리자로서 그 권리를 증명한 자/지상권·지역권·전세권 및 등기된 임차권이 저당권·압류채권·가압류채권에 대항할 수 있는 경우에는 매수인에게 인수된다. 단, 전세권의 경우에는 전세권자자 배당을 요구하면 매각으로 소멸한다.

또 경매로 매각되었지만 매각으로 소멸되지 않고 매수인이 인수해야 하는 권리가 있다. 경매의 권리 분석에서 가장 중요한 부분으로서 인수되는 권리의 내용과 부담 등을 정확히 파악하여 입찰가를 결정하여야 한다. 매각 후에도 인수해야 할 권리로는 말소기준권리보다 앞서는 선순위권의 지상권, 지역권, 전세권, 가처분, 소유권이전청구권보전가등기, 환매등기, 등기된 부동산 임차권이 있으며 말소기준권리와 상관없이 주장하는 자의 권리가 성립되면 인수해야 하는 권리에는 유치권, 법정지상권, 분묘기지권이 있다. 선택적으로 인수되는 권리인 전세권은 말소기준권리보다 후순위인 경우에는 말소된다. 하지만 선순위인 경우에는 배당에 참가하면 소멸하지만, 배당참여 요구가 없으면 인수해야 한다.

특히 등기부상에 나타나지 않는 권리로서 인수해야 하는 권리가 있는데 바로 유치권과 법정지상권, 분묘기지권, 주택임대차보호법과 상가임대차보호법의 의하여 대항력, 및 우선변제권을 가지는 임차인 등은 보증금을 전액 배당받지 못한 경우 매수인이 인수해야 한다.

인수되는 권리와 말소되는 권리를 찾는 방법으로는 등기부상 권리를 시간상으로 나열한 후 접수일자를 기준으로 순위를 정하고 동일한 접수날짜는 접수번호가 빠른 순서로 나열한다.

그 후 부동산 등기상의 갑구, 을구 구분 없이 등기접수 순서대로 나열한 후 말소기준권리인 근저당권, 저당권, 압류, 가압류, 경매기입등기, 담보가등기 등 중 가장 먼저 등기된 권리를 말소기준권리로 삼아 선순위권리와 후순위권리를 파악하면 된다.

인수 및 소멸되는 권리

선순위권리	말소기준권리	후순위권리
지역권 지상권 가처분 등기된 임차권 우선변제권 ※전세권: 전세권은 배당요구가 있으면 소멸	저당권 근저당권 압류, 가압류 담보가등기 경매기입등기	저당권 채권 지역권, 전세권 지상권
인수되는 권리	가장 먼저 등기된 권리가 기준	말소되는 권리

법정지상권, 분묘기지권, 유치권은 말소기준권리와 상관없이 성립하면 인수해야 한다.

주택임대차보호법과 경매

부동산 경매에서 가장 많은 물건을 차지하고 있는 경매 물건은 바로 주택이다. 주택에는 대부분 세입자들이 있고 경매로 소유자가 변경되면 세입자들은 예기치 않은 피해를 입을 수 있다. 경제적 약자인 세입자들의 주거 안정성을 보호할 목적으로 주택임대차보호법을 제정되었는데, 주택 경매 시에는 반드시 현장답사를 통하여 임차인의 존재 유무를 확인하고 주택임대차보호법에서 보호하고 있는 임차인에 대한 권리를 반드시 이해하고 있어야 한다. 주택임대차보호법상 임차인 대항력, 우선변제권이 있는 임차인, 소액보증금 최우선변제권 등 임차인 보호에 관한 권리의 내용은 반드시 숙지하고 있어야 한다.

주택임대차보호법의 목적과 적용범위

주택임대차보호법은 주거용 건물의 임대차에 관하여 「민법」에 대한 특례를 규정함으로써 국민 주거생활의 안정을 보장함을 목적으로 하며, 적용범위는 주거용 건물(이하 '주택'이라 한다)의 전부 또는 일부의 임대차에 관하여 적용한다. 그 임차주택의 일부가 주거 외의 목적으로 사용되는 경우에도 똑같이 적용된다.

주택임대차보호법의 대항력

임대차는 등기가 없는 경우에도 임차인이 주택의 인도와 주민등록을 마친 때에는 그다음 날부터 제3자에 대하여 효력이 생긴다. 이 경우 전입신고를 한 때에 주민등록이 된 것으로 본다. 대항력이란 제3자에 대한 효력으로 말하는데 임차기간 중 소유자가 매매나 경매 등으로 소유자가 변경된다고 하더라도 임차인은 변경된 소유자에게 임차기간 만료 시까지 임차권을 주장하여 사용·수익할 수 있는 효력을 말한다.

이러한 대항력이 발생하는 요건을 살펴보면 주택의 인도와 주민등록을 마친 다음 날로부터 발생한다. 주택의 인도란 입주를 말하며 점유개정, 현실의 인도, 간이인도로도 가능하다.

주택의 인도와 주민등록을 마친 다음 날이란 다음 날 오전 0시부터 대항력이 발생하는 것을 말한다. 예를 들어 '주민등록을 마친 날'과 '저당권이 설정된 날'이 같은 경우에는 저당권이 앞선 권리로서 대항력이 없으며 '주민등록을 마친 다음날'과 '저당권 설정된 날'이 같은 경우에는 임차권이 앞선다. 대항력은 주민등록을 마친 다음 날 오전 0시부터 효력이 발생하지만, 저당권 설정은 담당공무원의 근무시간에 설정되기 때문에 오전 9시 후에 설정되기 때문이다. 또 전입신고를 한때에 주민등록이 된 것으로 보며 임차인 본인이 주민등록을 하지 않았거나 일시 다른 곳으로 퇴거하였다가 다시 전입한 경우라도 임차인의 배우자나 자녀 및 동거가족 중 1인이 주소지 변경 없이 계속 주민등록이 되어 있다면 대항력을 가진다. 따라서 경매물건명세서 등에 임차인과 주민등록상의 임차인이 다른 경우에도 주민등록등초본, 주소별세대열람내역서 등을 통하여 반드시 확인해야 한다.

국민주택기금을 재원으로 하여 저소득층 무주택자에게 주거생활 안정을 목적으로 전세임대주택을 지원하는 법인이 주택을 임차한 후 지방자치단체의 장 또는 그 법인이 선정한 입주자가 그 주택을 인도받고 주민등록을 마쳤을 때와 「중소기업기본법」 제2조에 따른 중소기업에 해당하는 법인이 소속 직원의 주거용으로 주택을 임차한 후 그 법인이 선정한 직원이 해당 주택을 인도받고 주민등록을 마쳤을 때에도 대항력이 생긴다. 임대차가 끝나기 전에 그 직원이 변경된 경우에는 그 법인이 선정한 새로운 직원이 주택을 인도받고 주민등록을 마친 다음 날부터 제3자에 대하여 효력이 생긴다.

소액보증금의 우선변제권

임차인은 주택에 대한 경매신청 등기 전에 주택의 인도와 주민등록을 마친 때에는 보증금 중 일정액을 다른 담보물권자보다 우선하여 변제받을 권리가 있다. 이를 최우선변제권이라 하며 최우선변제권이 있는 경우에 소액임차인은 다른 담보물권자나 국세, 지방세 등 조세채권보다 우선하여 정해진 범위 내에서 우선 변제받는다.

'소액임차인이 확정일자'를 갖춘 경우 소액보증금 범위 내에서 우선 배당되고, 나머지 부분은 우선변제권의 순위에 따라 배당받는다. 임차인의 보증금 중 일정액이 주택가액의 2분의 1을 초과하는 경우에는 주택가액의 2분의 1에 해당하는 금액까지만 우선변제권이 있다.

하나의 주택에 임차인이 2명 이상이고, 각 보증금 중 일정액을 모두 합한 금액이 주택가액의 2분의 1을 초과하는 경우에는 각 보증금 중 일정액을 모두 합한 금액에 대한 각 임차인의 보증금 중 일정액의 비율로 그 주택가액의 2분의 1에 해당하는 금액을 분할한 금액을 각 임차인의 보증금 중 일정액으로 본다.

하나의 주택에 임차인이 2명 이상이고 이들이 그 주택에서 공동생활을 하는 경우에는 이들을 1명의 임차인으로 보아 이들의 각 보증금을 합산한다.

소액보증금의 임차보증금과 소액보증금의 범위(2014년 시행)

지역	임차보증금(만 원)		소액보증금(만 원)	
	현행	개정	현행	개정
서울특별시	7,500	9,500	2,500	3,200
과밀억제권역(서울특별시 제외)	6,500	8,000	2,200	2,700
광역시, 안산시, 용인시, 김포시, 광주시 (과밀억제권역, 군지역 제외)	5,500	6,000	1,900	2,000
그 밖의 지역	4,000	4,500	1,400	1,500

피해야 할 경매의 함정

경매를 통하여 부동산을 매수할 경우 곳곳에 도사리고 있는 함정에 주의해야 한다. 아파트관리비가 체납된 경우, 위법 건축물이 있는 경우, 건물만 경매로 나온 경우, 유치권이 성립된 건물 등과 같이 경매에는 다양한 함정들이 숨어 있다. 경매 물건에 숨어 있는 다양한 함정들을 찾아내지 못하면 비록 저렴한 가격에 낙찰받았다고 해도 추가되는 비용이 많아 수익은 고사하고 손해를 보는 경우가 발생하게 된다.

경매에서 자주 발생하는 사례를 중심으로 숨어 있는 함정들을 살펴보도록 하자.

아파트 등 집합건물을 경매로 취득하였을 경우 체납관리비는 누가 부담해야 하는가?

체납관리비의 부담 여부에 따라 경매입찰가 산정을 다르게 해야 수익을 남길 수 있다.

경매로 물건의 경우 대부분 체납관리비가 있을 수 있기 때문에 이에 대해서 상세한 조사가 필요하다. 우선 체납관리비는 전유부분 관리비와 공유부분 관리비로 나눌 수 있는데 공유부분 관리비는 낙찰자가 부담해야 하는 것으로(판례) 관리사무소에서 확인해야 한다. 전유부분에 대한 관리비 부담은 원칙적으로 낙찰자의 부담은 아니지만 강제집행 절차를 통하여 소유자 또는 점유자를 퇴거시키는 경우에 관리사무소에서 전유부분에 대한 관리비를 해결하기 위하여 퇴거를 방해하거나 입주를 방해하는 경우가 있기 때문에 실질적으로는 낙찰자가 부담해야 하는 경우가 대부분이라 할 수 있다. 그럼으로 체납관리비의 부담 부분도 관리사무실 등을 통하여 확인하고 부담 여부를 판단하여 낙찰가 산정에 반영하여 입찰하도록 한다.

위법 건축물이 있는 경매 물건

위법 건축물이란 건축 허가를 받아 공사를 완료하였지만 이후 사용승인을 얻지 못하였거나, 사용승인은 취득하였으나 부적법하게 용도 변경을 하여 사용하는 건축물을 말한다. 건축물관리대장을 보면 표제부 상단 부분에 '위법건축물'이라는 표시가 빨간색으로 되어 있으며, 소재 및 현황부분에는 '용도 변경하여 사용하는 부분 있음'이라고 기재되어 있다.

위법 건축물은 시정조치를 받게 되는데 이를 행하지 않으면 6개월마다 이행강제금이 부과된다. 경매로 나오는 물건의 경우 이행강제금이 연체되는 경우가 많고 채무자인 소유자는 이를 해결힐 수 없는 경우가 많아 실질적으로는 낙찰자가 부담해야 한나. 그렇기 때문에 위법 건축물에 대한 표시가 있다면 연체된 이행강제금의 금액을 반드시 확인해야 한다.

용도 변경 허가비용과 연체비용의 부담이 크다면 경매입찰에 신중하게 참가 여부를 결정해야 한다.

대위변제란?

제3자 또는 이해관계인이 채무자의 채무를 대신 갚고 채무자에 대한 채권자의 채권을 갖는 것을 말하는데, 경매에서 선순위에 소액 채무자가 있는 경우에 특히 주의해야 한다.

1순위 근저당권으로 설정된 액수가 소액일 경우 후순위 채권자가 1순위 근저당으로 설정된 금액을 대신 갚아주고 자기가 1순위를 확보하는 경우가 있다. 이 경우 1순위 채권액이 소액이고 후순위 채권자의 금액이 많을 경우 대위변제가 발생할 가능성이 높아 낙찰자의 인수 부담이 커져 예상 외의 손실을 입을 수 있다.

건물만 경매물건으로 나온 경우

'건물만 매각'이란 조건으로 경매에 나온 건물이 있다면 건물만 소유권을 취득하기 때문에 건물이 있는 토지의 사용권에 관한 문제를 확인해봐야 한다. 적법한 대지 사용권은 지상권을 설정한 경우, 대지에 전세권이 설정된 경우, 대지에 임대차 계약을 작성한 후 임차권등기를 한 경우를 확인하여야 한다.

대지사용권이란 건물에 대하여 대지를 사용할 수 있는 권리를 말하는 것으로서 대지권이 없는 건물만 낙찰받은 경우 대지지분을 매수해야 하기 때문에 피하는 것이 좋다.

• 대지권이 미등기된 경우와 대지권이 없는 경우: 대지권미등기, 최저 매각가격에 대지권가격이 포함됨

아파트 등 집합건물은 대지권이 미등기되어 있는 경우가 있는데 그 경우의 수는 보통 2가지로 구분된다. 국가나 공공단체 등이 개인의 토지를 빌려서 서민들의 주거 목적으로 아파트를 짓은 경우 대지권은 소유권이 아니라 대지사용권만 갖기 때문에 대지권은 존재하지 않는다. 대지권이 미등기되는 일반적인 사례는 아파트의 경우에는 절차상 문제로 소유권이전등기를 못한 경우, 대지의 분/합필 및 환지 절차의 지연, 각 세대당 지분비율 결정의 지연, 등 대지권이 존재한다. 하지만 대지권 등기 절차가 지연이 되어 대지권 등기가 이루어지기 전에 경매로 물건이 나온 경우에는 대지권이 미등기되었다고 하더라도 대지권이 있기 때문에 낙찰자는 대지권을 취득하게 된다.

그러나 대지권에 대한 분양대금을 납부하지 않아 대지권이 미등기된 경우가 있는데, 이 경우에는 대지권을 취득할 수 없으며 토지 소유주와 협상을 통하여 대지권을 매수해야 한다. 이때 비용을 예측할 수 없기 때문에 피하는 것이 좋다.

유치권이 성립된 물건

간혹 건물에 유치권 행사라는 문구가 쓰인 현수막이나 짓다만 건물에 유치권 행사란 글자가 건물 벽에 크게 쓰인 것을 볼 수 있다. 이는 유치권이 행사된 것으로 볼 수 있다. 유치권이 성립된 물건은 경매의 폭탄이라고 알려져 있다.

그렇다면 유치권이 성립된 경매 물건은 수익을 올릴 수 없기 때문에 투자 가치가 없는 것일까? 경매로 나오는 부동산은 부채를 상환하지 못했기 때문에 권리관계가 복잡하게 얽혀 있다. 복잡한 권리관계를 해결하기만 하면 큰 수익을 올릴 수 있는 장점이 있다. 특히 유치권이 성립된 경매 물건의 경우 문제해결의 노하우만 가지고 있다면 큰 수익을 올릴 수 있는 물건들이 많이 있음으로 유치권에 대한 이해와 해결방법을 알아두면 경매 물건을 다양하게 선택할 수 있는 기회를 가질 수 있다.

•유치권은 어떻게 성립되는가?

유치권은 일상에서 흔하게 나타날 수 있는 일로 건축업자가 공사를 한 후 공사대금을 받지 못한 경우 공사대금을 받을 때 까지 건물(목적물)을 유치할 수 있는 권리를 말하며, 경매 시 낙찰자가 인수해야 하는 권리로서 낙찰가 산정에 매우 중요한 요소를 차지한다.

특히 유치권은 등기부상 권리로 나타나지 않기 때문에 현장을 통하여 확인해야 한다. 유치권을 주장하는 건축업자가 경매법원에 유치권에 대한 권리신고를 하고 채권신고서를 제출하는 경우에는 파악할 수 있으나 이러한 행위를 하지 않는 경우에 유치권의 존재를 서류상만으로 판단하는 것은 사실상 힘들다. 유치권은 권리신고나 채권신고서를 제출하지 않는다고 하여도 유치권을 주장할 수 있다.

유치권이란 '타인의 물건이나 유가증권을 점유하고 있는 자가 그 물건 또는 유가증권에 관하여 발생한 채권에 대하여 변제를 받을 때까지 그 물건 또는 유가증권을 유치하는 권리'를 말한다(시계 수리 비용을 받기 전에 시계의 반환을 거부하는 경우와 공사대금을 받지 못한 경우 공사대금을 받을 때까지 건물의 인도를 거부할 수 있는 권리).

유치권이 성립하기 위해서는 우선 채권이 그 목적물 자체로부터 생겨야 하며, 목적물을 계속적으로 적법하게 점유하고 있어야 하며, 채권의 변제기가 도래해야 하고, 채무자와 유치권자 사이에 유치권 발생을 배제하는 특약이 없어야 한다.

목적물을 점유한다는 것은 직접 점유든 제3자를 통한 간접 점유든 상관이 없지만, 점유공간 확보는 필요하다. 목적물을 현실적으로 지배해야 하는 것은 아니기 때문에 외부인 출입을 봉쇄하는 조치를 취하는 등 사회통념상 점유라고 인정하기에 상당하다고 판단되는 경우에는 점유로 인정하는 경우가 대부분이다(대부분 현수막으로 유치권이라 표시하거나 또는 부동산 주변에 펜스를 설치하여 출입을 봉쇄하는 방법을 선택한다).

유치권 설정 사진 | 유치권 성립 경매 물건에서 문제가 될 수 있는 것은 낙찰 후에 유치권자가 나타나는 경우라 할 수 있는데 매각결정기일에 유치권자를 발견한 경우에는 매각에 대한 이의신청을 할 수 있다. 매각허가결정이 났을 경우에는 즉시항고, 매각허가확정 후 잔금납부 전이면 매각허가결정취소를 신청할 수 있다.

유치권 성립 경매 물건에서 문제가 될 수 있는 것은 낙찰 후에 유치권자가 나타나는 경우라 할 수 있는데, 매각결정기일에 유치권자를 발견한 경우에는 매각에 대한 이의신청을 할 수 있다. 그리고 매각허가결정이 났을 경우에는 즉시항고, 매각허가확정 후 잔금납부 전이면 매각허가결정취소를 신청할 수 있다.

•유치권이 성립된 물건의 경매는 무조건 피해야 하는가?

경매 물건 중에 유치권이 성립된 물건도 많이 있다. 유치권이 성립된 경매 물건의 경우 실무적으로 보면 가장(가짜)유치권도 많이 있다. 예를 들면 공사대금을 지나치게 부풀린다거나(1억의 공사대금을 3억으로 과다계상 하는 경우), 채무자와 임차인 등과 공모하여 공사도 하지 않고 유치권권리신고서를 제출하여 경매 참여자를 줄여 낮은 가격으로 낙찰받기 위한 경우도 있다. 그렇기 때문에 유치권이 성립되어 있다고 해도 무조건 피할 것이 아니라 세심하게 분석을 하고 유치권의 해결방법을 모색한다면 좋을 물건을 확보할 수 있다.

법정지상권

법정지상권이란 당사자의 계약에 의하지 않고 법률의 규정에 의하여 당연히 성립하는 지상권으로 등기 없이도 성립하는데, 입찰 물건명세서에 '법정지상권 성립여지 있음'이라고 표시한다. 법정지상권이 성립되는 경우로는 토지와 건물의 소유자가 동일하지만 건물에 대하여 전세권을 설정한 후 토지 소유자를 변경된 경우와 어느 한쪽에만 저당권이 설정된 후 저당권의 실행으로 경매됨으로써 토지와 건물이 소유자가 다르게 된 경우, 토지 또는 건물의 한쪽에만 가등기담보권·양도담보권·매도담보권이 설정된 후, 이들 담보권의 실행으로 토지와 건물의 소유자가 다르게 된 경우, 토지와 입목이 동일인 소유였으나 경매 등 기타의 사유로 토지와 입목의 소유자가 다르게 된 경우에 성립한다. 즉 저당권 설정 당시 건물이 존재해야 하며, 토지와 건물의 소유자가 동일해야 하고, 그후 토지와 건물의 소유자가 달라져야 한다.

단 '법정지상권 성립여지 있음'이라고 표시되어 있다고 하더라도 법정지상권이 성립되지 않은 경우도 있음으로 토지대장, 대지등기부등본, 건물등기부등본, 건축물관리대장을 발급받아 확인해봐야 한다(건축물관리대장에 건물과 토지소유주가 동일인이면 법정지상권이 성립한다). 이때 건축허가 여부, 신청접수일자, 건축허가일자, 착공일자, 건축주의 성명, 주소, 건축주의 변경 유무를 확인하고 토지에 저당권을 설정한 당시 건축물의 존재 유무 등을 확인한 후 법정지상권의 성립유무를 판단한다. 만약 이러한 조사를 통하여 법정지상권이 성립하지 않음이 확인되었다면 경매를 통하여 낙찰받으면 다양하게 수익을 창출할 수 있다.

즉 법정지상권이 성립되지 않는 토지를 낙찰받은 경우에는 건물 소유자의 건물을 철거시킬 수 있고 낮은 가격으로 건물을 매수할 수 도 있으며, 건물 소유자에게 비싼 가격으로 토지를 매도할 수 도 있다. 경매에서 주의해야 할 점은 토지와 건물의 소유자가 지금은 다르지만 과거에 동일이었다면 관습법상 법정지상권이 성립하게 되는데 경매로 나왔던 물건이 다시 경매로 나온 경우 과거 경매에서 법정지상권이 성립되었는지를 확인해야 한다. 법정지상권이 과거경매에서 한번 설정되었다면 그대로 승계된다.

경매 대상 부동산에 법정지상권 성립 여부가 문제가 될 수 있는 경우에는 경매 대상 토지에 있는 컨테이너가 법정지상권의 대상물이 될 수 있느냐이다. 컨테이너의 경우 판례는 건축물에 해당한다고 본다. 그럼으로 컨테이너의 설치는 허가를 받아야 하며 허가기간까지는 법정지상권이 성립한다. 하지만 허가받지 않고 설치한 컨테이너는 법정지상권이 성립하지 않음은 물론 불법건축물로서 철거 대상이 된다.

가장(위장)임차인이 있는 경우

가장(위장)임차인이란 실질적으로 임대차 관계에 있지 않지만 허위로 임대차계약서를 작성하여 임차인 역할을 하는 경우로 경매실무에 있어 흔히 발생하는 사례이다. 주로 주택 소유자의 친구나 친척과 같이 가까운 사이로 임대차 계약 없이 무상으로 살고 있는 도중에 경매로 넘어가는 경우, 소유자와 허위로 임대차계약서를 작성하여 선순위 임차인으로 대항력을 주장함으로써 경매를 유찰시켜 저렴한 가격으로 직접 낙찰을 받거나 경매배당에 참가하여 일정한 금액을 배당받으려는 목적으로 주장하는 경우가 있다.

또 경매개시결정기입등기 이전까지 주민등록전입과 입주를 하는 경우에는 순위에 관계없이 소액보증금을 일정 부분 최우선변제

받을 수 있는 점을 이용하여 친구 등에게 부탁하여 주민등록만 이전하고 실제로 입주조차 하지 않는 경우가 있다.

이러한 가장임차인이 있는 경우 수익성이 현저하게 떨어져 경매 참가자들이 입찰을 피하게 되어 몇 차례 유찰되면 낮은 가격으로 낙찰을 받을 수 있다. 그렇기 때문에 낙찰을 받은 후 가장임차인을 밝혀내어 효과적으로 처리한다면 기대이상의 수익을 올릴 수 있게 된다. 그럼 가장임차인지 어떻게 알 수 있을까?

첫째, 감정가격을 중심으로 생각해볼 필요가 있다.

은행 등 금융기관에서는 주택을 담보로 저당권을 설정하여 대출을 해주는 경우에는 감정가격을 보통 시세보다 낮게 책정하게 된다. 그럼으로 선순위임차보증금과 저당권채권액의 합한 가격이 감정가격보다 높게 된다면 위장임차인일 가능성이 높다. 즉 금융기관에서는 선순위임차인이 있는 경우 선순위임차보증금을 제외하고 대출상환을 받을 수 있는 만큼만 저당권을 설정하여 대출을 해주며, 선순위임차인이 없는 경우라 하더라도 일정금액을 공제한 후 대출을 해주기 때문에 선순위 임차보증금과 후순위 저당권을 합한 가격이 시세나 감정가격을 초과하는 경우는 거의 없다고 볼 수 있다. 즉 경매물건 감정가격은 채권자의 이익보호와 경매비용 등을 반영하여 적극적으로 감정평가를 하는 반면 금융기관에서 대출을 목적으로 하는 감정가격은 안정적인 대출상환을 목적으로 하기 때문에 소극적으로 평가한다.

둘째, 가장임차인일 가능성이 있는 경우로는 경매개시결정등기 일전 비슷한 시기에 전입신고나 확정일자가 있는 경우, 권리신고서와 현황조사서의 내용에 차이가 있으며 권리신고가 불분명한 경우, 보증금액이 지나치게 많거나 적은 경우, 임차인과 채무자가 같이 살고 있는 경우 등이다.

셋째, 가장임차인을 밝혀내는 방법으로는 임대차 계약일자, 확정일자의 유무, 보증금의 출처, 채무자와 임차인의 관계, 이웃이나 아파트 관리실 등을 통한 실재 거주 여부 등을 통하여 확인할 수 있다. 무상임대차일 경우 금융기관에서는 무상임대차에 대한 사유를 저당권설정계약에 기재하고 무상거주사실확인서를 첨부해놓기 때문에 무상임대차에 대한 부분은 금융기관에 협조를 구하면 알 수 있다.

넷째, 가장임차인은 대부분 친척, 친구와 같이 가장 신뢰할 수 있는 사람을 내세우기 때문에 임차인과의 가족관계를 확인하는 작업이 필요하다. 부부간에는 임대차 효력이 없다.

다섯째, 가장임차인이 분명하다고 생각되면 소송을 통하여 가장임차인임을 입증해야 하는데, 가장임차인이 아니라는 입증책임이 임차인에게 있음으로 임차인은 보증금을 송금한 송금계좌나 임대차계약서 등을 통하여 가장임차인이 아니라는 입증을 해야 한다.

가장임차인이라는 의심이 들면 배낭배제 요청을 할 수 있다. 배당표원안 안에 가장임차인의 보증금이 반영되어 있으면 배당기일에 참석하여 배당에 대한 이의표시를 한 후 7일 이내에 배당이의의 소를 제기해야 한다.

여섯째, 소송을 통하여 가장임차인에 대한 문제를 해결하기 위해서는 시간과 비용이 생각보다 많이 들 수 있음으로 대항력 있는 임차인이라고 주장하는 경우 이사비 등을 적절하게 책정하여 원만하게 해결하는 것이 시간과 비용을 아낄 수 있다. 협의가 안 되는 경우에는 다음과 같은 단계별로 해결방안을 마련해야 한다.

가장임차인이 있는 경우 단계적 해결방안

1단계(증거자료수집)	2단계(협상과 인도명령신청)	3단계(명도소송)
· 무상임차인각서나 무상임대차사실확인서 · 소유자와의 친인척관계를 증명할 수 있는 호적등본 등	· 수집된 증거자료를 토대로 형사고소를 할 수 있다는 내용증명발송 · 법원에 인도명령신청서제출 · 이사비 등 타협과 협상	· 명도소송 · 경매방해죄, 사기죄, 강제집행면탈죄 등으로 형사고소

공장경매

공장설립상 각종 제한이 있어 실수요자가 신설하는 것보다는 경매를 통하여 공장을 취득하여 임대사업, 분할매매를 할 수 있다. 또한 준공업지역은 아파트부지, 호텔+주택부지로 활용하여 큰 수익을 확보할 수 있는 장점이 있다. 그러나 일반 경매에 비하여 영업허가 여부, 폐기물처리 여부, 유치권 여부 확인, 공장기계가 감정가격에 포함되었는지가 주요 확인 대상이다. 공장경매의 경우 대출은 낙찰가의 80% 정도, 많으면 90%까지 가능하다. 금리는 기업 및 임원의 신용도에 따라 다르지만 5~6% 정도 선에서 대출이 가능하여, 큰 자금 부담 없이 공장 물건을 확보할 수 있는 장점이 있다.

좋은 공장경매 물건 찾기

공장 물건은 크게 세 가지 지역을 중심으로 권리 및 가치 분석을 평가해봐야 한다.

과거에는 도심외곽이었으나 도시가 팽창함에 따라 도심내부지역에 해당하는 낙후된 공장지역, 도심 외곽의 공장, 산업단지 내의 공장으로 나눌 수 있다. 이중에서 도심 내부의 낙후된 공장지역의 물건을 눈여겨 볼 필요가 있다. 공장 기능을 상실한 도심 내의 낙후된 공장지역은 새로운 첨단산업단지로서, 혹은 문화복합단지로 개발 가능성이 높아짐에 따라 준공업지역이 주거 또는 상업지역으로 용도변경이 가능할 수 있기 때문이다.

도심 외곽에 있는 공장의 경우, 특히 수도권 주변에 있는 공장은 수도권정비계획(서울, 경기, 인천 지역)에 의하여 과밀억제권역, 성장관리지역, 자연보전지역 등으로 구분하여 공장의 신설 및 공장설립 종류와 면적 등을 제한하고 있다. 그럼으로 이들 지역의 기존 공장을 경매로 취득하면 공장운영을 목적으로 하는 실수요자는 공장설립의 각종 인허가비용, 대체 조성비, 건축비용 및 시간 등을 줄일 수 있고 투자 목적 투자자는 공장임대, 공장부지의 아파트 부지화, 소규모분할매매 등으로 투자 수익을 올릴 수 있다.

단 산업단지의 공장용지는 최소 분할면적 단위가 1,650㎡로서 분할하여 매각할 경우 도로에 접한 직사각형의 공장을 확보하는 것이 좋다. 수요가 많은 공장의 규모는 통상적으로 부지 1,000~1,500㎡, 건물 400~700㎡의 규모와 진입도로가 최소 4m 이상 접한 곳이 좋다. 공장의 용도에 따라 차이가 있지만 메인도로와 가까운 곳이 유리하며 공장입지는 독립적으로 있는 곳보다는 다수의 공장이 밀집된 곳이 좋다. 도심 내 노후된 산업단지로는 대구의 비산염색공단/이현공단 등이 있으며, 도심 외곽의 경우 장호원/음성지역 주변에도 관심을 가져볼 만하다.

공장 경매 시 주의할 점

공장에 속하는 토지 또는 건물에 설정한 저당권의 효력은 그 토지 또는 건물에 설치된 기계, 기구, 기타의 공장 공용물에 미치고 공장저당권의 목적인 토지 또는 건물에 대한 압류 효력은 공장 공용물에 미친다. 「공장저당법」 5조에 의하면 공장 공용물도 일괄경매의 대상이 된다. 그럼으로 공장 공용물을 경매 목적물로 명시하지 아니하거나 경매목적물의 감정평가와 물건명세서에서 누락하였다고 해도 공장저당의 목적이 된 토지 또는 건물과 그곳에 설치된 기계, 기구 등은 분할경매할 수 없음으로 특별한 사정이 없는 한 이를 보충하는 경정결정을 할 수 있다. 단 공장저당의 목적이 된 농지는 일괄경매 대상이 아니다.

공장경매에 있어 반드시 살펴봐야 하는 부분은 다음과 같다.

첫째, 인허가 등 적법한 절차를 받아 설립된 공장인지 확인하는 것은 필수이다. 공장등록이 취소된 경우 불법가설건물, 불법용도변경 건축물인지도 확인해야 한다. 특히 공장에서는 가설건축물이나 무허가건물을 지어 사용하는 경우가 많은데 이 경우 건물에 대한 법정지상권이나 공사대금을 받지 못한 공사업자가 유치권을 주장할 수도 있음으로 현장답사를 통하여 철저하게 점검해야 한다.

둘째, 공장의 경우 현장답사를 통하여 오폐수배출시설, 폐기물매립 여부를 점검해야 한다. 오폐수시설이 제대로 되어 있시 않다면 공장으로서의 기능과 시정조치명령에 따른 오폐수시설의 보완 및 설치는 예상치 못한 많은 비용을 들이게 됨으로 손해를 볼 수 있다.

셋째, 사용하려는 용두와 공장의 입지로서 적정성을 가지고 있는지 입지 분석을 철저히 해야 한다. 도로와의 접근성, 공장에서 생산되는 상품과 유통시장과의 거리, 생산품과 원자재공장과의 관계, 임대 가능성, 공장 생산품의 시장성, 용도변경 가능성 등을 종합적으로 판단해야 한다.

넷째, 공장 경매는 공장의 건물이나 기계, 기구보다는 토지의 미래 가치에 투자 포인트는 두는 것이 좋다. 동일한 공장을 운영하기 위하여 경매를 한다고 하더라도 사용하던 기계에 상승 가치와 건물에 대한 상승 가치는 거의 없다고 봐야한다. 또 기계에 대한 핵심부품은 미리 빼가는 경우가 많기 때문에 큰 기대를 가지지 않는 것이 좋다. 또 체납된 전기, 수도요금은 원칙적으로 승계되지 않지만 전기, 수도 요금 체납 사실을 알고 인수하기로 하거나 그러한 약정을 한 것으로 보이는 경우에 한해서는 승계하기로 한 약정이 효력이 있다고 본다.

다섯째, 공장건물 내 일부가 주거용 방으로 이용하고 있는 경우, 주택임대차보호법에 의하여 대항력이 인정될 여지가 있다. 공장 자체의 임차인은 상가건물임대차보호법에 의하여 대항력을 받을 가능성도 있기 때문에 전입신고나 사업자등록을 하고 거주하고 있는 임차인이 존재하는지를 확인하는 자세가 필요하다.

여섯째, 도시계획도로의 저촉 여부도 확인해야 한다. 도시가 팽창함에 따라 신설도로가 생길 경우가 많아서 공장부지 중 일부가 도시계획도로에 저촉되어 있다면 공장을 철거하거나 목적 용도에 사용하기 힘든 경우가 발생할 수 있다. 계획도로의 경우 토지이용확인서와 지적도를 통하여 확인할 수 있다. 공장의 경우 주변 마을 사람들이 대부분 반대하는 민원이 발생하기 쉽기 때문에 공장의 용도와 주민과의 관계도 현장답사를 통하여 확인해봐야 한다.

공장설립 절차

절차	내용
공장설립 승인신청	공장입지 예정지 선정, 신청서 및 사업계획서 등 해당 관청에 접수
관계부서 협의	복합심의, 입지의 타당성, 환경성 검토, 건축허가 여부 결정
공장설립 승인서 발급	시장, 군수, 구청장 등
공장건축	건축허가, 건축착공신고, 건축 사용검사
공장설립 완료 보고서	공장가동에 필요한 기계장치 설치, 기계장치 설치 후 2개월 내 보고
공장등록	공장설립 완료 보고와 일치 여부, 공장설립 완료 보고 접수 후 3일 내

상가 경매

상가는 경매 물건 중에서 적은 비용으로 비교적 가격이 높은 상가를 확보할 수 있고, 경매 낙찰 후 인정적인 임대수익을 올릴 수 있다는 장점이 있다. 반면에 입시와 입종, 경기상황 등에 민감하게 반응하기 때문에 임대수익은 고사하고 관리비를 본인이 부담해야 하는 등 많은 위험성을 내포하고 있기도 하다.

우선 상가 경매 시 주의할 점을 살펴보면 주택임대차보호법, 상가건물임대차보호법상 임차인의 대항력 여부, 임차인의 명도관계, 행방불명된 임차인이 있는 경우의 처리 관계, 가장 임차인이 있는 경우, 권리금과 이사비의 처리문제, 관리비 체납, 유치권성립 여부, 주거용 건물인지 상가건물인지에 대한 확인 개보수비용(리모델링) 등을 중심으로 경매입찰가 산정을 통해 경매 참가 여부를 결정하여야 한다.

상가 경매에서 가장 중점으로 살펴봐야 할 문제가 바로 임차인의 명도관계라 할 수 있다. 임차인이 버티고 있으면 명도소송을 통하여 명도를 받게 되는데, 명도소송비용과 시간이 많이 걸림으로 적정한 합의를 통하여 해결하는 노하우가 필요하다.

임차인이 고의로 부도를 내고 도망을 가거나 의도적으로 집을 비워 명도가 곤란한 경우에는 공시송달을 통하여 인도명령이나 명도판결을 받아 집행을 해야 함으로 이 역시 시간과 비용이 든다.

경매 물건의 채무자나 소유자가 돈을 조금이라도 더 회수하기 위하여 허위의 임대차계약서를 만들어 가장임차인이 대항력을 주장하거나, 소액보증금 등 배당요구를 하는 경우가 있는데 이 경우에는 가족관계인지, 주변사람들에게 실제 거주 여부 등을 통하여 진정성 여부를 확인해야 한다. 특히 리모델링 중인 상가가 경매로 나왔다면 공사비 등에 대한 유치권성립 여부를 확인해야 한다.

어떤 상가가 좋은 상가일까?

상가의 종류로는 일반적으로 근린상가, 단지 내 상가, 주상복합상가, 테마상가, 상가겸용주택, 역세권 상가 등이 있다. 경매 대상의 상가로 관심을 가져볼 만한 곳으로는 상가겸용주택과 단지 내 상가, 역세권 상가가 있다.

상가의 입지지역 선택은 주변 상가의 업종을 유심히 살펴봐야 한다. 주변 업종이 가격이 저렴하고 쇠퇴하는 업종으로 변해가면(예를 들어 고급음식점이 기술 위주의 업종, 세탁소, 분식 등의 업종으로 변해가면) 가격이 아무리 저렴하다고 하더라도 선택하지 않는 것이 좋다. 하지만 현재의 업종은 비교적 저렴하지만 고급스런 업종이 새로 생긴다면 성장하는 상가라 볼 수 있음으로(예를 들어 분식→커피숍, 카페→고급음식점→브랜드숍) 이러한 곳을 선택해야 한다.

단지 내 상가와 역세권 상가는 보행 동선과 더불어 업종의 선택이 중요한데 같은 상가라 하더라도 업종의 선택 여부에 따라 매출에 큰 차이를 보일 수 있다. 상가겸용주택으로 활용할 수 있는 상가는 리모델링을 통하여 임대수익 창출 가능 여부를 판단해봐야 한다. 주거의 장점과 상가의 편리함을 가지고 있다는 주상복합상가, 테마상가, 오피스텔 내 상가는 건물 안의 한정된 고객이 대상임으로 수요창출이 어렵고, 테마상가는 공급과잉으로 구소조정에 들어가 있는 등 장점보다는 단점이 많음으로 피하는 것이 좋다.

주택지로서 가장 좋은 입지조건은 쾌적성과 접근성 그리고 인구밀도가 낮은 곳이 좋다. 풍부한 녹지공간 확보와 낮은 인구밀도는 쾌적한 주거환경을 제공하지만, 상가로서는 적절하지 못하다. 넓은 녹지공간은 접근을 어렵게 하며, 낮은 인구밀도는 상가의 집중도를 떨어뜨려 상가로서의 수익성을 확보하기 어렵다. 그럼으로 대단지의 아파트 단지 내 상가 투자는 피하는 것이 좋다.

친환경도시개발이 중심이 되는 현대의 택지지구 개발은 녹지공간을 확보하여 단지 내 상가의 접근성과 집중도를 떨어뜨려 상가로서의 매력이 감소하고 있다. 대규모 아파트단지가 조성되고 있는 지역은 여러 단지의 상권을 확보할 수 있는 별도의 상업지역을 배치하고 있음으로, 단지 내 상가보다는 상업지역을 중심으로 투자를 고려하는 것이 좋다.

상가 투자 목적도 중요한데 임대수익보다 시세차익에 더 기대하는 투자는 실패를 하게 된다. 상가의 경우 분양가 대비 감정가가 75% 정도로 시간이 지날수록 상가 자체의 가치가 떨어짐을 알아야 한다. 상가의 층수는 1층을 중심으로 선택해야 한다. 고령화 사회가 됨에 따라 고령자가 쉽게 접근할 수 있는 1층에 대한 가치는 고층에 비하여 더욱더 높아질 것이다.

상가 투자도 다음과 같은 투자의 일반 원칙에 따라 투자해야 한다.

- 쇠퇴하는 상가인가? 성장잠재력이 있는 상가인가?
- 리모델링이 가능한가? 비용은 얼마나 추가될 것인가?
- 업종 전환이 가능한가?
- 도시풍수적으로 적합한가?
- 보행 동선 축에 있는가?

특히 상가 선택은 보행 동선 확보에 중점을 두어야 한다. 보행 동선을 침해하는 요소들에는 하천, 도로, 언덕, 공원 등이 있다. 같은 입지라고 하더라도 투자 목적 상가 자체의 접근성이나 건물의 특징, 업종의 분포와 종류에 따라 보행 동선이 달라지게 된다.

보행 동선은 하향심리, 즉 오르막이나 경사진 곳의 옆길은 피하고 힘이 들지 않는 평면지대를 선호한다. 또 지하철역, 버스정류장, 유명음식점, 백화점, 공원 등과 같이 보행자가 가고자 하는 목표점과 최단거리를 선호하게 된다. 동물이나 사람에게는 모두 위험을 회피하고자 하는 본능이 있다. 야생동물들의 동선을 보면 적으로부터의 위험으로 방어하기 좋은 곳을 통하여 움직인다. 사람들도 어두운 골목길, 유흥업소, 장례식장 등과 같이 혐오시설이나 위험성을 피하는 것이 본능적이다. 그렇기 때문에 투자 대상 상가도 중요하지만 주변 건물의 기능도 철저하게 살펴야 한다.

전철 역세권은 다 좋은가?

교통이 좋으면 작은 상권은 오히려 쇠퇴하다. 좋은 교통여건은 빨대 효과(큰 상권으로 이동)가 나타나기 때문이다. 이런 이유로 역세권이 개통된다고 반드시 좋은 것은 아니다. 거리가 멀더라도 다양한 제품과 저렴한 가격으로 판매하는 대형시장이나 할인점으로 몰

상가 투자의 단계별 상권 분석

구분	검토할 내용
1단계 상권 분석	· 도로망의 조건: 접근성 · 인구수와 인구밀도, 소득수준, 소비성향 분석 · 혐오시설과 편의시설 등 주변환경 · 유동인구와 배후 주거인구
2단계 입지 조건	· 상가단지의 업종과 점포 수 · 주요 소비대상층 · 목표점의 위치와 해당 상가와의 연결성(보행 동선 분석)
3단계 개별 상가 분석	· 투자 목적 상가와의 접근성, 주목성, 업종의 공통성 · 건물의 형태와 구조, 경쟁업체의 분포 · 임대가격과 권리금 여부 파악
4단계 가치 높이기	· 실내인테리어 및 매장 구조의 재배치 · 건물외벽 구조의 변화와 간판의 변화 · 창업자의 매출이 높은 업종으로 전환하기 · 리모델링 및 재건축하기
상가 투자 시 확인해야 할 서류들	· 토지이용계획확인서: 도시계획도로 및 재건축의 가치성 파악 · 등기부등본, 지적공부: 소유관계 및 각종 권리관계 파악 · 건축물관리대장: 불법건축물인지 확인 등 · 공시지가확인서

릴 가능성이 크기 때문이다. 특히 지방의 역세권은 개발의 범위가 한정되어 큰 영향을 발휘하지 못하는 경우가 많다. 상가 투자에 있어 주의할 점은 유동인구에 현혹되지 말아야 한다는 점이다.

유행 업종과 병원 등 영업시간이 짧은 업종이 분포된 건물은 피해야 한다. 이러한 곳은 주요 대상층이 소비와는 거리가 멀다. 또한 큰 도로와 교차로는 상권을 단절시키는 역할을 한다. 좋은 상가는 대지의 형태와 건물의 형태도 좋아야 한다. 다양한 업종 전환과 리모델링을 통한 가치 창출이 유리할 수 있기 때문이다.

상가에 투자할 때 살펴야 할 것 중에는 트렌드도 있다.

상가건물임대차보호법의 적용대상 보증금 개정(2014년 시행)

구분	현행	개정
서울	3억 원	4억 원
수도권과밀억제권역	2억 5천만 원	3억 원
광역시, 안산시, 용인시, 김포시, 광주시 등	1억 8천만 원	2억 4천만 원
그 밖의 지역	1억 5천만 원	1억 8천만 원

상가의 최우선변제 대상과 보증금

구분	현행(만 원)		개정(만 원)	
	보호대상 임차인	우선변제 보증금	보호대상 임차인	우선변제 보증금
서울	5,000	1,500	6,500	2,200
수도권과밀억제권역	4,500	1,350	5,500	1,900
광역시, 안산시, 용인시, 김포시, 광주시 등	3,000	900	3,800	1,300
그 밖의 지역	2,500	750	3,000	1,000

테마상가
전자상가, 공구상가 → 쇼핑몰, 주상복합 밀레오레 ▶ 복합멀티상가 타임스퀘어, IFC몰

토지 경매

토지 경매에서는 크게 두 가지, 즉 토지상의 수목이 있는 경우와 분묘기지권이 설정되는 경우를 주의 깊게 살펴봐야 한다. 또 토지경매는 감정평가의 기준이 유사한 거래 사례가 많은 아파트와 건물에 비하여 적어 감정평가의 객관성과 가치성을 담보하기가 쉽지 않다. 다른 부동산과 달리 토지는 미래 가치에 대한 평가가 중요함으로 경매로 토지를 매수하는 경우에도 역시 가치 분석이 중심이 되어야 한다.

경매를 통하여 토지를 매수할 때 토지 위의 수목이 누구의 소유인지가 문제가 될 수 있다. 수목에 대한 소유권에 대한 인식 없이 당연히 토지에 속한다고 생각하고 낙찰받은 후 소유권 분쟁이 발생되어 손해를 보는 경우가 있다. 원칙적으로 토지 위의 수목은 토지의 부합물로서 토지에 속하며 토지감정가격산정에 포함된다.

하지만 「민법」 256조의 '타인의 권원'에 의하여 수목이 토지에 부속되었다면 토지를 낙찰받았다고 하여도 수목에 대해서는 소유권을 취득할 수 없게 된다. 그럼으로 토지 경매 (임야, 과수원 등) 시에는

수목의 소유권자와 식재된 수목의 권원에 대하여 조사를 해야 한다.

조사 결과 수목이 토지 소유자 이외의 자의 소유에 속하고 권원에 의하여 식재된 경우에는 경매 목적물에서 제외한다. 하지만 자연림의 경우에는 이러한 확인이 불가능하여 실무상으로는 임야의 대부분을 감정평가에 전반적으로 포함시켜 감정하고 있다.

실제 경매 실무상으로는 수목 소유권이나 식재 권원에 대해 조사가 불충분하게 이루어지는 경우가 많다 보니 토지 낙찰 이후에 토지를 낙찰받은 사람과 수목 소유자 간에 분쟁이 발생하는 경우가 적지 않은데, 결국 분쟁해결의 기준 역시 토지상의 수목식재가 적법한 권원에 의해 이루어졌는지가 된다.

적법한 '권원'이란 토지 위에 수목을 식재함에 있어 지상권, 전세권, 임차권 등과 같이 타인의 부동산에 자기의 동산을 부속시켜서 그 부동산을 이용할 수 있는 권리를 말한다. 토지 소유자의 승낙 없이 토지 임차인의 승낙만을 받아서 식재한 경우 토지 소유자에게 소유권을 주장할 수 없다. 하지만 적법한 권원에 의하여 임대차 수목을 식재를 하였다면 식재된 수목은 토지 소유권과 별개로 취급되어 경매 낙찰자는 수목에 대한 소유권을 취득할 수 없다.

농작물인 경우에는 권원이 있든 없든 경자유전의 원칙에 의하여 항상 농작물을 경작한 경작자자 소유권을 가지게 된다. 농작물이 있는 토지의 경우 농작물을 수확한 후 해당 토지를 이용할 수 있다.

타인의 토지상에 권원 없이 식재한 수목의 소유권은 토지 소유자에게 귀속하고 권원에 의하여 식재한 경우에는 그 소유권이 식재한 자에게 있으므로, 권원 없이 식재한 감나무에서 감을 수확한 것은 절도죄에 해당한다.

03
부실채권(NPL) 투자

　부동산 경매 시장이 대중화되면서 부실채권에 대한 관심이 높아지고 있다. 경매 투자자들 중 일부는 부실채권이 고소득을 올릴 수 있는 황금알을 낳는 거위라는 막연한 기대감을 가지고 접근하는 경우가 많다. 하지만 부실채권의 유통경로와 투자방법, 부실채권의 함정들을 알고 투자에 접근해야 한다.

　NPL이란 부실채권을 말하는데 금융기간의 여신은 자산건전성 분류기준(FLC)에 의해 건전성 정도를 정상→요주의→고정→회수의문→추정손실 5단계로 구분하고 있다.

자산건전성(FLC)	개념
정상(Normal)	연체 없이 정상적인 회수가 가능한 양호한 상태의 대출
요주의(Precautionary)	1개월 이상 3개월 미만의 연체채권을 말한다.
고정(Substandard)	3개월 이상 연체된 채권 중 담보가 있어 회수가 가능한 대출채권 NPL 투자의 대상 채권
회수의문(Doubtful)	연체기간이 3개월 이상 1년 미만으로 채무상환 능력이 악화되어 채권회수에 심각한 위험이 발생한 대출채권
추정손실(Estimated Loss)	사실상 회수가 불가능해 손실 처리하는 대출채권

NPL이란 부동산을 담보로 근저당을 설정하여 대출한 채권이 3개월 이상 연체된 고정으로 분류된 담보부채권(저당권)을 대상으로 하며, 이를 담보부 NPL이라 한다. 신용대출, 카드 등 부동산 담보 없이 대출한 채권이 3개월 이상 연체된 채권을 무담보부 NPL이라 한다.

이러한 NPL의 장점으로는 부실채권을 매입하여 유리한 위치에서 낙찰을 받을 수 있고, 낙찰을 받지 못하더라도 배당을 통하여 투자 금액을 회수할 수 있다. NPL 투자는 근저당을 사고파는 방식으로 1순위 근저당권자가 있으면 제3자가 낙찰 받을 때 1순위로 배당금을 받을 수 있다. 통상적으로 채권 최고액보다 NPL을 싸게 매입하기 때문에 '채권 최고액−NPL 매입 금액'의 차액을 투자수익의 목표점으로 한다.

단 채권 최고액을 전부 다 회수하려고 하면 경매낙찰가가 채권액보다 높게 형성되어야 함으로 권리 분석, 가치 분석을 통하여 예상낙찰가가 채권최고액을 보다 높게 형성될 수 있는 물건을 선택하는 것이 NPL 투자의 핵심이라 할 수 있다.

첫째, 경매 직전에 1~2순위 저당권을 사들인 후 직접 낙찰받는 방법이 있는데, 선순위 저당권을 할인가격에 낙찰받기 때문에 수익성이 경매낙찰가보다 10% 정도 높은 것이 일반적으로 채권 최고액으로 낙찰받을 수 있는 경쟁력을 가지고 있다. 또 제3자가 낙찰을 받은 경우에는 경매 진행을 취소하였다가 다시 경매를 진행해 낙찰을 시도할 수 있는 장점이 있다.

둘째, NPL 투자는 기간이 6개월에서 1년 정도로 자금회전이 빠르고 투자 예상률을 보다 정확히 예상할 수 있어 투자기간대비 수익률이 좋은 장점을 가지고 있다.

셋째, NPL 투자는 절세 효과에 대한 장점을 가지고 있다. NPL(부실채권)은 부동산이 아니라 채권에 대한 투자임으로 시세차익에 대한 세금이 없고, 채권 최고액을 확보해놓은 채권자 입장에서 입찰에 참가하여 낙찰을 받기 때문에 낙찰 가능성이 높다. 또한 채권 최고액으로 낙찰받아 재매각할 경우 차액을 줄여 양도소득세를 절감할 수 있는 장점을 가지고 있다.

넷째, 저당권을 매입하여 배당 절차에 참가하거나 배당을 받는 배당 투자방식과 직접경매에 참가하여 낙찰을 받아 매각하여 매매차익을 얻을 수 있는 경매 투자방식이 있다.

일반경매와 NPL의 차이점

구분	NPL	내용	일반경매
감정평가액	5억		5억
채권금액(배당금액)	4억	담보부NPL(근저당권)	4억
채권매입금액	3억	실제가치(4억)보다 저렴하게 매입	0
낙찰금액	4억		4억
낙찰 후 재 매각 금액	4억		4억
부동산 양도차익	0		
부동산 양도소득세	0		
실제 투자수익	1억 재매각대금−채권 매입가=투자수익	배당 또 재매각 통하 던 투자수익 발생 절세 효과 발생	· 낙찰 경쟁력 부족 · 투자수익 부족 · 차액발생 시 세금

경매 투자방식은 저당권을 매입한 후 입찰에 직접 참여하여 낙찰 받는 것을 목적으로 하며, 낙찰을 받지 못한다 해도 배당금 수익은 확보할 수 있다.

구분	배당 투자	경매 투자
투자 목표	경매배당에 참여	경매낙찰
투자수익	배당금−할인된 부실채권 매입(NPL) =수익 발생(배당수익)	매각대금−할인된 부실채권 매입 =수익발생(매매수익)
투자 성향	안전성	수익성
투자 포인트	권리 분석에 중심	가치분석에 중심

부실채권(NPL) 매입방식과 절차

NPL 매입방식으로 론세일방식(Loan Sale)과 채무인수방식(Assumption of debt) 있다.

론세일 방식(채권양수 및 근저당권이전방식)이란 부실채권을 OPB(대출잔액) 대비 할인가로 매입하여 근저당권을 확보한 다음 채권자 지위를 넘겨받아 경매 절차를 진행하여 경매배당을 받거나 경매에 직접 참가하여 낙찰받아 차액을 남기고 매각하는 방식을 말한다(예를 들어 백화점상품권이나 구두상품권을 액면가보다 10~20% 정도 싸게 구입해서 액면가로 상품을 구매한다고 생각하면 된다). 론세일 방식은 양도소득세를 부담이 감소하는 효과와 잔존채권회수를 통한 수익이 가능하다는 장점을 가지고 있다.

채무인수방식이란 채무의 동일성을 유지하면서 채무를 인수하는 방식(면책적 채무인수)으로 사전에 최저 입찰가격을 규정하고 채권 매각 금액 이상으로 양수인은 경매에 입찰, 참여하여 낙찰받고(미 낙찰 시 계약사항은 무효)→채무인수에 관한 승낙서 제출로 상계처리하고→배당 후 2주 내 잔금 처리하는 매입방식이다. 양수인 지위를 제3자에게 1회 전매 가능하며 초기 자금 부담이 경감되며 근저당권 이전비용이 없다는 장점이 있다.

NPL 투자는 다음과 같은 순서로 진행된다.

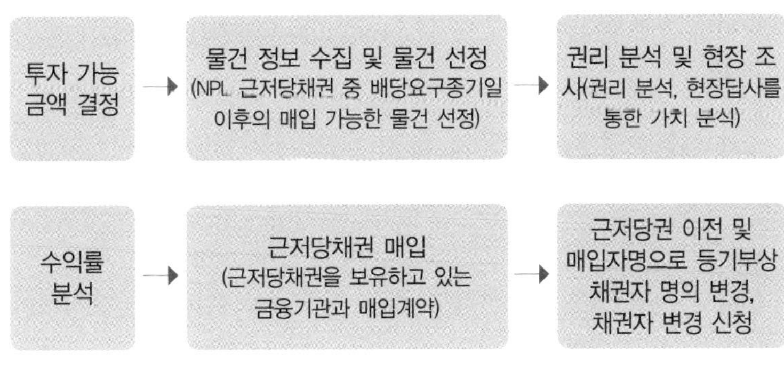

이처럼 NPL 물건은 권리관계나 이해관계가 복잡하여 전문성을 가지지 않고 접근한다면 투자원금을 회수하지 못하는 위험성을 내포하고 있다. 그럼으로 등기부상 권리, 임차인, 현장답사를 통한 철저한 시세 파악, 권리 분석, 배당금 분석, 수익성 분석을 보다 철저히 하여 유치권, 임금채권 등을 잘 해결할 경우 고수익을 올릴 수 있는 매력적인 상품이다.

근저당 채권 매입 전에는 기본적으로 다음과 같은 사항은 반드시 확인해야 한다.

- 근저당권 금액의 확인 : 부동산담보 근저당권의 원금, 이자, 연체이자, 경매비용
- 권리행사가 가능한 근저당채권 금액확인
- 현장방문조사를 통한 물건의 주변여건 확인

•유치권 법정지상권 등 권리 분석의 철저

•점유관계 명도방식의 확인 및 인수할 선수위채권금액 확인

•질권 대출 가능 여부와 금액확인

•론세일방식으로 할 것인지, 채무인수방식으로 할 것인지의 인수방식
　결정

이 사항을 종합적으로 판단하여 경매낙찰 예상가를 산정해야
한다. 경매 예상 낙찰가가 높게 형성될 것으로 예상되고 1번 근저당
권 설정금액이 크지 않아 2번 저당권에도 배당이 충분할 경우 2번
저당권을 매입하는 것도 고려대상이 된다. 2번 저당권은 위험성이
있지만 배당금액이 충분하다면 수익성 높다.

NPL의 흐름도

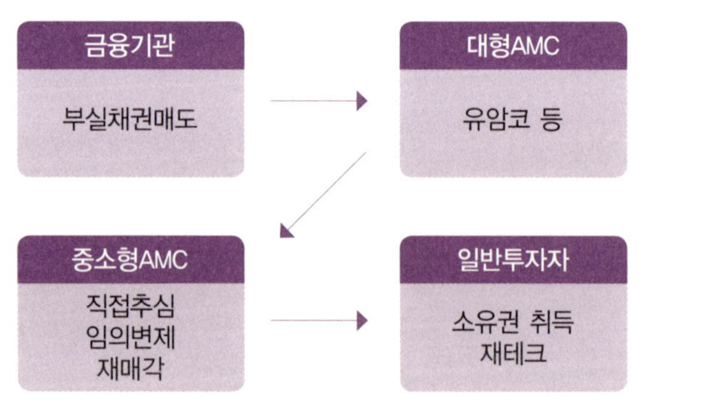

● 참고자료

· 미래가 바뀌는 부동산 투자전략 2012 김종수
· 풍수지리로 본 부동산 명당 해법 찾기 2012 김종수
· 21C 부동산 투자의 핵 신 도시풍수 2013 김종수
· 새누리당 대선공약집 ｜ 인수위원회
· 평택시 도시기본계획
· 각 시군 홈페이지
· 대법원판례집/민사집행법
· 현대 도시계획의 이해 존 레비 저 서충원 외 1명 역
· 도시계획 르 코르뷔지에(건축가) 저 ｜ 정성현 역
· 도시계획의 신조류 마쓰나가 야스미쓰 저 ｜ 진영환 외 2명 역
· 도시계획과 토지개발 김영우
· 부동산학총론 방경식, 장희순 저
· 부동산학 연구 미학회 저
· 맨큐의 경제학 Mankiw, N. Gregory 저 ｜ 김경환(교수) 외 1명 역

● 참고논문

· A Study on the Applicability of the Conventional TTX Propulsion System on the High-speed Propulsion System for a Deep-underground GTX ｜ Chan-Bae Park, Byung-Song Lee, Ju Lee
· 수도권광역급행철도(GTX) 연계·환승체계의 효과적인 구축 방안에 관한 연구 ｜ 김연웅
· GTX 건설과 연계한 산업·주거 거점 조성방안 ｜ 이상대, 신기동 경기개발연구원
· GTX의 효율적인 운영을 위한 국외사례를 통한 국내 적용성 검토 ｜ 위정수, 김현성, 박민주, 박정수 한국철도학회
· 접경지역 종합 개발을 통한 남북 상생 구조 구축 방안 ｜ 이해정 현대경제연구원
· 남북한 접경지역 연계개발 가능성 추정에 관한 연구 정소민
· 미군 공여지 활용방안에 관한 연구 ｜ 동두천시를 중심으로 홍석우

2014-2018
부동산 투자 로드맵

개정 1쇄 발행 2014년 3월 24일
개정 3쇄 발행 2015년 7월 30일

지은이 김종수
펴낸이 이형도

펴낸곳 (주)이레미디어
전 화 031-919-8511
팩 스 031-907-8515
주 소 경기도 고양시 일산동구 무궁화로 20-38 로데오탑 302호
홈페이지 www.iremedia.co.kr
카 페 http://cafe.naver.com/iremi
이메일 iremi@iremedia.co.kr
등 록 제396-2004-35호

편 집 정은아, 정내현
디자인 에코북디자인
마케팅 신기탁

ISBN 978-89-91998-88-9 13320

―책값은 뒤표지에 있습니다.
―잘못된 책은 구입하신 서점에서 교환해드립니다.

이 도서의 국립중앙도서관 출판시도서목록(CIP)은 서지정보유통지원시스템 홈페이지(http://seoji.nl.go.kr)와
국가자료공동목록시스템(http://www.nl.go.kr/kolisnet)에서 이용하실 수 있습니다.(CIP제어번호: CIP2014005987)